Lebende Präsenz

Der Sufiweg zum offenen Herz und dem wesentlichen Selbst

Lebende Präsenz

*Der Sufiweg zum offenen Herz
und dem wesentlichen Selbst*

von

Kabir Edmund Helminski

Überarbeitete Auflage

Übertragung in die deutsche Sprache

Peter Finckh

THRESHOLD
BOOKS

Published by Threshold Books
Escondido, London, Istanbul
© 2022 All rights reserved
ISBN: 978-0-939660-53-7

Einführung ix

Anmerkungen des Übersetzers xv

1. Die Stadt der Trennung 1

2. Seelenarbeit, der sich besinnende Geist 6

3. Das Selbst, das Herz und der Geist 13

4. Schöpferische Energie und Menschliche Fähigkeiten 20

5. Der Ausgleich zwischen Innen und Aussen 28
   Die Abstimmung zwischen Selbst und
   Selbstlosigkeit finden 32

6. Die Macht des Seins 35

7. Absichtliche Aufmerksamkeit 40
   Freie Aufmerksamkeit 43

8. Meditation: Die Verfeinerung der Aufmerksamkeit 48
   Ein einfacher Ansatz zur Meditation 52

9. Die Tyrannei des falschen Selbst 56
   Das falsche Selbst 61
   Objektives Sehen 62
   Verwandlung durch die Liebe 63
   Die Gemeinschaft der Egolosen 64

10. Pflege der Seele 69
    Feinde der Seele 71
    Die alltägliche Pflege der Seele 73

11. Gewissen 75

12. Das wesentliche Selbst 82

13. Sich mit dem Ego befreunden 89

14. Den Spiegel des Bewusstseins polieren 94

15. Inneres Hören 101

16. Der Tanz der Persönlichkeit 107

17. Zusammentragen des zersplitterten Selbst 114
    Zersplitterung 115
    Sammlung 117
    Holz hacken 120

18. Geheimnisse des Körpers 122
    Verfeinerung unseres Nervensystems 126

19. Treue und Gnade 131
    Gnade 135

20. Die Alchemie der Bemühung 138
    Sein und Impuls 140

21. Absicht und Selbstkenntnis 143
    Arbeit mit Schwächen 146
    Arbeit am Erwachen 147
    Arbeit am Ausgleich 147
    Entscheidung 148

22. Befreiung von Angst 149

23. Leiden: Einbildung und Wirklichkeit 156

24. Die Selbstzentriertheit überwinden 160

25. Stirb bevor du stirbst 163

26. Freiheit der Seele 166

27. Was wir lieben, das werden wir 172
    Unterscheidungsvermögen 174
    Aktive Kontemplation 175

28. Liebe den Verwandler 178
    Die schöpferische Kraft 178
    Die vereinende Kraft 179
    Die transformierende Kraft 182

29. Die Religion der Liebe 184

30. Verehrung: Verbindung zum Unendlichen 188

31. Die Psyche verfeinern 193
    Ebenen des Geistes 194
    Aktivierung der unterbewussten Fähigkeiten 196
    Sich unter den Schutz der Gnade der Liebe stellen 200
    Auflösung 202

32. Dienen im Göttlichen Umfeld 204
    Dekonditionierung 207

33. Was ist Sufismus? 210

Glossar 217

Einführung

Gegenwärtigkeit

Die Übung der Gegenwärtigkeit lädt uns zu einer bewussten Beziehung mit Gott ein. Der Glaube, die gute Tat, Ethik und gesellschaftliche Gerechtigkeit beruhen alle auf einem Zustand, in welcher der Mensch sich an Gott *erinnert* oder *Seiner gedenkt*. Die Fähigkeit, sich an Gott zu erinnern ist jedoch abhängig davon, wie wach jemand ist, wie anwesend oder gegenwärtig jemand ist. Um mit Absicht (*niyah*), mit Überlegung (*taffakur*), mit Gewissenhaftigkeit (*taqwa*), und in Wohltätigkeit (*ihsan*) zu handeln, braucht es einen Zustand von bewusster Gegenwart.

Dieses Thema lässt sich durch alle grossen spirituellen Traditionen verfolgen. Es trägt dabei zahlreiche Namen—Erweckung, Aufwachen, Rückbesinnung, Achtsamkeit, Gedenken, *zhikr*—oder auch überhaupt keinen Namen. Dieser erweckte Zustand der Bewusstheit öffnet uns für Ehrfurcht und für Staunen. Er fügt unserem Sein in dieser Welt weitere Dimensionen hinzu. Jenseits jenes schmalen Bandes von Bewusstsein, der allgemein als der gängige Zustand der Bewusstheit gilt, gibt es eine Fähigkeit, die der Hauptschlüssel für die Erschliessung unseres latenten menschlichen Potenzials ist.

Wir finden diesen Zustand in allen Traditionen, wo wir wahre Verehrung und eine Wahrnehmung des Heiligen finden. Aber im Islam wird das ganze Leben heilig gemacht. So können zahlreiche Übungen im Islam als Wege verstanden werden, welche Gegenwärtigkeit fordern und fördern: so die rituellen Waschungen (*wudu*), das rituelle Gebet (*salaah*), die Höflichkeit (*adab*) in unseren Beziehungen. Für den Zweck unserer Überlegungen werden wir es *Gegenwärtigkeit* nennen.

Lebende Präsenz

Gegenwärtigkeit bezeichnet die Qualität von *bewusst hier zu sein*. Es ist die Aktivierung einer höheren Ebene der Bewusstheit, die uns gestattet, alle unseren andern menschlichen Funktionen—wie Denken, Fühlen und Handeln—zu erkennen, zu beobachten, zu entwickeln und in Gleichklang zu bringen. Gegenwärtigkeit ist sowohl die Art, in welcher wir einen Raum einnehmen, als auch wie wir uns verhalten und uns bewegen. Gegenwärtigkeit formt unser Eigenbild und unseren Gefühlston. Gegenwärtigkeit bestimmt den Grad unserer Wachheit, unserer Offenheit und unsere Wärme. Gegenwärtigkeit entscheidet, ob wir unsere Energie entweichen und verstreuen lassen, oder sie im Gegenteil verkörpern und gezielt steuern.

Gegenwärtigkeit ist die Bewusstheit des Menschen von sich selbst, es ist das Endresultat der Entwicklung des Lebens auf dieser Erde. Die Gegenwärtigkeit des Menschen ist nicht nur quantitativ verschieden von anderen Formen des Lebens, sie stellt für den Menschen eine neue Form von Leben dar, von konzentrierter spiritueller Kraft, die vermag, Willen zu erzeugen. Mit Willen, mit der Kraft der bewussten Auswahl, vermögen die Menschen Absichten zu formulieren, ihre Triebe und Wünsche umzuwandeln, sich selbst zu erziehen und die Welt der Natur zu verwalten. Leider können die Menschen diese Kraft auch zur Ausnutzung der Natur und zur Unterdrückung anderer Menschen einsetzen. Diese Willenskraft, die uns einerseits mit der bewussten Harmonie verbinden kann, kann uns aber auch in Richtung der Trennung von derselben Harmonie führen.

Ich habe von der Gegenwärtigkeit als eine menschliche Eigenschaft gesprochen, im Sinne, dass es die Gegenwärtigkeit von Gott ist, die sich durch den Menschen abbildet. Wir können lernen, diese Gegenwärtigkeit willentlich zu aktivieren. Wenn diese Gegenwärtigkeit dann aktiviert ist, kann sie sowohl Innen wie auch Aussen gefunden werden. Weil wir bemerken, dass sie über die Grenzen von dem hinausgeht, was wir dachten, was wir seien, werden wir von Trennung und Zweiheit befreit. Wir können dann davon sprechen, *in* dieser Gegenwärtigkeit zu sein, gegenwärtig oder da zu sein.

Gegenwärtigkeit

Viele Menschen leben heute in einer pluralistischen, postmodernen und postreligiösen Zeit. Wenige Leute haben heute die Sicherheit des Glaubens (*iman*). Wir leben in einer Zeit, in der Erzählungen und Märchen, Werte- und Glaubenssysteme und die Mythologien vergangener Jahrhunderte ihre Glaubwürdigkeit verloren haben, aber trotzdem für uns verfügbarer sind als je zuvor in der Geschichte der Menschheit. Wir verstehen sie heute als relative, und nicht als absolute Wahrheiten. Die Abgrenzungen der verschiedenen Kulturen sind durchlässig geworden; Engstirnigkeit löst sich auf, aber wir haben noch immer keine gemeinsame Sprache der Spiritualität. Doch die Welt bewegt sich in Richtung einer noch nie vorgekommenen wirtschaftlichen, psychologischen und spirituellen Annäherung. Wir sind so viele Menschen, die sich einen beschränkten Raum teilen. Die Kommunikation und Verständigung wird immer universeller und augenblicklicher.

Die Menschheit braucht mehr denn je eine spirituelle Wahrnehmung, um die technologische Explosion und Kommunikation auszugleichen. Wir brauchen ein Gefühl der Würde und der Verantwortung, Menschen zu sein, so wie wir auch eine Bewusstheit der Einheit allen Lebens brauchen, weil wir ansonsten unbewussten Kräften unterliegen, die uns in die Tiefe ziehen. Vielleicht brauchen wir mehr denn je einen Weg zur Aktivierung und Entwicklung unserer verborgenen Menschlichkeit, um jene Kräfte auszugleichen, die sie herausfordern—die heute beispiellosen Mittel zur Befriedigung unsere Wünsche, sowie das derzeit herrschende Unwissen über Bedeutung und Zweck des Lebens.

Aber wir brauchen nicht pessimistisch zu werden. Der Sufismus, mit dem ich das innere, wesentliche Verständnis des Islam als ein geistig-seelisches Übungssystem meine, ist ein Ausdruck der Schöpferischen Kraft im Zentrum des Lebens, und er kann uns durch diese schwierigen Zeiten führen.

Wir möchten einige der Erfahrungen, Gedanken und Erkenntnisse auf möglichst praktische Weise mit den Lesern teilen, die innerhalb der traditionellen Weisheit des Islam bewahrt worden sind. Es ist an der Zeit, dass diese Ideen mitten in die Herzen unserer heutigen Mitmenschen gelangen. In einer modernen

Sprache vorgestellt, mögen sie die Mauern des Widerstandes und der festen Ansichten überwinden, die die heutige Erziehung errichtet hat.

Ich verdanke meinen lebenden Lehrern viel, die grosszügig ihr Wissen und ihre Gegenwärtigkeit mit mir teilten. Ich habe sie in diesem Buch als „meinen Lehrer" bezeichnet, weil ich ihre funktionale Rolle und weniger ihre biographische Identität betonen wollte.

Verschiedene Menschen innerhalb einer breiten Tradition der Liebe und der Gegenwärtigkeit haben mir das gegeben, was ich aufnehmen konnte, und was sie mir geben konnten. Ohne diese lebendige Verbindung wäre ich nie in der Lage gewesen, die Lehren verstehen zu beginnen, die von der Tradition hinterlassen wurden. Das, was ich der spirituellen Geschichte des Islams verdanke, ist stillschweigend in all den Aussagen enthalten, die ich hier machen werde.

Grosse Teile meines Erwachsenenlebens war ich mit der Erforschung von zahlreichen spirituellen Psychologien und Methoden beschäftigt. Ich bin den Weg gegangen, und ich habe einige Nebenwege, aber auch einige Sackgassen erkundet. Über mehr als vierzig Jahre war ich am Experiment beteiligt, die traditionelle Weisheit des fernen und mittleren Ostens im heutigen westlichen Umfeld anzuwenden. Meine eigene Erfahrung hat gezeigt, dass die Übung der Gegenwärtigkeit ein wesentliches Mittel ist, um hier und jetzt ein voll und ganz menschliches Leben zu leben, und jene Qualitäten zu kennen, die als „spirituell" bezeichnet werden.

Diese Gegenwärtigkeit ist wie ein Reisepass in ein grösseres Leben. Gegenwärtigkeit ist unsere Verbindung zu einem grösseren Wesen, zu dem wir gehören, aber sie ist oft unter weltlichen Sorgen, körperlichen Wünschen, Gefühlsstörungen und geistigen Ablenkungen vergraben. Durch Wissen, Übung, Verstehen und Einsichten kann diese Gegenwärtigkeit erweckt werden. Schlussendlich werden wir nicht ohne sie sein, sowohl im Gespräch wie auch in der Bewegung, sowohl im Denken wie auch im Fühlen. Das Erwecken der Gegenwärtigkeit ist die zuverlässigste und direkteste Methode, um unsere wesentlichen menschlichen Eigenschaften zu pflegen, und all das zu aktivieren was wir brauchen,

Gegenwärtigkeit

um die Bedingungen in unseren Leben zu bewältigen. Die Gegenwärtigkeit ist der Schnittpunkt zwischen der Welt unserer Sinne und der Welt des Geistes. Mögen wir nie aufhören, seine Schönheit und Kraft zu entdecken.

Dieses Buch soll bestimmte verwandelnde Ideen anbieten, welche in sich selbst eine gewisse Energie haben. Aber es ist notwendig, diese Ideen anzuwenden und diese Lehren zu leben. Die Anwendung dieser Ideen ist dem Leser zur Entdeckung überlassen, ansonsten entsteht keine praktische und verwandelnde Beziehung zu diesem Wissen. Auf den folgenden Seiten bieten wir einige Vorschläge für die Ausübung dieser Ideen, sowohl innerhalb der formellen Praxis der Religion des Lesers, seiner Weltanschauung und seines alltäglichen Lebens, aber wir meinen damit nicht, dass sie als abschliessend oder vollständig verstanden werden sollten. Um diese Ideen zu Ihren eigenen zu machen, ist es notwendig, sowohl empfänglich für deren Kräfte zu sein, wie auch aktiv in deren Anwendung in Ihrem Leben.

Ich habe versucht, hier eine gewisse Klarheit und Einheitlichkeit der Sprache zu erreichen in Bezug auf eine Sache, die schwer fassbar sein kann. Ich bitte um Verzeihung für irgendwelche Verwirrungen oder andere Mängel, die Sie finden mögen.

Kabir Helminski, 2013

Anmerkungen des Übersetzers

Als das Buch „Living Presence" von Kabir Helminski im Jahr 1992 in erster Auflage erschien, wurde es der Gemeinschaft um Reshad Feild wärmstens empfohlen, und ich war vom Inhalt und der klaren Sprache sehr angetan. Ich schätze noch heute diese moderne Interpretation der Lehren der Sufis, besonders auch, dass die Konzepte der modernen persönlichen Psychologie darin berücksichtigt wurden.

Anlässlich des Besuchs von Kabir Helminski in der Zusammenkunft der Mevlevigruppe in der Schweiz im Sommer 2017 fragte ich ihn, ob er mir gestatte, sein Buch in die deutsche Sprache zu übertragen. Seine Antwort war, dass er gerade im Flugzeug nach Zürich eine revidierte Version fertig gestellt habe, und dass er eine Veröffentlichung in Deutsch sehr begrüssen würde. Mit seiner Erlaubnis machte ich mich an die Übersetzung. Wegen schwieriger Umstände blieb der erste Entwurf etwas liegen. Aber nun fand ich die Zeit, dasselbe nochmals durchzugehen und diverse Fehler, Formulierungen und Unklarheiten zu überarbeiten.

Ich habe mich bei allen Arbeitsschritten darum bemüht, den Sprachfluss des amerikanischen Textes möglichst beizubehalten, dies aus Respekt vor dem Autor. Viele Formulierungen können dem deutschsprachigen Leser etwas holprig erscheinen. Aber eine völlig neue Formulierung der im Originaltext enthaltenen Gedankengänge wäre sehr aufwendig geworden und hätte nicht der Ausdrucksweise des Autors entsprochen.

Schon bei der Diskussion über die treffendsten Worte für den Titel der deutschen Ausgabe haben wir intensiv diskutiert, wobei besonders das Wort *presence*, Schlüsselwort des ganzen Buches, Fragen aufwarf. Schliesslich habe ich dafür „Gegenwärtigkeit" gewählt, weil dieser Begriff bestens die „Erfahrung vom Sein in der Gegenwart" beschreibt.

Für den deutschsprachigen Leser, wie auch für den Übersetzer, ist der Gebrauch der Begriffe „mind" und „spirit" eine Herausforderung, die oft vom Autor benutzt werden. Beide können mit Geist übersetzt werden. Der englische „mind" hat aber eine viel umfassendere Bedeutung als der deutsche Geist, der dem rationalen Verstand nahesteht. „Mind" meint den Komplex von Denken, Fühlen, Konditionierung, Erinnerungen und Unterbewusstsein, der dem menschlichen Handeln zu Grunde liegt. Daher sollte der Leser diesen Unterschied bedenken, und er möge bei der Lektüre des Wortes „Geist" die breitere Bedeutung des englischen „mind" berücksichtigen.

Die zahlreichen Zitate aus dem Mathnavi von Rumi, seinem berühmten Lehrwerk, wurden im vorliegenden deutschen Text aus der Übersetzung der Übersetzergemeinschaft Bernhard Meyer, Kaveh und Jila Dalir Azar entnommen (Edition Shershir, 2012). Ihre freundliche Genehmigung dazu sei hier herzlich verdankt.

Ich danke Kabir Helminski dafür, dass er mir die Übersetzung seines Buches in die deutsche Sprache anvertraut hat, und ich bin ihm für seine Nachsicht wegen des langsamen Fortschrittes sehr dankbar. Ich hoffe, dass ich seine Botschaft verständlich übersetzt habe und bitte für allfällige Unzulänglichkeiten und Fehler um Verzeihung.

Peter Finckh, im Herbst 2020

Der Meister sagte: „Es gibt eine Sache auf dieser Welt, die nie vergessen werden darf. Wenn du alles andere vergessen würdest, aber diese Sache nicht vergessen hast, dann gibt es keinen Grund zur Sorge. Falls du aber gehandelt und dich erinnert hast, aber dieses eine Ding vergessen hast, dann hast du überhaupt gar nichts getan. Es ist dann, wie wenn dich ein König in ein fremdes Land geschickt hätte, um dort eine besondere Aufgabe zu erledigen. Du gehst hin und erledigst Hunderte andere Aufgaben, aber du tust nicht jenes Geschäft, für das du in dieses Land geschickt wurdest. Dann ist es, wie wenn du überhaupt nichts getan hättest. So ist der Mensch in diese Welt gekommen, um eine besondere Aufgabe zu erfüllen, und das ist sein Zweck. Wenn er diesen Zweck nicht erfüllt, dann hat er überhaupt nichts getan."

Reden von Rumi
(aus der Englischen übersetzung von A. J. Arberry)

Kapitel Eins

Die Stadt der Trennung

Es gab einmal eine Stadt, bedeckt von Wolken. Darin waren grosse Bürogebäude, Schulen, Geschäfte, Läden und Fabriken. Die Stadt war ein Ort, in der Rohstoffe flossen, sowohl materielle wie auch menschliche. Sie war das Zentrum der Wirtschaft. Sie war der Ort, an dem man sein *musste*, um eine wichtige und erfolgreiche Person zu sein, aber sie war auch der Ort, an dem zahlreiche schreckliche Dinge geschahen. Die Mehrzahl der Leute waren gemäss ihrer eigenen Einschätzung Versager; keine Person und kein Ort war vor irgendwelchen ungesetzlichen Handlungen sicher; und die Lebensbedingungen in diesem Umfeld erzeugten unendlich zahlreiche Krankheiten, einschliesslich solchen, die ansteckend oder tödlich waren.

Diese Stadt war sehr dunkel. Die Energie war stark eingeschränkt geworden und nur wenig Licht war vorhanden. Die Leute gingen im Dunkeln aneinander vorbei und konnten sich kaum sehen. Um sich besser erkennbar zu machen, improvisierten sie verschiedene sehr ausgesuchte Formen des Verhaltens und der Kleidung.

An diesem Ort war es für die Leute typisch, in Angst und Argwohn zu leben. Auch sogenannte Freunde hielten voneinander viel zurück. Wer fragte, wer denn hier zuständig sei, erhielt die Antwort: „Wir sind hier alle frei; wir folgen unserem Selbst. Niemand kontrolliert uns. So sind nun mal die Dinge."

In meiner Kindheit hatte ich über meine Stadt immer ein ungutes Gefühl, da ich auf Ausflügen mit meinen Eltern auch Natur und Landschaften gesehen hatte. Aber als ich erwachsen wurde, begann ich auf die Reize und die Energie meiner Stadt stolz zu sein, und ich dachte, dass dies der Ort sei, wo das Beste und das Schlimmste von allem Gefunden werden könne. Es zog

Lebende Präsenz

mich dazu hin, zu jeder Tageszeit in den dunklen Strassen herumzuschlendern. Ich wünschte mir, ein Beobachter zu sein, aber mehr und mehr wurde ich selbst ein Teil davon. Schliesslich fing ich an, mir ein anderes Leben oder eine Veränderung in mir selbst zu wünschen. Aber auch wenn ich oft so dachte, nie veränderte sich etwas. Einmal fragte ich jemanden: „Bin ich der einzige, der das Gefühl hat, das hier etwas nicht stimmt?"

„Sicher, wir beklagen uns alle", antwortete er: „Aber so ist das Leben. Wir müssen uns der Wirklichkeit anpassen. Warum gegen den Wind blasen? Aber es gibt in der Nähe dieser Stadt ein Gebiet, in dem du Leute findest, die wie du fühlen, das Gebiet der Reue."

Oh... das Gebiet der Reue, wie es genannt wurde, begann mich zu interessieren. Vielleicht konnte ich dort mit Menschen sein, die mir ähnlich sind. Wenigstens würde ich mich dort nicht so fremd und einsam fühlen. Für eine Weile machte ich diese Gegend zu meinem Zuhause und ich fing an, die Leute dort kennen zu lernen. Sie waren in jeder Hinsicht wie die anderen Leute der Stadt, ausser dass sie für einige ihrer Handlungen Reue fühlten. In dieser Bevölkerung waren viele hochmütige, neidische und unaufrichtige Leute, die grossen Spass daran hatten, in jeder Situation die Oberhand zu gewinnen. Ich lernte sie sehr gut kennen, ihre Selbstsucht und ihre Zweifel, ihre Besessenheit und ihr Zaudern, ihre Reue und ihre unausweichliche Hinnahme ihrer Schwächen.

Ich fragte: „Warum ändern sich die Leute nicht? Warum denken sie nur an Veränderung, aber tuen es nie? Warum bedenken wir nicht, wie all dies ein Ende findet?"

Zufällig fanden einige wenige Leute dieses Gebietes ihren Weg aus dieser Stadt heraus und gelangten in ein Dorf namens Sharington. Sie fanden ihn entweder aus echter Verzweiflung oder aber zufällig. Eine Tafel an der Dorfgrenze sagt „Geist in uns allen." Dieses Dorf war der Wohnsitz der Dame Zuneigung. Die Leute dort erfreuten sich zahlreicher Formen des Zusammenseins. Sie hatten viele Gelegenheiten zum Feiern, und sie sangen und tanzten zusammen. Ihre Kinder waren geachtet und hatten viel Zeit zum Spielen, aber es wurden ihnen auch sinnvolle

Die Stadt der Trennung

Aufgaben zugeteilt. Reisende waren immer willkommen und man kümmerte sich gut um sie. Die Mitglieder einer Familie brauchten nicht zu befürchten, alt und unnütz zu werden. Wenn einer von ihnen krank wurde, nahmen andere dies als besondere Gelegenheit wahr, ihn zu besuchen. Verheiratete Leute hatten keine Angst, verurteilt oder verlassen zu werden. Liebende waren schuldlos und rein. Jeder Mensch beurteilte seine Arbeit daran, wie sie ins Ganze passte, und jeder hatte etwas zu tun, weil ein jeder von den andern gebraucht wurde.

Aber mehr als alles andere war das, was sie zusammenhielt, die völlig unvernünftige und unermessliche Liebe, die sie für ihre Dame Zuneigung hatten. Wenn Menschen sie einmal getroffen hatten, gab es kaum eine Möglichkeit, dass sie je in die Stadt zurückkehren würden.

Anders als die Leute jener Stadt, die erwartungsgemäß nur aus ihrem Eigeninteresse handelten, waren die Menschen von Sharington unberechenbar. Sie handelten unvernünftig, gaben das Beste, was sie hatten, fort, und sie erwarteten keine Gegenleistung. Diese Leute lebten in einer Schwingung von Liebe. Sie hätten wohl an den meisten andern Orten nicht gut überlebt, aber hier in Sharington kamen Reich und Arm zusammen. Die Gebildeten unterrichteten bescheiden jene, die mehr wissen wollten. Jene, die bedient wurden, achteten jene, die sie bedienten. Ich fühlte mich sogleich wohl, entspannt und sogar fröhlich. Mein Leben verlief einige Zeit ruhig, bis ich in meinem Herzen eine gewisse Unruhe spürte. Als ich einen alten Mann sah, dessen Gesicht von Leben und Mitgefühl strahlte, sagte ich zu ihm: „Vielleicht kannst du mir helfen. Ich mag mich nicht daran erinnern, was ich wirklich will."

„Was liebst du am meisten?"

„Als ich in der Stadt war, hatte ich die Liebe vergessen. Als ich in dieses Dorf kam, bemerkte ich, dass ich nichts mehr wollte, als mit diesen Leuten zu sein. Aber jetzt bin ich mir nicht mehr sicher."

„Mein Sohn, ausserhalb dieses Dorfes gibt es ein Gebiet, das du besuchen könntest", sagte er. „Mach dir keine Sorgen, ich werde dir helfen, es zu finden. Und wenn du dort einige Zeit verbringst, wirst du vielleicht, so Gott will, vier Arten von Menschen treffen:

„Erstens gibt es da die Angeber. Du wirst sie über die Wahrheit lesend und sprechend sehen, sie werden sogar ihre Meditationshaltung und die Körperhaltung der Verehrung einnehmen, aber ihr Geist ist meistens sonst irgendwo. Und doch üben sie die Wege der Liebe aus, die Früchte der Liebe, wie wenn sie von der Liebe wissen würden, und das wird sie schliesslich retten. Sie lernen, dass der Eine viele Namen hat. Mögen ihre Nachahmungen zur Wirklichkeit werden.

„Dann gibt es dort die Kämpfer. Sie praktizieren das Grosse Werk, der Kampf mit dem Ego. Sie sind ruhig und sanft, dankbar und höflich. Die Tätigkeiten, die sie lieben, sind die einfachen Handlungen des Lebens, des Gebetes und der spontanen Dienste. Sie haben die Künstlichkeit des Egos und seine zahlreichen Zerstreuungen abgelegt. Ihre Egos wurden durch die Liebe gebändigt, sie fanden die Hingabe, und sie haben gelernt, ihrem grossen Selbst zu dienen. Wenn du sie findest, bleib lange genug bei ihnen, um Geduld und wirkliche Zufriedenheit zu lernen.

„Drittens wirst du, so Gott will, den Leuten der Erinnerung begegnen. Sie erinnern sich innerlich an die Wirklichkeit in allem was sie tun. Sie essen wenig, schlafen wenig, und sie sprechen wenig, damit sie sich nicht gegenseitig ihre Aufmerksamkeit über die Anwesenheit des Wirklichen Einen ablenken. Sie sind die umgänglichsten Menschen—leicht wie eine Feder, nie eine Last für niemanden. Wenn du mit ihnen viele Jahre verbringst, so Gott will, dann wirst du deine Zweifel und deine Vergesslichkeit meistern. Aber auch wenn du das tust, so trägst du noch immer den versteckten Widerspruch von Ich und ER in dir."

In diesem Augenblick wurde ich von einer derartigen Traurigkeit überwältigt, und meine Tränen flossen, bevor ich es bemerkte. Ich wollte in diesem Meer des Kummers ertrinken, weil ich mich von jeglicher Wirklichkeit so fern und so verloren fühlte. Aber der Anblick des strahlenden Gesichts meines alten Freundes nahm mein Gefühl der Hoffnungslosigkeit fort.

Die Stadt der Trennung

„Oh mein Lieber", sagte er, „Sklave deines Egos, Bettler und Waise in der Verbannung, die vierte Gruppe, die du treffen wirst, so Gott will, das sind die Leute der Vollständigen Hingabe und der Auslöschung. Sie sind sprachlos, sie unternehmen keine unnötige Handlung aus eigenem Antrieb. Aber es gibt kein Hindernis für den Willen ihres Grossen Selbst, kein Zögern, keine Hintergedanken, kein Feilschen. Sie haben ihren feinsten Zustand erreicht. Sie sind durchsichtig, so wie wenn sie nicht wären, weil sie ihre eigene Nichtigkeit erkennen. Diese Leute verlangen nichts für sich selbst, weil sie sich mit der Schöpferischen Kraft eins fühlen. Du kannst während vielen Jahren bei ihnen leben, bis du ihren Zustand kennst, und deine Handlungen als die ihren erscheinen. Aber du wirst innerlich nicht wie einer von ihnen sein, wenn du noch immer an der Trennung leidest, wenn du noch immer du selbst bist, wenn du dich noch immer als Liebender *und* Geliebter fühlst. Wenn deine Erfahrungen aus dem Schacht deines eigenen Unbewussten und durch deine eigenen inneren Fähigkeiten kommen—solange eine Spur von dir in dir verbleibt—solange hast du deinen Zweck nicht erfüllt. Wisse, dass es ein Wissen und eine Gewissheit gibt, die einzig und allein durch den Geist kommen. Geist plus Nichts: das ist dein höchstes Ziel."

Diese Geschichte beruht auf einer türkischen Quelle aus dem 19. Jahrhundert, die ich frei interpretiert und bearbeitet habe, in der Hoffnung, dass jene, die auf der Suche sind, darüber nachdenken, wo genau wir leben, und wohin wir gehen.

Kapitel Zwei

Seelenarbeit, der sich besinnende Geist

Freigebigkeit sucht die Bettler und die Armen, wie die Schönen nach einem klaren Spiegel suchen.

. . . .

Bettler sind also der Spiegel von Gottes Freigebigkeit, und die mit Gott sind, sind die Absolute Freigebigkeit.

[Rumi, Mathnavi I: 2745, 2750]

Bildung und Erziehung wie sie heute verstanden werden, besonders im Westen, sind in erster Linie ein Vorgang der Übermittlung von Informationen an den Verstand oder der Ausbildung für eine besondere Tätigkeit. Wir aber fragen hier: „Welche wesentlichen Eigenschaften unseres Menschseins bedürfen am meisten der Entwicklung?"

Die meisten Formen von Erziehung ignorieren die menschliche Seele oder das wesentliche Selbst. Dieses wesentliche Selbst ist nicht eine unbestimmte Einheit, deren Existenz nicht eine Sache der Spekulation ist, sondern unser grundlegendes „Ich", welches durch unsere gesellschaftliche Prägung und der Oberflächlichkeit unseres Verstandes überdeckt wurde. In der heutigen Welt besteht ein grosses Bedürfnis einer gewissen Form der Ausbildung, das zur Aufweckung des wesentlichen Selbst beitragen würde. Solche Ausbildungsformen hat es zu anderen Zeiten und in anderen Kulturen gegeben. Sie waren für jene verfügbar, die sich danach sehnten, aus ihrer beschränkten Prägung aufzuwachen und die schlummernden Möglichkeiten im menschlichen Wesen zu kennen. Wir sind dazu gemacht, uns selbst zu kennen; wir sind

Seelenarbeit, der sich besinnende Geist

für dieses Selbstbewusstsein erschaffen; wir sind dafür vollständig ausgestattet. Was könnte wichtiger sein, als uns selbst zu kennen? Die Bildung der Seele, oder des wesentlichen Selbst, unterscheidet sich von der Erziehung der Persönlichkeit oder des Verstandes. Herkömmliche Erziehung und Ausbildung dienen ausschliesslich dem Erwerb von äusserem Wissen und der Entwicklung zu einer Persönlichkeit in der äusseren Welt. Die Bildung der Seele betrifft nicht nur Wissen, sondern auch die Erkenntnis und Erfahrung von Dasein, das unsere tiefere Natur ist, und das zu willentlicher Aufmerksamkeit, Willen und Selbsttranszendenz fähig ist.

Das, was uns typischerweise am meisten zu Menschen macht, ist uns nicht durch unsere Art oder unsere Kultur gewährt, sondern es ist uns nur als Potenzial gegeben. Ein geistiger Meister sagte es mal so: Eine Person muss arbeiten, um ein Mensch zu werden.

Das, was am deutlichsten in uns menschlich ist, ist mehr als die Rolle, die wir in der Gesellschaft spielen, mehr als die erzieherische, kulturelle und zeitgeistige Prägung, ob gut oder schlecht. Es ist unser wesentlichstes Selbst, welches unser Verbindungspunkt zum Unendlichen Geist ist.

Dieser Geist darf nicht als eine metaphysische Behauptung verstanden werden, die Glauben bedingt, sondern als etwas, das wir für uns selbst erfahren können. Was ist, wenn Sie als menschliches Wesen das abschliessende Ergebnis eines Vorganges darstellen, in dem dieser Geist immer bessere Spiegelungen von sich selbst entwickelt hat. Wenn das menschliche Wesen der am meisten entwickelte Träger des schöpferischen Geistes ist—er besitzt bewusste Liebe, Willen und Schöpferkraft—dann ist unsere Menschlichkeit der Grad, zu dem dieser Träger von Körper und Geist, und besonders unser Nervensystem, Geist widerspiegeln oder bekunden kann. Das, was das Heiligste in uns ist, das, was tiefer ist als unsere eigene Persönlichkeit, das ist unsere Verbindung zu diesem Geist, dieser Schöpferischen Kraft.

Während die gängigen Religionen die Neigung haben, Gott oder den Geist zu vermenschlichen, so beruht der hier besprochene Prozess darin, dass das menschliche Wesen sich mit den Eigenschaften Gottes befähigt. Er könnte als >Heiligmachung< des menschlichen Wesens genannt werden. Unsere menschliche Natur wird durch das Verständnis und Bewusstheit verwirklicht, dass das grundlegende menschliche Selbst eine Spiegelung des Geistes ist. Wahrhaftig menschlich zu werden heisst, eine fühl- und greifbare Bewusstheit des Geistes zu erreichen, und sich selbst als eine Spiegelung des Geistes, oder von Gott, zu verwirklichen.

Die Erziehung der Seele, das ist das Grosse Werk. Der Anfang dieses Werkes besteht daraus, eine grenzüberschreitende Bewusstheit zu erwecken, eine Gegenwärtigkeit des Willens, die unsere verborgenen menschlichen Fähigkeiten in Gang setzen und anhaltend unterstützen kann. Es bedarf dazu eines bestimmten Wissens, Hilfe und Übung, damit wir lernen, was wir sind und umfassender menschlich werden. Wir bedürfen eines solchen Werks, weil viele unserer menschlichen Eigenschaften verkümmert sind. Durch Nichtgebrauch sind sie eher zu ruhenden, als zu aktiven Eigenschaften geworden. Die meisten Menschen in der heutigen Welt haben die grundlegenden spirituellen Eigenschaften von Bewusstheit, Willen und Barmherzigkeit vernachlässigt. Der Mensch hat nicht nur die Gaben der Sinne, von Gefühlen und von Intelligenz, die wir bereits kennen, sondern andere feinere Fähigkeiten oder Sinne wie Willen, Psyche, Intuition, Magnetik und Umwelt. Ein bereinigtes und angeregtes Nervensystem, das mit allen erwähnten Fähigkeiten harmonisch arbeitet, würde einen Menschen die innige Beziehung mit dem Ursprung des Lebens erfahren lassen. Wir würden dann erfahren, wie unsere wertvollsten menschlichen Eigenschaften durch uns von jenem Ursprung abgebildet werden, die göttliche schöpferische Kraft.

Um diese innige Verbindung mit dem Göttlichen zu erzielen, muss unser verborgenes und wesentliches Selbst aus diesem Zustand des Schlafes aufgeweckt werden. Dazu ist ein ausgeglichenes und umfassendes Programm der Spirituellen Erziehung zwingend. Dieses wesentliche Selbst ist kein absoluter Begriff, eine feststehende Sache, sondern eine Richtung aus einem Spektrum von Möglichkeiten. Auf der einen Seite steht das unechte und künstliche Bauwerk einer Person, die sich nicht selbst kennt, und die auch die innere Reise der Selbsterkenntnis nicht gemacht hat. Am andern Ende des Spektrums steht ein natürlicheres, spontanes Selbst, frei von Künstlichkeit. So, wie wir von unseren Identifikationen mit unseren gesellschaftlichen Prägungen freier werden, so erfahren wir mehr und mehr jenes gereinigte, jedem von uns eigene Wesen oder Bewusstheit, die unsere angeborene Natur sind. Wir werden feststellen, dass dieses wesentliche Selbst die Eigenschaften und Fähigkeiten des Geistes hat, einschliesslich der Fähigkeiten für bewusste Entscheidung, für bedingungslose Liebe und für grundlegende Schöpferkraft.

Verwirklichung heisst in ihrer vollsten Bedeutung nicht nur, etwas zu wissen, sondern es in einem selbst wirklich werden zu lassen. Wir gelangen zu diesem wesentlichen Selbst durch einen Vorgang der Entwöhnung, der Aufarbeitung und der Bedingungslosigkeit. Der Westen bietet nur wenige traditionelle Modelle für diese Art von absichtlicher, menschlicher Entwicklung an. Weder in unseren Hochschulen, noch in unseren Kirchen wurde dieses Werk auf eine systematische Weise gepflegt. Diese Institutionen haben wenig mehr als die Entwicklung eines berechnenden und listigen Verstandes geboten, der auf die äussere Welt gerichtet ist. Unsere Kirchen betonen eher den Glauben als die Erkenntnis, eher Gefühle als transzendentale Erfahrung, eher herkömmliches religiöses Betragen als innere Verwandlung. Wir hungern nach Seelennahrung. Geheimbünde und Einweihungsgruppen haben im Westen wenig mehr als Zeremonien und Rituale, Symbolik und übersinnliche Ablenkung geboten. Unsere technisierte Kultur, unwissend von dem Werk der Erweckung unserer verborgenen Menschlichkeit, ist zu einer gefährlich unausgeglichenen „Zivilisation" geworden. Unsere technologischen Mittel überflügeln bei weitem unser Verständnis vom Zweck des Lebens. In der Folge sind viele Seelen verloren in einer Einöde von wuchernden Zerstreuungen.

Es wäre nützlich, zwischen einerseits „dem Werk", und andererseits der Religion und der Philosophie zu unterscheiden. Das Werk ist eine Annäherung an den Geist, der eine vollständige Verpflichtung und einen bestimmten Lebenswandel zur Folge hat. Eine Religion ist ein System von Ansichten und Ritualen, die für eine gewisse Person eine Form des Werkes sein kann, oder auch nicht. Eine Philosophie ist ein System von Gedankengängen, eine Erforschung der Grundsätze, die dem Wissen und der Wirklichkeit zu Grunde liegen; es ist in erster Linie ein gedankliches System.

Die der Religion zugeneigte Person kann vielleicht fragen: „Was soll ich glauben?", die philosophische Person kann fragen: „Was ist die Wahrheit?". Aber jener, der fragt: „Wie kann ich Gott finden, wie kann ich den Geist erfahren, wie kann ich zur Wahrheit werden?", fragt die Fragen des Werks. Was gesucht wird, wird durch Erfahrung gesucht, durch einen Prozess der Reifung, durch den immer häufigeren Gebrauch unserer eigenen Fähigkeiten und durch die allmähliche Veränderung in der Wahrnehmung.

Einige wichtige spirituelle Fragen unserer Zeit sind, ob und wie das Werk die Unterstützung einer überlieferten Tradition braucht oder nicht, und inwieweit solche Traditionen in unserer pluralistischen und postmodernen Welt lebensfähig sind. Heutzutage gibt es bei einer grossen Anzahl von klugen Menschen einen Widerstand gegen religiöse und traditionelle Sprache. Es ist nicht notwendigerweise ein Widerstand gegen die Wahrheiten, die religiöse Sprachen früher ausgedrückt haben, sondern eher gegen die Abwertung und Verallgemeinerung der Wirklichkeit. Weil die Wirklichkeit letztendlich das ist, was wir mit Gott meinen. Wenn das Wunder dieser Wirklichkeit gegen Schlagworte und Selbstgerechtigkeit eingetauscht wird, so ist es nicht verwunderlich, wenn sich viele von der Religion abwenden.

Wie sollen nun diese Wahrheiten verstanden, ausgedrückt und verwirklicht werden? Wenn aber viele einzelne Menschen und Gruppierungen sich bemühen, traditionelle Formen und spirituellen Schulung anzuwenden, müssen sie sich mit der Tatsache auseinandersetzen, dass diese Formen für andere Zeiten und Orte geeignet waren. Die Unterscheidung zwischen dem, was wesentlich ist, und dem, was ungeeignet ist, ist keine Aufgabe für einen Anfänger, und es ist eine Aufgabe, zu deren Notwendigkeit die meisten Traditionalisten ihr Einverständnis nicht geben würden.

Seelenarbeit, der sich besinnende Geist

Weiter ist es auch nötig, neue Formen der Schulung zu entwickeln, die für die fortwährend sich ändernden Gegebenheiten der Menschen geeignet sind. Nur wenn höhere Ebenen der Verwirklichung verstanden werden, wird es möglich, die Lehren zu erneuern, und sie für ein neues Umfeld anzupassen. Die Tradition, wenn sie echt und heilig ist, passt sich immer an und erneuert sich. Aber die Kultur von heute steht grösseren Brüchen gegenüber als jede andere in der früheren bekannten Geschichte. Dies wird durch die Tatsache bestätigt, dass die von Menschen zu verarbeitende Menge an Informationen sich eher in Jahren, als in Jahrhunderten verdoppelt.

Wir sehen überall, dass ein gewisser Hunger nach Spiritualität ungestillt bleibt. Wir sehen aber auch einige eher exotische und bizarre Versuche, diesen Hunger zu stillen. Welche Form mag die innere Entwicklung von Menschen in der heutigen Welt nehmen? Der Westen hatte eine gewisse Geschichte von spirituellen Experimenten, die auf die bewusste menschliche Entwicklung gerichtet waren. Aber zum grössten Teil waren diese Bemühungen sowohl vereinzelt wie auch experimentell, ohne angemessene traditionelle Kenntnis—so wie eher im Nahen bis Fernen Osten verfügbar waren oder sind—um sie anzuleiten und zu unterstützen. Heute, im noch fast neuen Jahrtausend, gibt es ein Netzwerk von spirituellen Organisationen. Einige verkaufen ihre Ideen und Dienste auf dem Marktplatz, andere fordern die Übernahme oder Nachahmung von fremden Kulturen, und weitere versuchen, Weisheit und Wohlsein in bequemen Workshops an Wochenenden anzubieten.

Gewisse traditionelle Kulturen haben Formen des Grossen Werkes entwickelt. Meine eigenen Nachforschungen nach Verständnis hat mit den Systemen des Fernen Ostens begonnen, und hat mich schliesslich zur Sufi-Tradition gebracht, besonders auf die Art, wie sie in Klein- und Zentralasien ausgeübt wird. Was mich an dieser Tradition besonders beeindruckte, war, wie gut sie in das praktische tägliche Leben eingebettet ist. Es scheint als ob jene, die sich innerhalb einer solchen Tradition entwickeln, spirituelle Reife erreichen, ohne dass sie ihre Teilnahme am wirklichen menschlichen Leben opfern müssten. Sie erweisen sich leistungsfähig in der Welt, als Teil der Gesellschaft, als Eltern, als Liebende, als ganze menschliche Wesen.

Es gibt ein Wissen und eine Praxis, um uns mit dem kosmischen Leben zu verbinden. Dies hat nichts mit Glauben zu tun, es wird erfahren. Es wird durch unser Bewusstsein davon verstärkt, durch unsere zunehmende bewusste Wahrnehmung des Überflusses der kosmischen Energie. Das Leben ist unendlich, und diese Unendlichkeit kann angezapft werden. Die einzige Einschränkung ist jene der Bewusstsein.

Kapitel Drei

Das Selbst, das Herz und der Geist

Lass den Jesus deines Geistes den Esel reiten;
Lass nicht dein Jesus den Esel tragen.

[Rumi, Mathnavi II: 1853–55]

Ein Samen hat keine Kraft aus sich selbst, aber er kann in der richtigen Umgebung ansprechen. Jede Form von Leben hat die Möglichkeit zum Handeln, aber keine hat so viele wie der Mensch. In einem unfruchtbaren Umfeld kann diese Fähigkeit schlummernd sein. Die Ausbildung, die wir dafür brauchen, ist durch bewusste Aufmerksamkeit. Dies ist der Unterschied zwischen einfach nur lebendig sein, und unerschöpflich lebendig sein.

Das Leben ist nicht nur einfach eine biologisch-energetische Lebendigkeit, sondern auch eine spirituelle Lebenskraft, die zeitlos ist, und die wir sind. Von der Lebensspanne, die wir auf dieser Erde verbringen, wird gesagt, dass sie ein Kapitel in der Geschichte des Lebens sei. Dieses ewige Leben spiegelt sich durch uns.

Mit Bewusstheit können wir alle unsere Fähigkeiten weiter entwickeln. Körper, Verstand, Geist und Umwelt bilden ein miteinander vernetztes Ganzes. Wenn zwischen all diesen Einzelteilen eine harmonische Beziehung besteht, haben wir ein unerschöpfliches Leben.

Einmal fragte uns einer unserer Lehrer, während er in einem Lokal einen Kaffee genoss, was das Ziel des Werkes sei. Er schrieb diese Worte auf die Rückseite einer Papierserviette: „Als

Lebende Präsenz

Menschen können wir zusammen für folgende Ziele zusammen arbeiten: 1. Unser Nervensystem durch innere Arbeit entwickeln; 2. unseren physischen Körper durch bewusste Übung, richtiges Atmen und richtiges Essen entwickeln; 3. unseren Sinn für Unabhängigkeit und Selbstlosigkeit entwickeln; 4. den Vorrang für gemeinschaftliche Aufgaben fördern; 5. den Bereich von gesellschaftlichen Beziehungen pflegen; 6. familiäre und partnerschaftliche Beziehungen fördern; 7. über gute Qualität unserer Arbeit uns ein reichliches Auskommen sichern; 8. gute Verwalter unserer natürlichen Umwelt werden; 9. ein Verständnis für die Wahrheit entwickeln; und 10. Es in dieser Welt zu erlangen."

Die ersten Schritte in diesem Vorgehen mögen auf der Ebene des Verstandes geschehen. Keine Beschreibung der spirituellen Wirklichkeiten und spiritueller Arbeit kann je absolut, endgültig oder vollständig sein. Wir dürfen nie vergessen, dass die Wirklichkeit oder die Wahrheit jenseits von allem ist, was wir je sagen können, und doch können wir uns als menschliche Wesen vollständiger verwirklichen, wenn unsere Ideen in Übereinstimmung mit unseren Möglichkeiten sind. Es mag sein, dass es nicht möglich oder notwendig ist, zu sagen, was die Absolute Wahrheit ist, aber für den Menschen ist die Wahrheit etwa so: Wir sind Teil der Wahrheit, nicht von ihr getrennt, nicht nur ein Teil davon, sondern integriert, und wir können dies erfahren.

Es ist notwendig, eine gewisse verstandesmässige Klarheit zu erhalten, aber wenn der bewusste Geist mit gewissen transformativen Ideen vertraut geworden ist, mögen diese Ideen ins Unterbewusste gelangen, das gemeinhin das „Herz" genannt wird. Wenn sie auf der Ebene des Herzens bis in die tiefsten Bereiche des Unterbewussten empfangen und verstanden wurden, können diese Ideen helfen, eine neue Empfänglichkeit des Geistes auf allen Ebenen des Seins zu erschaffen.

Das Werk, der praktische Aspekt, ist vorrangig; der intellektuelle Ausdruck davon ist notwendig, aber zweitrangig. Der Zweck dieser Formulierung hier soll nicht nur mit dem Verstand gelesen werden, sondern auch auf eine stimmige Art und Weise verarbeitet werden. Diese Ideen müssen zu einem Wertesystem werden,

Das Selbst, das Herz und der Geist

nicht nur blosse Schritte in einem logischen Prozess. Die Idee der Gegenwärtigkeit, zum Beispiel, ist eine praktische Idee. Sie ist kein Glaube oder eine Meinung, sondern sie ist eine Ausübung. Wenn ein Mensch sie erlernt und sie geübt hat, so ist sie auf eine Art und Weise zu Eigen geworden und sie wird geschätzt.

Die vier Begriffe, die im folgenden Schema dargestellt werden, stellen auf eine notwendigerweise vereinfachte Form die grundsätzlichen Begriffe und Polaritäten des Selbst dar, wie es in diesem Buch vorgestellt wird. Alle hier verwendeten Begriffe haben leider sowohl im Englischen wie auch im Deutschen unterschiedliche Definitionen, und so ist es wichtig, dass gleich zu Beginn geklärt wird, was mit ihnen gemeint ist.

BEREICH DES SELBST (NAFS)

BEWUSSTER GEIST
Ego, „Ich"
Verstand
Persönlichkeit

FALSCHES SELBST
Künstlichkeit
Ängstlichkeit
Zwanghaftigkeit

WESENTLICHES SELBST
Einfühlsamkeit
Entgegenkommen
Frei

UNTERBEWUSSTER GEIST
Herz
Gefühle
Schöpferkraft
Feinere Fähigkeiten

Lebende Präsenz

Wir beginnen mit dem Gefühl von Selbst, einem „Ich", etwas, was wir alle erfahren. Was diese Erfahrung ist, ist von Mensch zu Mensch sehr verschieden, von einem zusammengezogenen, abgetrennten Selbst, bis zu einem ausgedehnten und vergeistigten Selbst. Im Allgemeinen ist dieses „Ich" ein sehr kleiner Teil von uns. Es ist genau so viel von uns, wie wir dessen bewusst sind.

Über dieses „Ich", oder über diesen bewussten Geist hinaus, gibt es einen weiten Bereich, vom dem ein Teil davon das Unterbewusste genannt werden kann. Häufig wird es als eine Art Speicher von vergrabenen Erinnerungen, Prägungen, psychischen Komplexen, Trieben und Besessenheit verstanden. Gleichzeitig ist da auch ein überbewusster Geist, der jenseits der üblichen Erfahrung von „Ich" liegt. Es ist der Bereich von Ahnungen, von innerem Wissen und von feinsten Eingebungen. Aus einer spirituellen Sicht sind der unterbewusste und der überbewusste Bereich jene, die traditionell mit Herz bezeichnet werden, sie sind der Ursprung der Weisheit und der feinen Wahrnehmungen. Dieser Bereich ist unendlich, mindesten verglichen mit dem bewussten Geist, und er teilt sich Gleichgesinnten und dem Geist im weitesten Sinne spontan mit.

Die andere Gegensätzlichkeit, die der Klärung bedarf, betrifft das Falsche Selbst und das Wesentliche Selbst. Die grundlegende Voraussetzung für dieses Buch ist, dass der bewusste Geist sich zum grössten Teil mit dem Falschen Selbst gleichsetzt (*an nafs al ammara*), welches das Ergebnis von Angst und Eigensucht ist. Sowohl der Begriff Falsches Selbst und Wesentliches Selbst sind relativ. Aus der Sicht des Wesentlichen Selbst fühlen wir durch Liebe und durch die höheren Fähigkeiten des Geistes unsere Einheit mit der ganzen Welt.

Wenn dann der Einfluss des Falschen Selbst mittels spiritueller Lehren und Übungen verringert wird, verändert sich die Qualität unserer „Ich-heit". Das Falsche Selbst ist ein geistiges Bild, das zur Verteidigung gegen unsere Ängste aufgebaut wurde. Die Aufgabe dieser mehr oder weniger feinen Bindung ist, Aufmerksamkeit zu erregen oder Zustimmung zu erhalten. Das Falsche Selbst ist das Ergebnis von existenzieller Angst; auf der tiefsten Ebene unseres

Das Selbst, das Herz und der Geist

Seins fühlt sich die Seele ungeliebt, unsicher und unfähig, dem Leben zu vertrauen. Dies ist ein Problem von Wahrnehmung und Bewusstsein, weil das Falsche Selbst unfähig ist, die Bedeutsamkeit von Ereignissen zu erkennen, und es ist ahnungslos von der Göttlichen Barmherzigkeit, welche in jedem Detail unserer Existenz arbeitet. Die grössten Seelen haben diese Wirklichkeit erlebt, und versucht, sie uns mitzuteilen, manchmal durch metaphysische Prinzipien, manchmal durch Poesie. Das spirituelle Werk ist eine Methode, die auf diesen Prinzipien und Einsichten beruht, und die das menschliche Herz zuverlässig erziehen kann.

Die Bewegung vom Falschen zum Wahren oder Wesentlichen Selbst ist auch eine Ausweitung und Vertiefung unserer bewussten Aufmerksamkeit in den unter- und überbewussten Bereichen. Das Gespür für das innere Leben dehnt sich qualitativ aus, und das Selbst wird sich Eigenschaften und Bedeutungen bewusst, die es früher nicht kannte. Das äussere Leben wird durch diese Wahrnehmungen verwandelt, und das Selbst erfährt, dass es in einer bedeutungsvollen und segensreichen Wirklichkeit lebt.

Wo wir uns im weiten Spektrum zwischen dem Falschen Selbst und dem Wesentlichen Selbst identifizieren, da wird auch unsere Erfahrung von „Ich" wie auch unsere Prägung unseres unterbewussten Geistes beeinflusst. Eindeutig haben Menschen, deren Leben von Eitelkeit und all den daraus folgenden Täuschungen beherrscht wird, eine andere Wahrnehmung des Selbst als jene, die sich ihrer wechselseitigen Abhängigkeit vom Geist und vom ganzen Leben an und für sich bewusst sind. Solche Leute sind bescheiden und schätzen jeden Augenblick, weil sie mit dem Bewusstsein ihres eigenen Todes leben. Jene, die durch Eitelkeit beherrscht sind, werden durch die Herrschaft ihres eigenen Egos versklavt; und jene, die sich einer grösseren und weiteren Wirklichkeit bewusst sind, werden ein reichhaltiges und schöpferisches Leben erfahren und aus dem Wesentlichen Selbst leben.

Spirituelle Erfüllung ist ein Prozess der Ganzwerdung, in dem der Verstand und das Herz auf die höchsten Ebenen des Geistes ansprechen. Geistige Reife ist nicht ein Prozess der persönlichen Entwicklung, weil die „Person", auf der eine solche Entwicklung beruht, eine oberflächliche Identität ist. Dies zu würdigen ist eine der schwierigsten Dinge. Für viele Jahre war ich „im Werk", um „mich" zu einer bewussten Person zu machen, wie wenn es eine Leistung vergleichbar mit anderen Leistungen wäre. Nur langsam und schmerzlich begann ich zu lernen, dass das wirkliche Werk daraus besteht, zu dienen, aufmerksam zu sein, wie anderen Menschen zu mehr Freiheit und Liebe geholfen werden kann, indem man ein Beispiel für diese Eigenschaften ist, ohne Erwartungen für Anerkennung oder Belohnung.

Wir sind der Spiegel dieses grösseren Geistes. Alle Intelligenz, alle Schönheit, alle Kraft, alle Barmherzigkeit, alle Vergebung, alle Geduld und alle Zuversicht sind Geschenke und Eigenschaften dieses Geistes. So wie das Bewusstsein unserer Verbindung mit diesem Geist wächst, werden diese Eigenschaften immer vollkommener durch uns abgebildet. Je mehr wir den Spiegel des Herzens polieren, umso mehr werden wir reflektierend und glänzend. Wir werden zu Liebenden dieses reinen Geistes.

Wie kann dieser „Geist" gefunden werden? Wenn er überall ist, sollte er nicht zu schwierig zu finden sein. Aber wo ist er am konzentriertesten?

Erstens, der Geist ist dann am konzentriertesten im menschlichen Herzen, wenn der Mensch sich zu ihm hinwendet und ihn in sich verwirklicht. Indem wir uns zu unserer eigenen Erfahrung hinwenden, indem wir eine Wachsamkeit hinsichtlich unserer eigenen Zustände pflegen, beginnen wir uns selbst zu kennen, und so auch den Geist, den wir widerspiegeln.

Zweitens, wo immer zwei oder drei in Gedenken zusammenkommen, erhebt die gemeinsame Resonanz sowohl den einen, wie auch alle zusammen. Die Geschenke des Geistes werden von einem Herzen zu einem andern übermittelt. Allein wird dies nur selten im gleichen Masse erreicht. Freundschaft und Brüderlichkeit sind das Ergebnis unserer Gemeinschaft im Lichte dieser Wahrheit.

Solche Gruppen oder Gemeinschaften existieren, um die Anziehungskraft, die Konzentration und die Übermittlung von feinen Energien zu fördern, was zu neuen Erkenntnissen und persönlicher Verwandlung führt. Viele Wege wurden dazu entwickelt, um eine Resonanz bei den Menschen zu erzeugen. Durch bewusste Verehrung in einer Harmonie von Bewegung, Klang und Atem werden gewisse Zustände ermöglicht, die uns für die relativ unendlichen Fähigkeiten von Geist und Herz eröffnen.

Spirituelle Arbeit wurde traditionellerweise auf einem Gruppenmodell aufgebaut, das die Gruppendynamik ausnutzt, um Werte wie Gedenken, Dienen, Selbstlosigkeit, Bescheidenheit, Grosszügigkeit und Gemeinsinn zu üben. Das Werk alleine anzugehen, ist nicht nur eine grosse Einschränkung, sondern man läuft auch Gefahr, Eigenwichtigkeit und Selbstgerechtigkeit zu kultivieren. Spirituelles Erlangen losgelöst von anderen Menschen ist unvollständig und möglicherweise selbsttäuschend. Das Erwecken von schlafenden menschlichen Fähigkeiten, die noch immer auf dem Ego aufbauen und nicht von Liebe unterstützt werden, ist nur in einem beschränkten Mass möglich. Der Zweck des Werks ist nicht nur, unsere eigenen schlafenden Fähigkeiten zu erwecken; es sollte unter dem gnädigen Schutz von Demut und Zuneigung fortschreiten. Das wirkliche Werk wird im Schutz und Führung der Liebe vollendet.

Unsere Veranlagung ist in Richtung persönliche Unabhängigkeit gelagert, aber damit wir unser wirkliches Selbst kennenlernen, müssen wir die ego-schützenden Verhaltensweisen verlassen, welche uns in der Trennung verharren lassen. Wir müssen uns selbst für andere Wesen in einem Umfeld der Liebe öffnen. Wir müssen uns mit anderen Suchenden der Wirklichkeit treffen, um das Geschenk der Reife zu empfangen und um uns selbst grosszügig anzubieten. Nur wenn wir anfangen, uns in Liebe für andere zu öffnen, kann das isolierte Ego verwandelt werden. Ein Bewusstsein für unsere gegenseitige Abhängigkeit von unseren Mitmenschen und vom ganzen Leben liefert das Umfeld, in dem der Samen der Seele aufblühen kann.

KAPITEL VIER

Schöpferische Energie und Menschliche Fähigkeiten

Siehe, die Hand ist verborgen, während die Feder schreibt; das Pferd bewegt sich, während der Reiter unsichtbar ist.
Siehe, die Hand ist verborgen, während die Feder schreibt; das Pferd bewegt sich, während der Reiter unsichtbar ist.

[Mathnavi, II 1305–06]

Die herkömmliche und üblicherweise anerkannte Sicht der Welt, die grundlegende Struktur, in der die meisten Politiker, Intellektuellen und die Mehrheit der Leute funktionieren, ist einer der Teilung statt Ganzheit, der Trennung statt Einheit. Wir nehmen an, dass diese Aufteilung und Bedeutungslosigkeit die Wirklichkeit sei. Der gewöhnliche „realistische" Sinn der Wirklichkeit ist hauptsächlich von der überholten Physik von Newton, und von einem Konzept des Menschen als ein lediglich intelligentes Tier bestimmt.

Die Welt wird als eine Art Panorama der Dinge gesehen, die sich irgendwie durch einen rein zufälligen Vorgang so zusammengesetzt haben.

Die Idee, dass die Wirklichkeit eine spirituelle Einheit ist, und dass wir vollständig dazu gehören—nicht einfach nur ein einzelner Bestandteil davon—ist nicht die häufigste Weltanschauung. Und der Teil der Menschheit, die an eine allem zugrunde liegende Ordnung glaubt, kennt dies zumeist eher als ein Konzept, nicht als Erfahrung. Wir versäumen es, die Erfahrung der Einheit zu machen, ausser in sehr seltenen Augenblicken, deren Bedeutung nicht in das tägliche Leben einbezogen werden kann, weil diese Augenblicke in einem sehr verschiedenen Bewusstseinszustand geschahen.

Wie wir die Welt wahrnehmen hängt zum Teil davon ab, wie wir sie verstehen. Unsere Gedanken formen unsere Erfahrung der Wirklichkeit, und wir müssen mit unseren Gedanken beginnen, wenn wir in der Welt der spirituellen Einheit und Ganzheit zu Hause sein wollen. Gedanken alleine vermögen uns aber nicht in diese einheitliche Wirklichkeit zu bringen. Unsere Gedanken sind in der Bedeutungslosigkeit, der Uneinigkeit und Trennung verwurzelt, und sie müssen gejätet und gereinigt werden. Sie verzerren unsere Wahrnehmung und erschaffen eine Verzerrung in der Sicht von uns in der Vollkommenheit von dem, was tatsächlich *ist*.

Es gibt jedoch Gedanken einer höheren Ordnung, die aus dem Kontakt mit einer tieferen Wirklichkeit entstehen. Und wenn diese Gedanken erlernt und vollständig von unserem Verstand aufgenommen sind, dann kann ihre Bedeutung in den unterbewussten Geist überführt werden. Schliesslich können sich jene Gedanken und Ideen, die die Erfahrung der Einheit und der Gegenwärtigkeit unterstützen, vertiefen, und unsere Fähigkeiten zur Wahrnehmung verfeinern. Man stelle sich vor, dass diese Worte von Jesus zu unserer Wirklichkeit würden: „*Schaut auf die Vögel des Himmels: Sie säen nicht, sie ernten nicht, sie sammeln nicht in Scheunen—euer himmlischer Vater ernährt sie. Seid ihr nicht mehr wert als sie?*" [Matth. 6:26]

Zu einem gewissen Zeitpunkt in der Geschichte der modernen Welt konnte der Verstand und Geist der Menschen die überlieferten spirituellen Gedanken einer bedeutungsvollen Ordnung nicht mehr länger aufrechterhalten, und die ganze Struktur, welche die westlichen spirituellen Ansichten stützten, brachen krachend zusammen. Vielleicht war die Struktur selbst nicht mehr in Übereinstimmung mit der Natur. Vielleicht war sie zu weit von der Wirklichkeit abgewichen, um noch länger gestützt zu werden.

Lebende Präsenz

Die Menschen stehen heute im Schutt von früheren Glaubenssystemen. Viele Leute der heutigen weltlichen Gesellschaft durchsuchen mit ihren Fingern die Scherben der Bedeutung, und versuchen sich vorzustellen, wie das Ganze wohl ausgesehen haben mag. Aber hauptsächlich bemühen sie sich darum, sich so gut es geht um sich selbst zu kümmern, in der Meinung, dass sie in einem gleichgültigen Universum unbedeutende Mikroben seien.

Als Kind dieser Kultur anerkenne und verstehe ich diese Ansicht, aber sie ist nicht mehr meine eigene Sicht. Jahre der Neuauslegung, von Erfahrungen und des Praktizierens von geistigen Übungen in Übereinstimmung mit einer ganzheitlichen Wirklichkeit, haben dazu geführt, dass ich heute das Leben auf eine andere Weise sehe und erfahre.

Traditionelle Weisheit stellt sich das Ganze als eine einzige Schöpferische Macht vor, die auf verschiedenen Ebenen durch verschiedene Mittel, oder Spiegel, handelt, um eine unendliche Vielfalt von schöpferischen Ergebnissen zu erzeugen. Mit anderen Worten ist alles, was existiert, die Erscheinung eines einzigen Ursprungs des Lebens und Seins. Meine Lehrer beharrten hartnäckig und unermüdlich auf diesem Punkt, und ich kann es auch nicht weniger sein. Alles, was sie zu sagen hatten, wies auf diese wesentliche Wahrheit hin, genau so, wie jeder Punkt auf einem Kreis seine Bedeutung im Mittelpunkt findet.

Diese eine Schöpferische Kraft hat auf verschiedenen Gebieten verschiedene Auswirkungen, und das Leben ist eine dieser Auswirkungen. Die schöpferische Energie des Lebens widerspiegelt sich auf verschiedene Arten, in Abhängigkeit von dem, was sie verkörpert und was sie spiegelt. Es gibt nur eine kosmische Energie, aber so, wie sie auf verschiedenartige Spiegel auftrifft, wird sie in unterschiedliche Fähigkeiten oder Qualitäten verwandelt—so wie verschiedene elektrische Geräte in der Art, wie sie Bewegung, Klang, Wärme oder Licht erzeugen, eine einzige elektrische Energie widerspiegeln.

Diese schöpferische Energie regt alle Prozesse des Lebens im Allgemeinen, und den ganzen Bereich von menschlichem

Schöpferische Energie und Menschliche Fähigkeiten

Handeln im Besonderen an. Alles widerspiegelt diese eine schöpferische Intelligenz und Macht.

Wir erfahren diese Schöpferische Kraft nicht direkt, und wir kennen sie nur so, wie sie in unserer Welt und durch uns erscheint. Mineralien, das pflanzliche Leben und das tierische Leben widerspiegeln alle dieselbe schöpferische Energie auf verschiedene Arten. Das menschliche Leben enthält all diese Ebenen und Eigenschaften der natürlichen Welt, aber auch Erscheinungsformen dieser Energie, die klar menschlich sind.

Weil diese Energie sehr schöpferisch ist, erzeugt sie Wirkungen, die wunderschön, fein, unerwartet und mit Leben beladen sind. Weil diese Energie eins ist und von einer einzigen Quelle stammt, verbindet sie in ihrem grösseren Zweck und Bedeutung alle Dinge, von den Sternenhaufen bis hin zu dem subatomaren Teilchen. Jedes Sandkorn ist gezählt, nichts ist vom Ganzen getrennt.

Energie wird in der Physik als die Fähigkeit zur Arbeit, oder zur Überwindung von Widerstand definiert. Wir sehen die Wirkungen der Energie sowohl im Blühen der Pflanzen wie auch im Prozess der menschlichen Vernunft, sowohl in der Bildung von Mineralien wie auch in der Entwicklung der Kultur, sowohl im Zuspiel eines Fussballers wie auch im Blitz einer Einsicht, die ein neues Verständnis hervorbringt. Aber die Qualitäten von Energie sind unterschiedlich, und sie können in einer natürlichen Rangordnung sortiert werden, die, wenn sie einmal erklärt ist, selbstverständlich und offensichtlich ist.

Diese in der Welt der festen Körper gespiegelte Energie hat die Fähigkeit und die Funktion der Formgebung und des Zusammenhalts. Wir können ihre Auswirkungen in der Form der Gesteine und Kristalle sehen. Sie hat eine Art von Leben und nimmt in zahlreichen molekularen Umwandlungen teil. Die Welt der festen Körper besitzt allerdings im Vergleich zu höheren Ebenen von Energie eine sehr eingeschränkte Fähigkeit für Wechselwirkungen.

Auf der Ebene des organischen Lebens nimmt diese Fähigkeit zur Wechselwirkung zu. Unerlässliches Leben gestattet es der Materie, an einem viel grösseren und spontaneren Austausch teilzuhaben: Sonne, Wasser, Luft und Mineralien verbinden sich zu einer blühenden Rose. Pflanzliches und tierisches Leben kommt ins Sein und wird durch Lebensenergie aufrechterhalten.

So wie das Leben eine immer höhere Vielschichtigkeit erhält, so kommt eine immer grössere Freiheit und die Fähigkeit zur Reaktion ins Spiel. Beim Leben von Tieren gestattet eine Lernfähigkeit neue Verhaltensweisen und ihre Reaktionen sind dadurch geprägt. Bestimmte Verhaltensmuster ergeben sich aus dieser Lernfähigkeit. Wenn ein bestimmtes Verhaltensmuster einem Tier hilft, seine Nahrung zu finden, so wird dieses Verhalten erlernt, eingeprägt und mehr und mehr zu einer automatischen Reaktion. Ein Tier, das durch gewisse Umstände eine unangenehme Erfahrung gemacht hat, mag versuchen, solche Umstände zu vermeiden. Auch der Mensch ist stark von einer ganzen Reihe von erlernten und prägenden Reaktionen beeinflusst, die gerade unter der Schwelle des Bewusstsein sind. Dieser Prozess der Prägung wird von der Energie vollbracht, welche die „automatische" Energie oder Fähigkeit genannt werden kann.

Darüber hinaus liegt eine bewusstere Fähigkeit, die Bewusstsein oder Empfindsamkeit genannt werden kann. Diese Fähigkeit, die sowohl in Tieren wie auch in Menschen funktioniert, ist jene, die Wahrnehmung und Anpassung erlauben. Mit dieser Qualität von Energie erwirbt das Leben eine noch grössere Möglichkeit der Reaktionen auf neue Situationen. Wir benutzen diese Fähigkeit immer, wenn wir etwas mit Bewusstheit tun, wie wenn es das erste Mal wäre, und weniger aus Gewohnheit.

Bewusstheit ist dadurch gekennzeichnet, dass die Aufmerksamkeit auf eine unserer Funktionen gerichtet ist oder angezogen wird—seien dies die Gedanken, die Gefühle, die körperlichen Empfindungen, oder unser Verhalten. Wir bemerken etwas, indem unsere Aufmerksamkeit darauf angezogen wird. Häufig wird unsere Aufmerksamkeit durch das gefesselt, was wir bemerken: eine Fliege auf unserer Nase, ein schöner Mensch, eine Erinnerung, ein starkes Gefühl. Die Aufmerksamkeit wird dadurch für eine gewisse Zeit in Beschlag genommen, bis etwas anderes sie auf sich zieht.

Schöpferische Energie und Menschliche Fähigkeiten

Diese Sensibilität richtet unsere Aufmerksamkeit auf einen einzigen Punkt, aber sie gestattet es noch nicht, unsere anderen Funktionen in einem breiteren Feld der Bewusstheit zu halten. Die Aufmerksamkeit wird durch den Inhalt des Bewusstseins gefesselt, statt unser Bewusstsein auszuweiten, um auch das Umfeld unseres Bewusstseins einzuschliessen. Auf der Ebene der Empfindungsenergie können wir noch immer zerstückelt sein, sind mit einer vorübergehenden Erfahrung identifiziert, und unbewusst von mehr als einem Teil von uns selbst auf ein Mal. Ein Mensch kann zum Beispiel mit einem Tagtraum so stark besetzt sein, dass für ihn seine unmittelbare Umgebung für andere Ziele nicht vorhanden ist. Im nächsten Augenblick erfasst etwas anderes in der Umgebung seine Aufmerksamkeit, und der Tagtraum verschwindet aus seinem Gedächtnis.

Bevor wir nicht zu wahrer Bewusstheit gelangen, sind wir nicht in der Lage, ein breites Feld von Bewusstsein und dadurch ein Verständnis für unsere Wahrnehmung und unseren Seinszustand aufzunehmen. Wahre Bewusstheit öffnet uns für das Ganze, gestattet eine vollständige Erfahrung unserer Verkörperung, unserer Gedanken und unserer Gefühle. Alles wird im Licht im umfassenderen Licht der bewussten Energie enthüllt. Über all dem gibt es einen anderen Sinn von „Ich"—nicht mehr das „ich", das sich mit jedem vorübergehenden Reiz von Wahrnehmung, von Gedanken und Gefühlen identifiziert, sondern eine darüberhinausgehende Bewusstheit, ein Zeuge, der beobachtend daneben steht. Mit dieser Bewusstheit ist es möglich, die eigene Aufmerksamkeit zu leiten, und sogar bewusst zu erfahren, wohin sich die Aufmerksamkeit bewegt, und von Augenblick zu Augenblick zu sehen, was sie anzieht.

Jede höhere Ebene von Energie erlaubt mehr Wechselwirkung und mehr Freiheit. Wenn Menschen ihre eigenen, verborgenen Fähigkeiten zurückgewinnen wollen, ist diese höhere Bewusstheit notwendig.

Mit wahrer Bewusstheit, im Gegensatz zu passiver Aufmerksamkeit, ist der gegenwärtige Augenblick ein weiter Raum. Tagträume, quälende Erinnerungen, die Verlockung einer eingebildeten Zukunft haben uns weniger im Griff, weil die Gegenwart so wahrgenommen wird, wie sie ist, in der Vollkommenheit ihrer vielen Dimensionen. Dies ist Aufmerksamkeit, die sich ihrer selbst bewusst ist. Wahre Bewusstheit ist die Erkenntnis, dass du *bist*. Gegenwärtigkeit ist, diese bewusste Energie, diese Qualität von Aufmerksamkeit aktiviert zu haben. Im heutigen Zustand von Zivilisation, Kultur und Prägung ist der Zustand der Gegenwärtigkeit für die Menschen normalerweise nicht verfügbar, ausser als gelegentliches Aufblitzen. Es ist aber möglich, Bewusstheit zu entwickeln, zu erhalten und sich darin zu Hause zu fühlen.

Als Menschen können wir wissen, dass eine einzige schöpferische Energie alles mit allem verbindet, und dass wir als Bestandteil dazu gehören. Wir sind eins mit dem Ganzen. Dies ist die Wahrheit auf höchster Ebene. Wir können so auch erfahren, dass wir in uns andere Fähigkeiten haben, diese eine Energie zu spiegeln. Unsere körperliche Form widerspiegelt diese Energie. Unsere Fähigkeit, neue Arten von Verhalten und von physischer Geschicklichkeit zu erlernen ist eine andere Art, diese Energie zu spiegeln. Unsere Möglichkeit, etwas wahrzunehmen und dessen bewusst zu werden, ist eine weitere Eigenschaft, mit der wir begabt sind. Aber eine kritische Unterscheidung kann zwischen Bewusstsein und Bewusstheit gemacht werden. Bewusste Gegenwärtigkeit (=Bewusstheit) ist die Wahrnehmung aus einem Zustand der Ganzheit heraus, er umfasst Gedanken, Gefühl und Bewusstsein des Körpers. Bewusste Gegenwärtigkeit ist das Licht der Seele hinter der Zersplitterung und hinter ungelösten Streitigkeiten der Persönlichkeit. Daher kann sie alle anderen Bruchstücke und Fähigkeiten vereinen, weil sie über ihnen steht. Bewusstheit ist die höchste Fähigkeit, die ein Mensch willentlich erfahren kann, und ihre Wichtigkeit liegt darin, dass sie uns für das öffnet, was jenseits des individuellen Willens ist: die schöpferischen und belebenden Mächte der Göttlichen Essenz.

Wenn eine bewusste Gegenwärtigkeit erweckt wurde, wenn wir unsere verfeinerte Aufmerksamkeit zielgerichtet lenken können, sind wir besser in der Lage, uns für das Wissen des Herzens zu öffnen. Aber was ist dieses Wissen des Herzens? Das Herz, wie es die Sufis und andere es nennen, ist die Gesamtheit der Fähigkeiten des Geistes, sowohl unterbewusst wie auch überbewusst.

Diese Fähigkeiten wirken jenseits des Vorhangs unserer bewussten Aufmerksamkeit. Sie wirken in den meisten von uns nur teilweise, sprunghaft und unbewusst, weil, wie wir besprechen werden, das menschliche Herz zersplittert und zerstritten ist.

Wenn jedoch der unterbewusste Geist in Harmonie mit der Göttlichen Essenz, der schöpferischen Kraft, funktionieren kann, dann wird das Leben mit neuer Bedeutung erfüllt, die in die bewusste Aufmerksamkeit einfliessen. Wenn früher die Aufmerksamkeit mit eher oberflächlichen Schichten des Geistes beschäftigt ist, besonders mit den Gedanken und Wünschen des Egos, so ist es jetzt möglich, beständiger nach Innen zu hören. Durch dieses nach Innenhören können sowohl Geist und Herz, wie auch Ego und Unterbewusstsein integriert werden. Die kosmische Energie wird durch die unbewussten Fähigkeiten des Geistes widergespiegelt, und diese Fähigkeiten sind in der Lage, das Neue, das Schöpferische, das Unerwartete und das Einzigartige zu spiegeln.

Das Werk der Gegenwärtigkeit heisst erstens, unsere bewussten und unterbewussten Fähigkeiten zu reinigen und zu harmonisieren, das Herz um ein einziges Zentrum zu reinigen. Zweitens heisst es, geduldig unsere latenten menschlichen Fähigkeiten aufzuwecken, die eingeschlafen oder verkümmert sind.

Eines Tages kann dann das Herz in Verbindung mit seinem eigenen Ursprung treten; es wird vertraut werden mit der Schöpferischen Kraft, und den Einen kennen lernen, der hinter aller Vielfalt steht. Es wird sein Zuhause in der Einheit von allem wiederentdecken. Diese Möglichkeit existiert, und die Menschen sind dazu bestimmt, dies mehr und mehr zu verwirklichen. Dies ist der Vollkommene Mensch, der Tropfen, der zum Meer wird. Es ist nicht schwierig, weil, wie unsere Lehrer uns sagen, wir dafür gemacht sind.

Kapitel Fünf

Der Ausgleich zwischen Innen und Aussen

Jemand sagte: „Ich kann nichts dafür, aber ich muss meine Familie ernähren; ich verdiene mühsam einen rechtmäßigen Unterhalt."

. . . .

Er kann ohne Gott auskommen, aber nicht ohne Nahrung; er kann ohne den Glauben auskommen, aber nicht ohne Götzen.

. . . .

Wo ist der Freund[1], der aus der Höhle herauskam und sagte: „Das ist mein Herr! Habe acht! Wo ist der Schöpfer?

. . . .

Wenn ich ohne die Eigenschaften Gottes anzusehen Brot esse, wird es mir im Halse stecken bleiben."

[Rumi, Mathnavi II, 3073–82]

Zu einem gewissen Zeitpunkt auf meiner Reise hatte der Lehrer meines Lehrers, ein achtzigjähriger Mann, einen schweren und lebensgefährlichen Unfall. Während Monaten war der Zustand des Meisters ungewiss und alle, die ihn liebten, wurden sich zutiefst bewusst, welche Bedeutung seine Freundschaft in Fleisch und Blut für sie hatte. Schliesslich erholte er sich und lebte noch viele Jahre. Aber als er sich soweit erholt hatte, dass er knapp gehen konnte, rief er meinen Lehrer an, um ihm zu sagen, dass er einen besonderen Unterricht hätte, wenn er in einer bestimmten Nacht in seine Wohnung käme. Da dies seit Monaten die erste Gelegenheit für die beiden war, zusammen zu sein, war mein Lehrer voller Erwartungen.

---

1. Abraham

Der Ausgleich zwischen Innen und Aussen

Sie gingen an diesem Abend zusammen spazieren, so überlegt und langsam, dass die Aufmerksamkeit auf jeden schmerzlichen Schritt betont wurde. Sie gingen bis zu einem der elegantesten Restaurants jener grossen Hauptstadt. Mein Lehrer öffnete die Tür zur Bar und sie betraten den Eingang. Es war, wie wenn sie vollkommen unsichtbar wären, während die Gäste, die elegantesten Männer und Frauen, ihre lauten und angeheiterten Gespräche weiterführten. „Siehst du?" sagte er nur.

In unserem gewöhnlichen Zustand des Seins besetzen die äusseren Anforderungen des Lebens, wie auch die inneren Prozesse von Denken und Fühlen abwechslungsweise unsere Aufmerksamkeit in einem solchen Masse, dass wir die echte Bewusstheit nicht aufrechterhalten können. Mit Bewusstheit meine ich nicht nur Wahrnehmungen oder das Bewusstsein, welches der früher beschriebenen, empfindsamen Energie entspricht, sondern ein Bereich der Bewusstheit, der sowohl die Inhalte unserer Erfahrungen, wie auch denjenigen, der sie erfährt, einschliesst.

Spirituelle Arbeit heisst, ein bestimmtes Gleichgewicht zwischen den Anforderungen des äusseren Lebens und einer bewussten Gegenwärtigkeit beizubehalten. Wir wünschen uns, frei in das Leben dieser Welt einzutreten, und trotzdem die Gegenwärtigkeit und die Dimension von Bewusstheit und von Frieden zu kennen. Wir können durch das Wesen (oder die Essenz) leben, die das Licht hinter der Persönlichkeit ist, statt durch die beschränkte und oberflächliche Persönlichkeit, die mit jedem vorübergehenden Gedanken und Gefühl identifiziert ist.

Die Persönlichkeit ist unsere oberflächliche Identität, unser erlerntes Verhalten und unsere Gesinnung; sie ist an die Verhältnisse des äusseren Lebens gebunden, an Zustimmung und Ablehnung, an Wertschätzung und Abneigung, an Lob und Vorwürfe. Wir arbeiten im Werk daran, dass diese Essenz, unser tiefstes Wesen, das wirklich sagen kann „ich bin", mitten im täglichen Leben hervortreten kann.

Die Persönlichkeit, die mit dem äusseren Leben beschäftigt ist, und die gegenüber der Möglichkeit eines inneren Lebens vergesslich ist, wird gesteuert durch die äussere Welt. Alle ihre inneren Ereignisse sind an die äussere Welt und an Dinge gebunden. Die Persönlichkeit lebt zuerst durch die Beziehungen zu anderen Leuten und Dingen, und sie will bei ihnen ihren Weg und Willen durchsetzen. Sie fühlt ihr eigenes Dasein durch das, was sie erreicht und was sie besitzt. Umgekehrt wird jede Enttäuschung, jede Zurückweisung, jede Niederlage als eine Anfechtung und Bedrohung ihres Seins erfahren.

Werden wir durch die Erfahrungen des Lebens aufgebraucht? Oder erfahren wir das Leben bewusst, mit Achtsamkeit und Vertrauen? Ist unser inneres Leben abhängig von äusseren Umständen? Oder wird es von ihnen befreit?

Die Transformation, mit der sich die innere Arbeit beschäftigt, erlaubt es dem „Ich", unabhängiger als reine Gegenwärtigkeit oder als Zeuge zu sein. Die Sklaverei von Zu- und Abneigung wird in dem Mass verringert, als unser Gefühl von „Ich" im reinen Sein verankert ist, und nicht in den Dingen. Das Bedürfnis, zum Beispiel unsere eigene Besonderheit hervorzuheben, oder die Aufmerksamkeit von andern zu erhalten, wird je weniger wichtig erfahren, je mehr sich eine stabile innere Gegenwärtigkeit entwickelt. Diese innere Gegenwärtigkeit genügt sich selbst, sie lässt Nichtanhaftung, Gelassenheit und grössere Sachlichkeit zu.

Gegenwärtigkeit führt uns zu einem gesunden Sinn für Selbstbeschränkung und Aufopferung, die uns gestatten, mit unseren Verhaftungen und unserer Anhänglichkeit zu spielen und unserem eigenen Gefängnis gegenüberzutreten. Wir können lernen, aus dem Würgegriff des Egoismus auszubrechen, der auf Wünschen und in Gedanken beruht, die aus Verlangen entstehen. Wenn wir also im Spiel des Verlangens bewusst und gegenwärtig sind, können wir die Macht des Egos über unser inneres Sein verringern.

Schliesslich erreichen wir eine gewisse Unverletzlichkeit in Beziehung zu den äusseren Dingen, so dass wir nicht von ihnen abhängig sind, sondern stattdessen aus dieser Gegenwärtigkeit heraus leben. Einzig nach Aussen zu schauen heisst, das Ziel zu verfehlen und vom geraden Weg abzukommen. Dies ist das

Der Ausgleich zwischen Innen und Aussen

Betteln nach äusserer Befriedigung, während wir den versteckten Schatz in uns ausser Acht lassen.

Wir sind knietief in einem Fluss und suchen nach Wasser. Wir sind Teil eines unsichtbaren Flusses, aber wir sind auch abgelenkt durch äussere Dinge und von unserer Vorstellung, was sie für uns bedeuten könnten. So verlieren wir den Ursprung unseres eigenen Seins. Wenn wir im Verlangen, in Formalitäten und in Äusserlichkeiten gefangen sind, werden wir in eine Welt der Phantasien und des Verlangens gezerrt. Durch unsere Identifikation mit unbewussten inneren Prozessen und äusseren Anforderungen verlieren wir den Kontakt mit dem unsichtbaren Fluss, dem Wasser des Lebens.

Am Anfang haben wir die Energie der Aufmerksamkeit nur in beschränkter Menge. Der Verlust dieser Energie wurde vom grossen Sufi-Dichter und Heiligen Jalaluddin Rumi im dreizehnten Jahrhundert wie folgt beschrieben:

Du richtest dein Bewusstsein in alle möglichen Richtungen; diese Nichtigkeiten sind keinen Grashalm wert.

Jede Distelwurzel entzieht deinem Bewusstsein Wasser; wie kann das Wasser deines Bewusstseins dann zur Frucht werden?

Höre, schlage diesen schlechten Zweig, hacke ihn ab. Wässere den guten Zweig, erfrische ihn.

. . . .

Gib dem Geist und der Vernunft von Gottes Fülle, nicht der minderwertigen kranken Natur.

[Mathnavi, V, 1084–86, 1093]

Es gibt eine Energie der Aufmerksamkeit, die bewahrt werden muss. Können wir uns zusehen, wie wir diese wegwerfen? Können wir uns anschauen, wie wir sie an äussere Verlangen und Befriedigungen verschwenden, berauscht von den wahllosen Anforderungen des Egos, welches auf alle Aufforderungen nach äusserer Anerkennung und Bestätigung reagiert? Unsere Abhängigkeit von äusseren Befriedigungen und Anforderungen führen uns zu Neid, Groll, Stolz, Schuldgefühlen und Zorn. Ist nicht dies die heutige Götzenanbetung?

Wer auch immer all diese Anstrengungen zu einer einzigen Bemühung macht, die Bemühung dafür, einfach gegenwärtig zu sein, wird von allen Mühen durch diese Gegenwärtigkeit erlöst, die eine Spiegelung des Geistes ist. Wir können von der Welt der Anziehungen, der Vergleiche und der Abhängigkeit von Äusserlichkeiten Abstand nehmen, wir können uns an diese Lebendigkeit in uns erinnern und uns damit verbinden. So können wir von unseren Zwängen befreit werden, und wir können erlernen, viel eher durch den Geist statt durch unsere beschränkten Egos zu handeln.

Wenn wir die Erinnerung an den gegenwärtigen Augenblick zu unserer einzigen Aufgabe machen, werden wir weniger von unserer inneren Energie verschwenden.

Die Abstimmung zwischen Selbst und Selbstlosigkeit finden

Eine andere Betrachtung betrifft das Gleichgewicht zwischen Selbst und Selbstlosigkeit, zwischen einer starken Gegenwärtigkeit und der Freiheit vom Selbst. Ein häufiges und oberflächliches Missverständnis des spirituellen Prozesses besteht im Wollen, direkt vom ego-getrieben Individuum unmittelbar zum „kein-Selbst-haben" zu gelangen. Aber die Entdeckung unserer eigenen Gegenwärtigkeit ist nur der Anfang von der Befreiung vom zwanghaften und fordernden Ego.

Der Kern des spirituellen Prozesses ist die dauerhafte Gegenwärtigkeit. Gegenwärtigkeit ist unser wesenhaftes Selbst. Gegenwärtigkeit ist ein Raum, der mit den Eigenschaften des Geistes gefüllt werden soll, Eigenschaften wie Liebe, Grosszügigkeit, Geduld, Mut, Bescheidenheit und Weisheit, die alles einschliessend, alles umfassend und alles übersteigend sind. Das Ego, oder das „kleine Ich", ist ein überfüllter Ort, der mit widersprüchlichen Wünschen und Gedanken gefüllt ist.

Manchmal möchten wir die spirituelle Arbeit anfangen, aber wir sind zu voll. Jedes Wort, jede Bewegung und jeder Gedanken beschwören ein künstliches kleines „Ich" herauf, eine Prägung, einen Automatismus oder eine oberflächliche Rolle. Wenn wir in

Der Ausgleich zwischen Innen und Aussen

die Gegenwärtigkeit gelangen, betreten wir die Sprachlosigkeit, die Stille. Wir legen unsere Waffen nieder. Der Verstand erhält Ruhe, Gedanken klingen ab. Dann können auch die Gefühle still und leer werden.

Unsere Arbeit liegt darin, eine Schwelle in die Stille und die Leere zu überschreiten. Es ist wie das Betreten eines grossen Raumes, in dem sich herausstellt, dass er eine grosse Gegenwärtigkeit hat. Die scheinbare Leerheit von schlichter Gegenwärtigkeit ist reicher als das vollgestopfte Erlebnis der gewöhnlichen Persönlichkeit. Wir können entweder im Geiste leer, oder aber von uns selbst erfüllt sein.

Die Schranken, die vor uns sind, bestehen aus unseren Gedanken und Gefühlen, unsere psychische und weltliche Geschäftigkeit, unser Haus voller Götzen und Helden, die uns endlos beschäftigen. Unsere Gewohnheiten und Prägungen halten uns berauscht und dumpf. Wenn wir diese Schranken akzeptieren, werden wir an der Überschreitung der Schwelle scheitern. Um über die Schwelle von Gewohnheiten und Prägungen zu treten, um in die Leere der Aufnahmefähigkeit der Seele zu gelangen, müssen wir still und geduldig werden. Wir müssen gewisse Bedürfnisse und Verlangen aufgeben, und sie wieder und wieder loslassen. Auf diese Art und Weise gelangen wir zu unserem wesentlichen Selbst. Wir lassen unser zwanghaftes Ego hinter uns, und wir verkörpern so gleichzeitig das „Ich bin" und den Zustand der Selbstlosigkeit.

Diese Erfahrung des „Ich bin" ist kein mechanisches Selbst, jenes, das Rollen spielt, jene oberflächliche Persönlichkeit, die ihre Existenz durch die gewöhnlichen Automatismen und Widerstände spürt. Mit der richtigen Art der Aufmerksamkeit und der Beobachtung können wir lernen, die Beziehung zwischen unseren verschiedenen Gedankenwelten und Gefühlswelten zu sehen, und wie jede von ihnen ein imaginäres „Ich" hervorruft. Stattdessen können wir durch Rückbesinnung und Absicht erlernen, unser eigenes Sein zu spüren. Ein positiver Sinn von „Ichsein" tritt mittels Rückbesinnung auf. Dies ist das allererste Ding, dem wir *vertrauen* können, der Erfahrung von unserer eigenen Gegenwärtigkeit, vom heiligen „Ich bin".

Der scheinbare Widerstreit zwischen einem starken Sinn unserer eigenen Gegenwärtigkeit und der Selbstlosigkeit kann gelöst werden, wenn wir realisieren, dass uns die Gegenwärtigkeit dabei hilft, selbstloser zu werden. Selbstlosigkeit ist die Bereitschaft der Seele, Verzicht zu üben, sowohl in der materiellen Welt, wie auch in der künstlichen Welt der Persönlichkeit. Das „Ich bin" ist selbstlos darin, dass es keine besondere Idee von sich selbst hat, dass es sich nicht rechtfertigt, und dass es nicht neidisch, ärgerlich oder stolz ist. Weil es sich bereits im unendlichen barmherzigen Geist sicher fühlt, kann es die Auslöschung von allem, was in der Ego-Persönlichkeit falsch ist, hinnehmen. Wenn wir in der Gegenwärtigkeit verwurzelt sind, können wir die Anforderungen des Egos loslassen. Wenn wir in der Leere der reinen Gegenwärtigkeit nicht sicher sind, werden wir an Ereignissen und Dingen, an Lügen und Ängsten festhalten. Aber im Zustand der Gegenwärtigkeit, frei von den Zwängen des Egos, können wir zu unserem echtesten Selbst werden.

Kapitel Sechs

Die Macht des Seins[1]

Gott lässt das Nichtexistierende als existent und prächtig erscheinen;
Er lässt das Existierende in der Form des Nichtseienden erscheinen.
Er hat das Meer verborgen und den Schaum sichtbar gemacht;
Er hat den Wind verborgen und zeigt dir den Staub.

[Rumi, Mathnavi V, 1026–27]

Es gibt etwas Nichtexistentes, etwas, das nicht berührt, gesehen, oder auch nur gedacht werden kann, und doch ist dieses Nichts wichtiger als alles andere. Es ist die unergründliche Quelle von allen Eigenschaften und allen Möglichkeiten.

Wir suchen nach Glück, Schönheit oder Vergnügen in vorhandenen Dingen, in der Überzeugung, dass die Dinge uns befriedigen werden, oder uns in gewünschte Zustände bringen. Wir hoffen, unser Wohlbefinden in einem neuen Auto, einem neuen Wohnort oder in einer neuen Beziehung zu finden. Aber

---

1. Das Sein (*Al-Wujud*): Die zeit- und raumlose Eigenschaft des Göttlichen, die, wenn sie erfahren wird, in sich und von sich zufrieden ist, ohne Bezug auf irgend etwas.
  Wenn Gott als „Absolut" beschrieben werden könnte, dann ist „Sein" die erste Unterscheidung von Gott, der die ganze Welt erzeugt, oder deren Schöpfung gestattet.
  Was die Erfahrung der Menschen betrifft, so ist das „Sein" die zeit- und raumlose Eigenschaft des Göttlichen, zufrieden in sich und von sich, das von der bewussten Seele erfahren werden kann. In der Sprache der mystischen Dichtung ist das „Sein" der „Ozean", der im Gegensatz zu „Schaum" (Existenz) steht.

wir können nicht darauf zählen, dass die Glückseligkeit, die von diesen Dingen erzeugt wird, dauerhaft sei, wir werden in Zukunft noch weitere solche „Dinge" finden müssen, um weitere Zustände zu erzeugen.

Das, was wir in uns selbst haben, das projizieren wir nach aussen auf Dinge oder auf andere Leute, und denken dabei, dass diese Dinge oder Leute für unseren Zustand verantwortlich seien. Aber jeder dieser Zustände ist nur in uns selbst. Wenn wir schliesslich beginnen, uns selber gut zu kennen und erkennen, was wir in uns selbst herumtragen, wenn wir eine direkte Verbindung mit uns selbst herstellen können, dann werden wir von anderen Dingen weniger abhängig. Das Wohlergehen, die Schönheit und die Liebe, die wir ausserhalb von uns suchen, sind wahrhaftig in uns selbst. Das Paradox liegt darin, dass wenn wir unser Inneres entdecken, die äusseren Dinge zunehmend die inneren Möglichkeiten erwecken. Wir werden leichter ansprechen; wir werden mehr schätzen, mehr lieben und ein grösseres Gefühl für das unabhängige Wohlergehen kennen.

Alles, was sowohl in der materiellen wie auch in der psychischen Welt zu existieren scheint, leitet seine Eigenschaften aus einer einzigen Quelle des Seins ab. Alles, was wir wünschen, alles, was uns bewegt, ist in Tat und Wahrheit ohne eine eigene Existenz, und alles hängt von einem einzigen Ursprung des Seins ab und sind einzig Spiegel von jener einen Essenz.

In diesem Sinne bringt uns alles, was uns in der äusseren Welt anzieht, in Verbindung mit dem versteckten Schatz in uns selbst. Indem wir ihn in uns selbst finden, werden wir dem Sein zurückgegeben, das wir reflektieren. Wir sind nicht die Urheber dieser Eigenschaften, sondern die Spiegel der unendlichen Fähigkeiten des Seins.

Eine fundamentale Einheit liegt aller Existenz zugrunde. Die Existenz, unser Dasein, ist ein Geschenk der Göttlichen Gnade, aus dem Sein selbst, das allen Dingen gestattet, in dieser sehr feinen Wechselwirkung zu existieren. Aber all diese existierenden Dinge schlucken und beherrschen unsere Aufmerksamkeit und Sorge. Sie täuschen und verführen uns. Weil sie scheinbar in der

Die Macht des Seins

Vielzahl sind, zerreissen sie das Herz in Stücke und zersplittern den Willen. Wenn wir keinen Weg finden, die Einheit in uns zu tragen, erfahren wir nur Chaos und Verwirrung.

Eigenartigerweise ist das, was erforderlich ist, eine Fähigkeit, eine gewisse Aufmerksamkeit für das Sein selbst zu reservieren, für dasjenige, was in der Welt der Dinge nicht vorhanden ist. Wir können unsere Aufmerksamkeit zu jener Dimension lenken, die es allen Dingen gestattet, zu sein. Mitten unter all den Dingen, die nach unserer Aufmerksamkeit rufen, müssen wir uns also gleichzeitig an einen Mittelpunkt erinnern, der überall und nirgends ist, der die Quelle, der Ursprung und der Stoff von allem ist, das zu existieren und zu sein scheint, und das einen für uns zugänglichen Verbindungspunkt hat. Innerhalb des Herzens von jedem Menschen gibt es einen Verbindungspunkt zur unermesslichen Dimension ausserhalb von allen existierenden Dingen. Gott, der Absolute, ist nicht ein anderes existierendes Ding unter anderen existierenden Dingen, sondern die Dimension, die alle Existenzen ermöglicht, und aus den sie ihr Sein ableiten. Dies ist der Grund, warum von Gott gesagt wird, dass Er uns näher als unsere Halsschlagader sei.

Dieser schmale und gerade Weg ist ein Weg der anspruchsvollen Erinnerung an das Sein. Irgendein Weg, der die Notwendigkeit der Bewusstheit von Sein nicht anerkennt und nicht betont, ist ungenügend für eine Gegenwärtigkeit, die unabhängig von Befangenheit, einschränkenden Wertsystemen, Vergleichen, Empfindlichkeiten und Rührseligkeiten ist. Denn in jedem Augenblick mögen wir bemerken, dass unsere Aufmerksamkeit und Gegenwärtigkeit von einem untergeordneten Ereignis oder Ding besetzt ist. Wenn wir diesen Ursprung des Seins vergessen, können wir uns schliesslich selbst vergessen. Man könnte fragen, was dann verloren geht, wenn wir uns erlauben, von den Dingen aufgesaugt zu sein, in all den Gefühlen und Gedanken, in all dieser Aufregung?

Ohne Sein werden unsere Handlungen chaotisch, saumselig, ziel- und zwecklos. Irgendeine Handlung ohne den Duft von Sein ist umsonst. Das Sein ist die Einheit von allen Dingen. Das Sein ist wie eine feinere Energie, welche die Kraft hat, gröbere Energien zu organisieren. Das Sein ist kraftvoller als irgendeine

Tätigkeit oder Funktion, und es ist grösser als das Leben. Es ist das Reservoir aller Möglichkeiten, der schöpferischen Energie, die unsere Handlungen antreibt. Keine Anstrengung, keine Tätigkeit, keine Anziehung oder Befriedigung ist in sich selbst das Sein. Das Sein ruft aus einer anderen Richtung, aus dem Bereich von Möglichkeiten jenseits unserer Wahrnehmung.

Das Sein ist das Reich der Qualität. Was immer wir mit Sein tun, es verkörpert Qualitäten und Eigenschaften reiner und intensiver. Wir können so Qualität in die Einzelheiten des Lebens bringen, wenn wir uns daran erinnern, zu sein und mit Genauigkeit zu handeln. Wenn wir bewusst an jenem Punkt *sein* können, wo die horizontale Kraft der aktiven Wahl auf die senkrechte Kraft des Seins trifft, kann ein gewisses „Etwas", grösser als das Leben, entstehen. Dieses „Etwas" kann in jedem Gegenstand gespürt werden, das mit Herz und Händen eines bewussten Menschen hergestellt wurde, in Kunstwerken, in einem gepflegten Garten, in mit Liebe zubereitetem Essen.

„Auch wenn du zweihundert Leben besitzt, werde in Seinem Sein nichtexistent—es ist richtig, für dieses Sein nichtexistent zu werden", schreibt Rumi in seinem Diwan. Die Erweckung zum Sein fordert die Entleerung von sich selbst. Aber diese Entleerung erlaubt eine neue Qualität der Beziehungen und eine alchemistische Transformation der Energien.

Ein Meister des balinesischen Tanzes drückte einmal den Gedanken aus, dass ein Künstler sich bewusst als Kanal zwischen der inneren und der äusseren Welt sehen soll. Wenn dabei das Ego in die Quere kommt, so ist dieser Kanal verengt. Er beschrieb einen Ball von Energie, der zwischen den Künstlern und den Zuschauern erschaffen wird. Der Künstler steuert und vergrössert diese Energie, indem er sich der Energie bedient, die ihm von den Zuschauern gegeben und von ihnen gesteuert wird. Indem sie ein reiner Kanal sind, und durch ihre Fertigkeit, mit den Zuschauern in Verbindung zu treten, wird die Energie hin- und zurück bewegt. In den heiligen Künsten ist eine Aufführung nicht ein Mittel zur Befriedigung des Egos, sondern ein Angebot an das Göttliche. Was dargeboten wird ist die Aufmerksamkeit eines Jeden, und doch wird jeder in dieser heiligen Alchemie erhöht und spürt durch die Qualität der gebotenen Aufführung und Aufmerksamkeit eine Veränderung in seinem Bewusstsein. Die Darbietung an das Göttliche wird zurückgegeben.

Jede Beziehung kann diese Eigenschaft haben, wenn wir uns selbst bereitwillig darbieten, wenn wir akzeptieren, dass wir Kanäle sind, und wenn wir hinnehmen, leer und bewusst zu sein. Dies ist Ausstrahlung, oder die Fähigkeit, die Göttlichen Eigenschaften des Herzens in Handlung umzusetzen.

Das Eine Sein, stösst in uns in Seiner unbegrenzten Grosszügigkeit und Barmherzigkeit eine Rückbesinnung an und lässt den Prozess der Umwandlung anlaufen, durch den wir zu spiritueller Reife geführt werden. Dieses Geschenk des Seins an uns ist Gnade. Diese Istheit, diese Gnade—wie immer wir es nennen wollen—ist uns ontologisch vorangegangen. Wir sind daraus entstanden, nicht es aus uns. Oder wie es auch gesagt wird: Gottes Liebe für uns ist unserer Liebe für Ihn vorangegangen. So wie wir Diener des Geistes sind, ist der Geist unser Diener, wenn wir uns mit ihm verbinden. Diese Verbindung wird durch die Gegenwärtigkeit erstellt, die eine Empfänglichkeit für die Energien der Möglichkeiten ist.

Als unser Scheich Süleyman Dede aus der Türkei am Washington National Airport ankam, geschah etwas sehr Ungewöhnliches. Dede war ein kleiner Mann, der tadellos in einen dreiteiligen Anzug gekleidet war, wie es die Männer in früheren Jahrzehnten im Nahen Osten und in Anatolien gerne taten. Es gab in seiner äusseren Erscheinung wenig, was ihn hätte herausstechen lassen könnte, und doch wurde praktisch wegen seiner Präsenz der ganze Flughafen still, als er durch ihn ging. In einem Warteraum mussten seine Ehefrau und er mit seinen zwei amerikanischen Führern und Übersetzern eine Weile warten, als Fremde auf ihn zukamen und ihm aus ihrem Leben erzählten, oder ihm wichtige Fragen stellten.

Als Dede uns einmal zur Tekkye in Konya, jetzt ein Museum, brachte, um dort Mevlana „zu treffen", kamen Leute zu ihm, vor allem türkische Dorfbewohner, bis eine grosse Menschenmenge um ihn versammelt war, die sich von Mevlanas Grab in die Drehhalle und zum Rosengarten bewegte. So gross ist die Macht und die Anziehung von Sein.

KAPITEL SIEBEN

Absichtliche Aufmerksamkeit

Wenn dein Denken eine Rose ist, bist du ein Rosengarten;
Und wenn es ein Dorn ist, bist du Brennholz für den Badekessel.

[Rumi, Mathnavi II, 278]

Warum die Aufmerksamkeit studieren? Was ist die Eigenschaft der Aufmerksamkeit? Man könnte beinahe sagen, dass ein Mensch das *ist*, worauf auch immer seine Aufmerksamkeit gerichtet ist. So wie uns das obige Zitat sagt, was immer unsere Aufmerksamkeit besetzt—ob innen oder aussen, ob tiefschürfend oder nebensächlich—das ist, was wir im Augenblick sind. Wenn wir also nur für die äussere Welt aufmerksam sind, gehen wir unserer inneren Welt verlustig. Wenn wir andererseits übermässig nach innen gekehrt sind, schneiden wir uns von den Eindrücken der äusseren Welt ab, die unser Leben bereichern und beleben können. Wenn wir uns nur um die stoffliche Welt kümmern, opfern wir die spirituelle Seite. Wenn wir hingegen meinen, dass wir uns rein nur auf den „spirituellen" Weg konzentrieren können, mögen wir uns in einer Welt der Träume verlieren, die sich nie mit der Wirklichkeit verbindet. Wir brauchen nicht nur Aufmerksamkeit, wir brauchen auch den Ausgleich—Ausgleich zwischen dem Engen und dem Weiten, dem Innern und dem Äussern, dem Materiellen und dem Geistigen. Schliesslich ist die Aufmerksamkeit jene Fähigkeit des Menschen, die den Blickwinkel der Bewusstheit reguliert, manchmal bündelt sie ihn auf das Nahe und manchmal auf das Ferne, manchmal auf ein Detail und manchmal auf das gesamte Bild.

Absichtliche Aufmerksamkeit

Das Leben fordert von uns so viel, dass keiner von uns es sich leisten kann, nicht ohne volle und anpassungsfähige Aufmerksamkeit zu sein. Häufiger als wir wissen, kommen Augenblicke vor, die einen Unterschied in der Qualität unseres Lebens ausmachen. Dies sind Augenblicke der Wahl, die nie wieder zurückkommen. Sie sind Augenblicke des Dienstes, weil andere unsere Gegenwärtigkeit uns Aufmerksamkeit brauchen. Sie sind auch Augenblicke des Verständnisses, in einer Welt voller Missverständnisse. Aber damit die Aufmerksamkeit völlig verwirklicht wird, muss sie ein Werkzeug der Gegenwärtigkeit sein.

Das Studium der Aufmerksamkeit ist auch ein Studium des Egos und des wesentlichen Selbst. Eine der Eigenschaften des Egos ist, dass es wenig eigene Aufmerksamkeit hat, seine Aufmerksamkeit ist fortwährend von dem eingefangen und gezwungen, was es mag und was es nicht mag. Das erweckte Selbst hat hingegen eine zielgerichtete und ausdauernde Aufmerksamkeit.

Man beobachte selbst, wie die eigene Aufmerksamkeit von der Welt der Reize ausgesogen wird, in der Auseinandersetzung zwischen Zu- und Abneigung. Die Aufmerksamkeit wandert frei und unbewusst, bis sie auf etwas trifft, das sie entweder anzieht oder abstösst, dann ist sie gefangen. Wenn wir gegenwärtiger wären, würden wir bemerken, wie und wann die Aufmerksamkeit gefangen ist, und wir könnten sie vielleicht dann auch wieder befreien. Es ist spannend zu sehen, was unsere Aufmerksamkeit beherrscht und wie es getan wird. Aber wenn wir das tun, schwächen wir so die Herrschaft unseres Egos und fangen an, einen neutralen und unparteiischen Beobachter zu schaffen. Dieser „Beobachter" ist von der Identifikation mit dem falschen Ich befreit, und kann sich somit in der Gegenwärtigkeit halten. Dies ist ein Weg, auf dem sich die Seele entwickeln kann.

Unsere innere Welt zu beobachten heisst, zu bemerken, wie sehr wir schlafend sind, wie oft unsere „Identifikation" als unbewusste und ungewollte Absorption unserer Aufmerksamkeit in innere und äussere Prozesse wirkt. Wir sagen uns, dass wir geduldig, liebenswürdig oder grosszügig sein werden. Aber dann, in einem anderen Augenblick vergessen wir diese Vorsätze, weil ein Verlangen oder ein Frust uns so im Griff hat, dass wir unsere beobachtende Aufmerksamkeit verloren haben, und dass wir in gerade jenen Zustand hineinlaufen, den wir vermeiden wollten. Wir haben uns selbst durch Identifikation verloren.

Wie schwierig kann es sein, ganz einfach aufzupassen und aufmerksam zu sein. Im Augenblick, in dem wir etwas bemerken, ist unsere Aufmerksamkeit gefesselt, es gibt keine Anstrengung. Die Bemühung kommt hinzu, wenn wir versuchen unsere Aufmerksamkeit aufrecht zu erhalten. Wir können uns selbst in einen Zustand der Aufmerksamkeit bringen, aber wir können sie nicht daran hindern sich wieder aufzulösen. Wenn wir ehrlich sind, müssen wir zugeben, dass unsere Fähigkeit für gezielte Aufmerksamkeit eher gering ist.

Unter den weltlichen Umständen, unter denen der menschliche Geist üblicherweise arbeitet, ist die Aufmerksamkeit schwach und oft zerstreut. Wenn wir wahrhaftig im Zentrum unseres Seins gesammelt sind, erscheint eine grössere Kapazität zur Aufmerksamkeit. Es fühlt sich an, als ob die wahre Quelle der Aufmerksamkeit ausserhalb der Zeit wäre, und wenn wir innerlich wirklich gesammelt und zentriert sind, scheint die Aufmerksamkeit mehr unter unserer Beherrschung zu sein.

Wenn wir zentriert sind, können die höheren Energien unserer Psyche die niederen Energien strukturieren und organisieren, und ihnen eine Stimmigkeit leihen, die sie normalerweise nicht haben. Aber gleichzeitig vermögen die niederen Energien (wie Zu- und Abneigung, alle Einflüsse aus der Umwelt und von Prägungen) die höheren stören, und in sie etwas von der Wirrheit der niederen einbringen. Aus diesem Zusammenprall zwischen höherem Sein und niederer Zerstreuung kommt die Bemühung, unsere Aufmerksamkeit auf etwas zu behalten.

In den frühen Jahren des spirituellen Trainings erlebte ich die Tätigkeit von bewusster körperlicher Arbeit mit einer Gruppe und einem Lehrer—eine Steinmauer errichten, einen Garten jäten, eine Mahlzeit zubereiten. Am Ende eines Tages von bewusster Arbeit sagte mein Lehrer jeweils: „Vielleicht hast du jetzt ein bisschen freie Aufmerksamkeit." Stunde um Stunde

Absichtliche Aufmerksamkeit

von geduldiger Tätigkeit ohne Identifikation schien eine feinere Energie zu schaffen, und diese Energie konnte tatsächlich eine freie Aufmerksamkeit entfalten.

Die Welt wird von Leuten beherrscht, welche gegenseitig ihre Aufmerksamkeit einfangen. Wenn wir nicht etwas Fähigkeit für freie Aufmerksamkeit entwickeln, sind wir die Beute von jenen, die unsere Aufmerksamkeit in politischen und wirtschaftlichen Belangen in Beschlag nehmen können. Der Umfang der menschlichen Aufmerksamkeit scheint zu schrumpfen. Gemäss dem National Center for Biotechnology Information lag die durchschnittliche Zeitspanne der Aufmerksamkeit eines Menschen im Jahr 2000 bei 12 Sekunden. Im Jahr 2013 war sie mit 8 Sekunden ein Drittel weniger, weniger als ein Goldfisch!

Wir sind zunehmend beeinflussbar und daher auch kontrollierbarer geworden—ausser jenen, die das Sein, die die Fähigkeit der willentlichen Aufmerksamkeit entwickeln, und die fähig sind, den zufälligen Einwirkungen, den Einflüsterungen, dem Mitgerissenwerden von der Massenkultur, und möglicherweise auch dem eigenen Zustand, zu widerstehen.

Freie Aufmerksamkeit

Freie Aufmerksamkeit ist eine Kraft der Seele, die Licht auf alles wirft, was sie antrifft. Im Innersten unseres Seins gibt es eine Kraft der Aufmerksamkeit, die aufgeweckt werden kann. Sie entwickelt sich dann, wenn die Seele sich durch ihre Aufmerksamkeit zu öffnen beginnt. Zu Beginn mag dies grosse und systematische Anstrengung für die Entwicklung erfordern. Mit der Zeit wird dies eine natürliche Art von Sein.

Wir müssen die Möglichkeit der willentlichen Aufmerksamkeit betrachten, in der wir selbst die Initiative ergreifen. Willentliche Aufmerksamkeit ist ein Zustand des Seins, der nicht vollständig durch unsere Reaktionen auf die Reize von Aussen bestimmt ist. Wenn wir den Unterschied zwischen willentlicher und unabsichtlicher Aufmerksamkeit nicht erkennen können, dann leben wir in einer Traumwelt. Die Arbeit mit Aufmerksamkeit geht in jede Arbeit an sich selbst ein. „Aus sich selbst heraus zu handeln" ist das Mass von wirklichem Willen.

Wir wissen, wie unsere Aufmerksamkeit verloren geht, wenn wir bloss mit einem vorübergehenden Zustand identifiziert sind, mit einer flüchtigen Reaktion. Aber es mag auch Zeiten geben, in denen wir uns dazu entscheiden, uns mit etwas *bewusst zu identifizieren*. Die Kraft der Aufmerksamkeit zu entwickeln heisst nicht notwendigerweise, in erster Linie als Beobachter zu leben. Wir können uns sehr wohl mit einem Gefühl von Freude oder von Liebe identifizieren, oder sogar eine gewisse Rolle anzunehmen. Zum Beispiel Liebhaber oder Elternteil zu sein, Diener oder Beschützer, oder im Rollenspiel mit einem Kind herumzutollen wie ein Pferd. Solche bewusste, absichtliche Identifikation kann in unserem Leben einen positiven Wert haben, aber ihr Wert beruht genau darin, dass sie bewusst und willentlich ist und aus der Kraft unseres Seins fliesst.

Das Leben kann für die Aufmerksamkeit ein Übungsgelände sein. Es liegt in unserer Verantwortung, die alltäglichen Umstände als Gelegenheit zur Entwicklung der Aufmerksamkeit zu nutzen. Wir können erlernen, die Aufmerksamkeit in wenigstens vier Hauptrichtungen zu entwickeln: die innere und die äussere, das Enge und das Weite.

Wir können damit beginnen, unsere Aufmerksamkeit auf die Empfindungen unseres physischen Organismus zu lenken, weil die körperlichen Empfindungen die Schnittstelle zwischen dem Innern und dem Äussern sind, zwischen dem Stofflichen und dem Psychologischen. Wir können ein Gefühl der physischen Gegenwärtigkeit pflegen, indem wir der Sinneseindrücke von Gehör, Berührung, Geruch und Geschmack und dem Gefühl unserer eigenen Körperlichkeit bewusst sind, besonders unserer Atmung.

Wir können bemerken, wie unsere Aufmerksamkeit sich zwischen der äusseren und unserer inneren Welt hin- und her bewegt. Die äussere Welt ist der Ursprung aller Arten von Eindrücken, die wir bewusster empfangen können. Je bewusster wir diese Eindrücke aufnehmen, umso mehr werden wir von ihnen belebt, weil sie eine Art Nahrung für unser Nervensystem

Absichtliche Aufmerksamkeit

sind, und sie können mit den „Enzymen" der bewussten Wahrnehmung besser verdaut werden.

Die innere Welt schliesst Gedanken, Gefühle und feinere psychische Eindrücke ein. Mit Gegenwärtigkeit können wir unsere unbewusste Identifikation in solchen Abläufen überwinden, und wir können erkennen, wie wir sind. Wir vermeiden so, dass wir Opfer unserer eigenen unbewussten Prozesse werden. Genau so, wie wir bewusst körperliche Verspannung durch die Wahrnehmung des Körpers und dessen Haltung lösen können, können wir auch gefühlsmässige Anspannungen loslassen, indem wir sie erkennen. Genau gleich wie mit körperlichen Verspannungen haben auch gefühlsmässige oder emotionale Spannungen grössere Macht über uns, je unbewusster sie für uns sind. Indem wir unsere Aufmerksamkeit vollständig und zielgerichtet zu unseren gefühlsmässigen Verspannungen und Blockaden bringen, so wird sie zur verwandelnden Kraft. Die Gültigkeit der heute als „Focusing" bekannten psychologischen Technik beruht auf der selbstheilenden Kraft der gezielten Aufmerksamkeit, wenn sie sich, zuerst wortlos, mit einem „gespürten Gefühl" vom eigenen psychologischen Zustand beschäftigt. Nach und nach können durch diesen andauernden und nichturteilenden Zustand der Aufmerksamkeit Einsichten über die eigenen Umstände entstehen, und durch den Zustand selbst kann Heilung, oder zu einem gewissen Grad Umwandlung und Transformation entstehen.

In Tat und Wahrheit ist die Wirksamkeit von jeglicher Psychotherapie abhängig von der Qualität der therapeutischen Aufmerksamkeit, die der Therapeut gemeinsam mit dem Kunden verwirklicht, unabhängig von der Theorie und den Ansichten des Therapeuten. Es mag der wichtigste Beitrag des Therapeuten sein, jemanden zu lehren, sich den inneren gefühlsmässigen Zuständen und Prozessen zu widmen.

Die tiefere Bedeutung der Gegenwärtigkeit, diese umfassende Wahrnehmung des eigenen Seins, die das Denken, die Gefühle und die körperlichen Empfindungen umfasst, ist, dass sie eine Aufmerksamkeit in zwei Richtungen erlaubt, die das Wesen von jeglicher Beziehung und Verständigung ist. Mit dieser Aufmerksamkeit in zwei Richtungen können wir gleichzeitig unseren eigenen inneren Zustand, aber auch den Zustand eines andern wahrnehmen.

Manchmal sind wir so vollkommen mit unseren eigenen Gefühlen identifiziert, dass wir nicht fähig sind, in einer Beziehung zu einem anderen Menschen zu sein. Zu anderen Zeiten können wir uns im Zustand eines andern verlieren, besonders wenn dieser negativ ist, und uns nicht genügend vom Problem abtrennen können, um sachlich und objektiv zu werden. Diese Überwachung der inneren und äusseren Reaktionen kann uns in Beziehungen helfen, sowohl empfindsamer für andere, wie auch bewusster für unsere eigenen Gefühle zu sein.

Wir können je nach Situation sowohl einen weiten, wie auch einen engen Blickwinkel pflegen. Was für die Anforderungen des Augenblicks nötig ist, können wir uns weit öffnen, oder aber ganz genau hinschauen. Welche Freude ist es, auf einem Spaziergang durch die Natur die Bewusstheit weit aufzumachen, und sich für eine panorama-artige Gegenwärtigkeit zu öffnen. Und welches Vergnügen ist es andererseits, uns auf eine Einzelheit unserer Wahl genau zu konzentrieren! Dies ist die Freude von vollständig bewusst zu sein, vom Übernehmen der Verantwortung für unsere eigene Aufmerksamkeit.

Mit Geduld und Interesse erlernen wir nach und nach, einen bestimmten Mittelpunkt anhaltend und stetig aufrecht zu erhalten. Wir sollten fähig werden, eine gewollte Vorstellung herzustellen, oder einen Zustand der Empfänglichkeit beizubehalten. Dieses Beobachten stabilisiert sich durch eine innere Gegenwärtigkeit, und diese innere Gegenwärtigkeit wird dann zu einer Quelle und dem Grund für die Aufmerksamkeit selbst.

Der Gegenstand, auf den wir unsere Aufmerksamkeit lenken, wird dadurch mit Energie versehen. Wir sollten deshalb gewisse Empfindungen annehmen, und andere ablehnen. Je bewusster wir dies tun, umso weniger werden wir jene Dinge mit Energie aufladen, die im Widerspruch zu unserem Wohlergehen und unseren Werten sind. Die Aufmerksamkeit entwickelt sich so zum Pförtner für unsere Eindrücke.

Absichtliche Aufmerksamkeit

Wir lernen, unseren Geist nicht allzu weit vom wesentlichen Selbst abdriften zu lassen, auch wenn wir für die äusseren Dinge offen sind. Immer mehr vermögen wir unsere Aufmerksamkeit auf unserem Sein selbst zu behalten. Wir können erlernen, eine sehr feine Art der Aufmerksamkeit aufzurufen und eine Bewusstheit der tiefsten Wahrheiten in den gewöhnlichsten Augenblicken zu behalten. Dies kann nur dann getan werden, wenn unsere Aufmerksamkeit nicht leicht abgelenkt und zerstreut wird. So wie wir beginnen, eine unabhängige Aufmerksamkeit zu entwickeln, die gleichzeitig nach Innen wie auch nach Aussen schauen kann, erlangen wir die Gegenwärtigkeit, die zu aller spirituellen Arbeit befähigt.

Dieses Üben der Aufmerksamkeit ist ein notwendiger Teil unseres spirituellen Trainings. Es ist ein unentbehrlicher Teil im Geist, der sich selbst spiritualisiert, in der Entwicklung der Seele. Schliesslich, unter dem Einfluss der Seele kann die Aufmerksamkeit leuchtend und schöpferisch werden. So, wie wir unsere Aufmerksamkeit bewusst zu andern führen—zu schöpferischen Handlungen und zum Dienst für andere—so geben wir auch unsere Seele hin, das ist die Art und Weise, wie die Seele wächst.

Ich erinnere mich an Tage von schwieriger Arbeit in einer spirituellen Schule, wo wir ermuntert wurden, eine ausgeglichene Aufmerksamkeit bei allen Arten von Umständen zu behalten. Mir wurde die Aufgabe gegeben, ein Pferd zu striegeln. Von der Mähne bis zum Schwanz, von den Hufen bis ganz hinauf—ich arbeitete über Stunden. Dann kam der Lehrer und sagte nach einer kurzen Überprüfung. „Sehr schlechte Arbeit, oberflächlich und schlampig." Wir beide schauten zu, wie mein Herz versank. Aber dann sprang etwas zurück: ich wusste, dass ich mein Bestes gegeben hatte; ich wusste, dass ich nicht der Sklave von Belohnung oder von Tadel sein konnte. Als er sich umdrehte und weg ging, sah ich das Zwinkern in seinen Augen.

KAPITEL ACHT

Meditation: Die Verfeinerung der Aufmerksamkeit

In dieser Welt bist du gekleidet und reich; wenn du von hier weg gehst, was tust du dann?
Lerne einen solchen Beruf, dass im Jenseits der Lohn der Vergebung Gottes zu deinem Einkommen wird.
Das Jenseits ist eine Stadt voller Handel und Erwerb; glaube nicht, dass der Gewinn dieser Welt ausreicht.
Der Erhabene Gott hat gesagt, dass im Vergleich zum Erwerb im Jenseits der Erwerb in dieser Welt ein Kinderspiel ist—
Wie ein Kind, das ein anderes Kind umarmt; es ahmt das Liebesspiel nur nach.
Kinder bauen im Spiel einen Laden auf, doch er dient nur der Unterhaltung.
Die Nacht kommt, und das Kind kommt hungrig nach Hause; die anderen sind gegangen, es ist alleine geblieben.

[Rumi, Mathnavi II: 2595–61]

Die religiöse Prägung meiner Kindheit hat in mir ein Bild des Universums geschaffen, das in Himmel und Hölle, in Erlösung und Verdammung aufgeteilt war. Der Himmel war der Bestimmungsort der Tugendhaften, die vorwiegend jene waren, die durch den Glauben an die Lehren der Kirche errettet wurden. Als mir gewisse Erlebnisse widerfuhren, die mir die tieferen Ebenen der Wirklichkeit und des Geistes aufgezeigt hatten, verlor diese Prägung ihre Kraft über mich. Ich

Meditation: Die Verfeinerung der Aufmerksamkeit

konnte sie einfach nicht mehr ernstnehmen, weil es überhaupt nicht den Ebenen der Wirklichkeit entsprach, die ich erfahren hatte. Ich erfuhr eine kosmische Liebe und Bedeutsamkeit, aber dort waren die Wolken des Himmels oder die Tore zur Hölle nirgends in Sicht. Es gab vielmehr eine selbsterschaffene Hölle und die Täuschungen, die durch falsches Denken von unseren gewohnheitsgemässen Wünschen und Mustern erschaffen worden waren. Und es gab da für mich eine grundlegende und tieferliegende Wirklichkeit, die sich ganzheitlich und wohltuend anfühlte. Da begann ich nach einer Erklärung zu suchen, die für mich Sinn machte.

Das ziemlich naive Bild, das sich in meinem Geist entwickelte, war das eines erleuchteten Wesens, frei von Illusionen und Verlangen. Die Mittel, solch ein Wesen zu werden, hiessen Meditation, die Entleerung des Geistes von jeglichem Wunsch und Gedanken, bis die Wirklichkeit mit ihrem Glanz durch alles scheinen würde, und dann wäre man erleuchtet. Dies würde am besten weit weg von der Welt getan, vorzugsweise unter Umständen, die zur Unterstützung eines solchen entleerenden Prozesses eingerichtet worden wären—ein Aschram, ein *Zendo*, oder eine Höhle. Ich dachte, dass die höchste spirituell zu erreichende Stufe, die letztendliche Erfüllung unserer menschlichen Möglichkeiten, diese Befreiung vom Leiden sei, das die ganze Menschheit so durch und durch einnimmt.

Inzwischen war ich stark mit der Befriedigung meiner eigenen materiellen und gefühlsmässigen Bedürfnisse mittels Anstellungen, Beziehungen und Unterhaltungen beschäftigt. Als ich erstmals den Lehren des Vierten Weges in einer Gemeinschaft begegnete, die die Belehrungen vielmehr lebten, als nur darüber zu lesen, realisierte ich, dass ich eine Brücke zwischen dem sehr hohen Ideal der Befreiung und den Sachverhalten in meinem täglichen Leben in dieser Welt gefunden hatte.

Der Vierte Weg ist ein Begriff, der von G. J. Gurdjieff eingeführt wurde, um den spirituellen Weg von jemandem zu beschreiben, der innerhalb der Gesellschaft lebt und arbeitet, im Gegensatz zu dem Weg des Asketikers, des Mönchs und des Yogis,

Lebende Präsenz

die sich traditionellerweise vom gewöhnlichen Leben distanzieren. Zunehmend übernehmen im Westen gewöhnliche weltliche Menschen spirituelle Übungen, die früher die Domäne von Spezialisten waren. Der Vierte Weg aber war hingegen während vierzehn Jahrhunderten der hauptsächliche Weg innerhalb der islamischen Welt.

Das Bild, das sich innerhalb des Vierten Weges entwickelte, war jenes des „Bewussten Menschen", der wohl in, aber nicht von dieser Welt ist, der sein Leben praktisch, aber ohne Identifikation lebt, und der sich immer und überall „an sich selbst erinnert".

Durch Arbeit an sich selbst kann dieser bewusste Mensch mitten im Leben aufwachen und sich so vom „Schrecken der Situation" befreien, welche der unbewusste Automatismus ist, in dem die meisten Menschen ihr Leben verbringen. Wenn dies elitär tönt, so kann es dies gelegentlich auch sein. Aber es ergab für mich einen Anfangspunkt, den ich mit Ernst in Betracht ziehen konnte. Ich musste nicht alle Wünsche und Gedanken aufgeben, ich musste mich „nur" von der Identifikation mit ihnen befreien. Und dann würde ich in den Kontakt mit den höheren Fähigkeiten treten, die von diesen Identifikationen verdunkelt wurden.

Nachdem ich mich einige Jahre mit diesen Lehren beschäftigt hatte, spürte ich, dass ich einen gewissen Grad von Aufmerksamkeit und Gegenwärtigkeit entwickelt hatte, aber ich bemerkte auch, dass die Selbsterinnerung nicht notwendigerweise gewährte, dass meine Beziehungen gesünder, oder die Eigenschaften, die ich als Mensch achtete—Liebe, Güte, Grosszügigkeit, Vergebung, Rechtschaffenheit—sich entwickeln würden. Ich beobachtete im Gegenteil, dass sich in mir eine Tendenz zu Amoralität und Unnahbarkeit entwickelte.

Im Sufismus habe ich das Gegengift dazu gefunden, mit dem ich beginnen konnte, mich von der Beschäftigung mit mir selbst zu heilen, welche sich in mir unter dem Titel „ein bewusster Mensch" zu werden, eingeschlichen hatte. Die Sufi-Lehren sagten: „Du bist die Schöpfung durch Liebe, und dein Zweck im Leben ist, die wahren Dimensionen und die Schönheit dieser Liebe zu kennen. Gestatte dir, in dieser Liebe aufgelöst zu werden, aber binde dein

Meditation: Die Verfeinerung der Aufmerksamkeit

Kamel an, bediene deine Gäste, koche deine Mahlzeiten, arbeite und ziehe Nutzen von deiner Arbeit." Der Sufismus schien eine Integration von Freiheit von den Gedanken und Wünschen des falschen Selbst auf der einen Seite und Dienst und praktischem Handeln auf der anderen Seite zu sein. Irgendwie brachten sie mir eine Wertschätzung der Wirklichkeit von Tugenden und von Sünde zurück. Sünde war die Trennung vom Einen, ein Zustand, der uns vor dem Wirklichen verschleiert. So wie Tugenden den Himmel erschaffen, so erschafft Sünde die Hölle, obwohl diese Zustände im „Hier und Jetzt" wie auch im „Jenseits" anwesend waren.

Während dieser ganzen Reise war die Meditation für mich eine Konstante, das Lenken der Aufmerksamkeit auf feinere Ebenen des Seins. Meditation ist weder der höchste Zeitvertreib, noch das einzige Werkzeug für spirituelle Entwicklung, aber sie verdient deutliche Anerkennung als grundlegendes Prinzip des spirituellen Lebens.

Das, was den Menschen als solchen auszeichnet, ist die Gabe der bewussten Aufmerksamkeit, die uns die Möglichkeit bietet, echten und wirklichen Willen und Schöpferkraft, aber auch die Möglichkeit, den Ursprung dieser bewussten Wahrnehmung wahrzunehmen, den Geist, aus dem alles ausströmt. Üblicherweise wird diese bewusste Wahrnehmung jedoch in Erfahrungen absorbiert und in den Strukturen der Empfindungen eingebettet—nämlich unsere Ideen, wer wir seien. So ist das Leben, wie es die meisten Leute kennen: die völlige Identifikation unserer eigenen Wahrnehmung mit allen Ereignissen und den subjektiven Erfahrungen, die das Leben auf Erden zu bieten hat. Dieses Bewusstsein wird auch mit einem Eigenkonstrukt identifiziert, einem faschen Selbst, das allgemein Ego genannt wird, das von widersprüchlichen Wünschen und Prägungen beherrscht wird.

Obwohl viele Menschen in unserer Gesellschaft die Erfahrung solcher Freiheit von Identifikation machen, sind es wenige, die diese bewusste Wahrnehmung genügend schätzen, um die notwendigen Anstrengungen zu machen, um diese Erfahrung auch unter den Bedingungen des täglichen Lebens zu erwecken. Eine echte Wertschätzung der Erfahrung des „über die Identifikation hinausgehen" stellt einen wichtigen Durchbruch dar, obwohl eine grosse Anzahl Leute diesen Durchbruch in den letzten Jahrzehnten erfuhren. Er zwingt einen, das eigene Leben auf eine neue Art und Weise zu bewerten—die eigenen Gedanken, Gefühle und Handlungen und ihre Ergebnisse mit einer neuen Objektivität anzuschauen. Man stellt das Ausmass des unbewussten Leidens fest, das im normalen Leben vorkommt, und man beginnt eine neue Haltung, eine Wertschätzung des Gedenkens und der Achtsamkeit zu entwickeln. Die Erwartungen, die man an das Leben hat, verändern sich: die Erfüllung kommt weniger von der materiellen oder Ich-Befriedigung, sondern mehr aus der Umwandlung der Wahrnehmungen durch Bewusstheit. Die Qualität des Lebens beginnt sich zu verändern, und die Lebensweise und das Verhalten ändern sich, um diese neue Sichtweise des Bewusstseins zu unterstützen. Bestimmte Formen unbewussten Verhaltens kosten uns zu viel an Bewusstseinsanstrengungen und werden deshalb zurückgelassen.

Ein einfacher Ansatz zur Meditation

Obwohl der beste Weg, sich der Meditation anzunähern, der Beginn mit einem erfahrenen Lehrer ist, einem gereiften Meditierenden, mit dem man sich versteht, kann etwas grundlegendes Wissen vorteilhaft auch in einem Buch wie diesem geboten werden. Auch fortgeschrittenen Meditierenden tut es gelegentlich gut, wenn sie an die äusserste Einfachheit der eigentlichen Meditation erinnert werden.

Die einfachste Form der Meditation bedarf zweier Dinge: ein Körper, der ruhig und entspannt ist, und ein Gegenstand, auf den die Aufmerksamkeit gelenkt wird. Es existieren zahlreiche traditionelle Haltungen für die Meditation. Ich habe die grösste Leichtigkeit und Stabilität auf einem Stuhl sitzend gefunden, der Rücken gerade aufgerichtet und die Handflächen auf den Knien ruhend. Für Anfänger habe ich gefunden, dass es am nützlichsten ist, die Aufmerksamkeit auf den Atem zu richten, verbunden

Meditation: Die Verfeinerung der Aufmerksamkeit

mit einem geistigen Brennpunkt: „Ich" als die Empfindung im Herzen bei jedem Einatmen, und „bin" als die Wahrnehmung der ganzen körperlichen Gegenwärtigkeit beim Ausatmen. Dabei sollte es klar verstanden werden, dass das „ich" nicht jenes des Ego ist, das wir gemeinhin kennen, sondern eine Ich-heit, die im Herzen verankert ist, eine „Ich-heit ohne ich".

Wenn so die Aufmerksamkeit in diesem Vorgehen gehalten wird, wird die Atmung ruhiger und das innere Zwiegespräch beginnt sich zu beruhigen. Aus dieser Haltung von ruhiger Wachsamkeit wird es möglich, den Fluss der Bewusstheit zu erfahren. Die Bewusstheit, die im normalen Leben nach aussen gerichtet ist, gewöhnt sich an eine Sicht nach innen. Dieser Blickwinkel ist jedoch weniger auf den Inhalt, als mehr auf den Vorgang des Treibens im Verstand ausgerichtet. Das Bewusstsein hat begonnen, sich von seinen Identifikationen mit inneren und äusseren Erfahrungen abzutrennen.

In unserem gewöhnlichen Leben sind wir hauptsächlich damit beschäftigt, die Erfahrungen zu deuten und Bedeutungen abzuleiten. Mit anderen Worten, statt einfach zu erfahren, was gerade vor sich geht, erzählen wir uns Geschichten darüber, was es alles bedeuten könnte. Unsere Wahrnehmungen werden zusätzlich von Erwartungen, Meinungen, Wünschen und vielen andern Faktoren gefärbt. In der Meditation brauchen wir mehr Energie, um den Vorgang des Sehens aufrecht zu erhalten, und sehr wenig für die Auslegung und Aufbau von Meinungen. Unter dem Strich erfolgt bei einer solchen Meditationsübung eine Verringerung unserer Gefühls- und Verstandesreaktionen und eine Verbesserung unserer Fähigkeit, reines Bewusstsein zu erhalten.

Bei einer höheren Stufe der Meditation wird der Blickpunkt der Aufmerksamkeit feiner. Anstatt auf die Konzentration auf den Atem, einen Klang, oder eine Idee, widmet sich das Bewusstsein dem *Sein* selbst. Es konzentriert sich weniger auf das, was sich verändert, als viel mehr auf das, was unveränderlich ist, das grundlegende „Sein". Dieser Untergrund der Bewusstheit wird immer vertrauter. Anstatt den Inhalt auf dem Spiegel wahrzunehmen, nehmen wir den Spiegel selbst wahr.

Lebende Präsenz

Das tägliche Leben wird so mehr und mehr vor dem Hintergrund dieser grundlegenden und unveränderlichen Wirklichkeit sowohl als eine wirkliche, wie auch als eine unwirkliche als Reflexion auf einem Spiegel verstanden. Die Meditation auf dieser Stufe wird sowohl als ein Loslassen, wie auch als eine bestimmte Konzentration erfahren. So wie der Gegenstand des Bewusstseins immer feiner und feiner wird, so wird auch die Anstrengung des Bewusstseins immer feiner und feiner.

Bewusstsein beschäftigt sich mit allem, was heraufkommt. Die Meditation wird immer mehr und mehr in die gesamten psychologischen Vorkommnisse des täglichen Lebens hineingetragen. Auf dieser Stufe werden einige unserer Zwänge erkannt und können abfallen. Die zwanghaften Gewohnheiten des Denkens—viele beruhen auf Angst, Verlangen, Bedürftigkeit und Selbstzentriertheit—fangen an, ihre Macht zu verlieren. Die Identität, die in diesen Zwängen verwurzelt war, beginnt, wegzuschmelzen, und eine neue Qualität von „Ich" taucht auf, eine, die auf einfacher, nicht reagierender Aufmerksamkeit beruht. Ein neues, weniger egoistisches Selbst wird mehr und mehr erfahren.

Befreit von unseren gewöhnlichen Gedanken, Erwartungen, Meinungen, Ängsten, Wünschen und Verlangen ist das Bewusstsein befreit, tieferliegende Eindrücke zu empfangen. Neue Bedeutungen beginnen aus dem tieferen Geist in das Bewusstsein zu fliessen. Aussersinnliche Erfahrungen können verschärft werden. Ob wir es bemerken oder nicht, wir werden mehr und mehr empfindlich für die Gedanken und Gefühle der andern. Wir kommen in die Lage, auf andere sensibler und weiser einzugehen, weil wir weniger durch unsere alten Gewohnheitsmuster von Gedanken und Gefühlen beherrscht werden. Auf dieser Stufe werden wir mit reichhaltigen Bedeutungen überflutet, und das Leben gewinnt eine neue Tiefe.

Es gibt für diese Verfeinerung eigentlich kein Ende. Man beginnt mehr und mehr qualitativ wahrzunehmen. Die letztendliche Wirklichkeit, auf die wir uns zu verstehen vorbereiten, und die alles ist, was da ist, sie hat bestimmte Eigenschaften wie Frieden, Mitgefühl, Lebhaftigkeit, Grosszügigkeit, Herrlichkeit, Feinheit, Weisheit, Schönheit und Einheit.

Meditation: Die Verfeinerung der Aufmerksamkeit

Durch diese tiefere Verfeinerung der Aufmerksamkeit und durch eine noch weiter verfeinerte Sichtweise bricht die falsche Identität zusammen. Die Stützen, von der sie früher abhängig war, wurden weggeräumt, und das Selbst fängt an, sich wie eine einzigartige Sichtweise des Ganzen zu fühlen, ein Spiegel der kosmischen Bewusstheit.

Kapitel Neun

Die Tyrannei des falschen Selbst

Nimm uns bei der Hand; kaufe uns von unseren Händen ab;
hebe den Schleier und zerreiße nicht unseren Schleier.
Befreie uns von dieser schmutzigen Triebseele;
ihr Messer ist bis zu den Knochen in uns eingedrungen.
Wer wird uns Hilflose von diesen schweren Ketten befreien,
oh König ohne Krone und Thron?
Was außer Deiner Gnade, o Geliebter, kann ein so starkes Schloss lösen?
Wenden wir uns von uns selbst ab und Dir zu,
denn Du bist uns näher als wir selbst.
Sogar dieses Gebet ist Dein Geschenk und Deine Lektion;
wie hätte sonst ein Rosenbeet auf einem Aschehaufen wachsen können?

[Mathnavi II, 2446–51]

Aber bevor wir die Bedeutung eines spirituellen Lebens verstehen können, müssen wir die psychologische Prägung anschauen, die unser inneres Leben kennzeichnen. Eine spirituelle Lehre ist bis zu einem gewissen Grad eine Beurteilung der Persönlichkeit und der konventionellen gesellschaftlichen Prägung. Sie fordert uns von einer anderen Ebene her heraus—von der wahrhaftig menschlichen Ebene—und verlangt von uns, unsere Ängste, Einschränkungen, Beurteilungen, Neid, Groll und falscher Stolz umzuwandeln. Der spirituelle Weg bietet uns an, uns über das Erscheinungsbild der Reizreaktion, über das aggressiv-abwehrende Verhalten, über den Schlaf der Konditionierung und über die Sklaverei des Egos hinauszuführen. Er bietet eine sehr hohe Sicht, was das menschliche Wesen ist.

Die Tyrannei des falschen Selbst

Das falsche Ego weiss nicht, dass es schläft, welche Wertschätzung könnte es folglich für das Aufwachen haben? Es besteht aus unseren Ängsten und Abwehr, Vorlieben und Abneigungen, Erwartungen und Meinungen, Gewohnheiten und Beschäftigungen, und wir meinen, dass wir es selbst seien. Dieses Selbst kann das zwanghafte oder abwehrende Selbst genannt werden. Es verlangt nach allem, was seine Täuschungen und Illusionen unterstützt, und es hat Angst und Furcht vor allem, was seine Illusionen bedroht.

Wir, die in diese Zeit hineingeboren sind, treffen auf Bedingungen, unter denen die Suche nach Wahrheit schwierig ist. Da gibt es verschiedene Wert- und Glaubenssysteme, die auf Schuld und Angst, auf kulturellen und religiösen Tabus, auf Klischees von falscher Spiritualität und volkstümlicher Psychologie und auf einem Durcheinander von unbedeutenden Konzepten beruhen. Es könnte sein, dass viele von unseren Annahmen und Denkweisen durch das Feuer strenger Überprüfung müssen. Es gibt bei uns Glaubenssysteme, die unnötigerweise Gefühle von Schuld, Angst und kulturelle oder religiöse Tabus in sich tragen, die kaum in Harmonie mit der menschlichen Natur sind. Das Konzept, dass es einen Gott gibt, der da ist, um Strafen an Sünder auszuteilen, hat mehr Entfremdung als Tugenden geschaffen. Die Ansicht, dass Sex schmutzig sei, hat unbewusst viele Beziehungen beeinträchtigt, die ansonsten gesund und erfreulich sein könnten.

Weiter müssen wir uns der Klischees der falschen Spiritualität bewusst sein, welche sich als Weisheit und Elemente von gängiger Psychologie gibt, die nur das falsche Selbst verhätscheln und streicheln. Einige davon sind eine Reaktion auf die übermässige Last von Schuld, die uns von vielen Religionen aufgebürdet wird. Andere sind oberflächliche Konzepte und spirituelle Klischees, die schlussendlich moralisch gefährlich sind: dass Gut und Böse nur in unseren Köpfen existiere, oder dass das, was jemand tut, für ihn genau richtig sei, oder dass es nur wenig oder keine objektive Moral gäbe, oder dass all das, was wir wissen können, das ist, was wir nicht wissen. Wir stehen vor einem Durcheinander von bedeutungslosen Konzepten, die zusammengewürfelt sind aus Wissen, das von jenen ausgeliehen wurde, die vorgeben, zu wissen. In der heutigen Zeit jedoch gibt es besondere Bedürfnisse, die berücksichtigt werden müssen und welche die Verwandlung des Egos noch komplizierter und delikater machen.

Was eine Arznei für den alles durchdringenden menschlichen Egoismus ist, kann möglicherweise die Krankheit nur verstärken, ausser ein Mensch versteht, dass die zwanghafte, von Schuldgefühlen geplagte Verneinung der eigenen Individualität sehr unterschiedlich ist von einer gesunden Transzendenz des Selbst. Ersteres ist unbewusst, das Zweite ist nur dann möglich, wenn man die eigenen wesentlichen Bedürfnisse verstanden hat, und die Befriedigung dieser Bedürfnisse ist nicht notwendigerweise dasselbe wie die Befriedigung des Egos.

Unsere Kultur hat eine Seuche von Kindsmisshandlung erfahren, die erst in der letzten Zeit ins Licht des kollektiven Bewusstseins gerückt ist. Ein bedeutender Prozentsatz von uns wuchs in dysfunktionalen Familien auf, in denen fundamentale Bedürfnisse des Kindes, eine Umgebung von Liebe, Unterstützung und Vertrauen zu erfahren, ignoriert wurden. Vielleicht sind für Kindsmisshandlung die beiden wichtigsten Faktoren Alkoholmissbrauch (und andere Süchte) und sexuelle Verirrungen.

Zu sagen, dass das Selbst keine Grenzen hat, könnte von jemandem missverstanden werden, dessen Grenzen in einer (oder mehreren) dysfunktionalen oder inzestuösen Familie übertreten und verletzt wurden. Gemeint ist damit nicht, dass jemand keine Abgrenzungen hat, und daher schutzlos und für alles zu haben ist. Im Gegenteil kann dann die eigene Individualität so stark auf den Geist ausgerichtet sein, dass diese zu einer feinen, sich ausweitenden und heilenden Gegenwärtigkeit wird.

Alkoholismus und andere Süchte haben vielen Kinder der Möglichkeit geraubt, ihre Bedürfnisse zu erfüllen, und haben genau diese Kinder gezwungen, für ihre eigenen Eltern abgestumpfte Pfleger zu werden. In diesem Prozess haben viele Leute ihre eigenen Bedürfnisse vergessen und haben so in ihrer Entwicklung einen wichtigen Schritt verpasst. Sie haben sich selbst vergessen,

Die Tyrannei des falschen Selbst

bevor sie sich selbst gefunden haben. Es ist verfrüht, von Selbst-Transzendenz zu sprechen, bevor man ein lebenstüchtiges Ego hat.

Vielen Frauen wurde beigebracht, ihre eigenen Bedürfnisse zu verneinen, dies zu Gunsten ihrer Familie oder aus Rücksicht auf Männer. Sie werden so empfänglicher für Einflüsterungen, dass sie weiter als ihre persönlichen Wünsche und Bedürfnisse schauen sollen, oder dass das Dienen der natürliche Ausdruck der Seele sei.

Unsere überwiegenden sexuellen Einstellungen sind gleichzeitig sehr freizügig, aber auch sehr puritanisch. Wir verbreiten überall und in allen Richtungen sexuelle Inhalte, verurteilen dieselben und verstärken so ihre Macht über uns. Nie erkennen wir ihren angemessenen Platz in einer menschlichen Beziehung. Weiter betrachten wir die Sexualität auch als schmutzig und sündhaft. Wenn dann die Verbindung zwischen Geschlechtlichkeit und dem Bösen erstellt ist, wird die Sexualität mit anderen Übeln in Verbindung gebracht, selbstsüchtige Manipulation, triebhaftes Übermass, und auch körperlicher Missbrauch. Weil wir die Goldene Regel der Sexualität vergessen haben—das heisst die Vereinigung von zwei Gleichwertigen—verstehen wir sie nur als ein Mittel der Befriedigung des Verlangens, ohne Rücksicht auf die Folgen für die andere Person. Dies ist der Prozess, der zur Möglichkeit führt, dass Eltern ihre Kinder als Sexobjekte missbrauchen. Menschen, bei denen ihre persönlichen Schranken auf diese Art verletzt wurden, müssen ihre Individualität heilen können. Glücklicherweise kann das wesentliche Selbst des Menschen nicht für immer beschädigt werden. Wie viel es sich auch immer versteckt oder schrumpft, es bleibt im Wesentlichen unverletzt und unverdorben.

Wenn ein Mensch eine Geschichte von Missbrauch dieser Art hat, gibt es aber die Möglichkeit des Missverständnisses bezüglich der Verwandlung des Egos. Eine Gefahr ist dabei, dass die Person sich in spirituellen Disziplinen sehr stark bemüht, als ein Weg, den tiefen Schmerz zu vermeiden oder zu vergraben. Letztendlich muss sie aber wahrhaben, dass der spirituelle Weg alles an die Oberfläche und ins Licht bringen muss.

Eine weitere Schwierigkeit liegt darin, dass solche Menschen in ihrem Selbstwertgefühl so stark verletzt sind, dass sie in einer ewigen Suche nach blossem Trost und der Bestätigung der eingeschränkten Persönlichkeit stecken bleiben. Hier ist natürlich die Gefahr, dass sie abgelenkt werden, oder dass sie nie die Schritte machen, die sie in die Freiheit führen könnten.

Eine ausgeglichene spirituelle Lehre wird Ideen und Übungen sowohl für die Integration, wie auch für die Verwandlung des Selbst einschliessen. Ein gesundes und funktionierendes Ego wird benötigt, um in der Lage zu sein, die Entbehrungen und Verletzungen der Persönlichkeit anzugehen. Eine integrierte Gegenwärtigkeit erlaubt einem, sich für die schmerzlichen Gefühle und die aufwühlenden Erinnerungen zu öffnen, und ihnen zu gestatten, von den Kräften des Selbst geheilt zu werden. Schliesslich aber muss das falsche Selbst, das zwanghafte Ego, sichtbar und verstanden werden.

Unsere post-industrielle, materialistische und weltliche Zivilisation ermutigt die Erweckung unseres wesentlichen Selbst nicht. Das verbreitete Konsumverhalten, die Zügellosigkeit, die Gewohnheit des sofortigen Genusses, die moralische Relativität unserer Zeit, und die Verdrängung von individueller und gemeinschaftlicher Verantwortlichkeiten durch grosse Unternehmen, Institutionen und Verwaltungen geben uns weniger Momente von Wahrheit und Begegnungen mit unserem wesentlichen und echten Selbst. Die Zerstreuungen durch Unterhaltung, die sämtliche menschliche Schwächen anspricht, die alles durchdringende Künstlichkeit, die uns neue Technologien gebracht haben, lassen uns wenige Möglichkeiten, das zu sein, was wir sein sollten.

Es mag schwierig sein, das Werk anfänglich zu schätzen, aber wenn seine Bedeutung verstanden und erfasst ist, wird es in unserem Leben von zentraler Bedeutung. Das, was uns hindurchtragen wird, ist das Verständnis, dass dieses Werk zu wirklichem Wohlergehen führen wird, und nicht zu einer täuschenden Selbstbelohnung.

Die Tyrannei des falschen Selbst

Das falsche Selbst

Irgendwo, irgendwie haben wir begonnen, so zu leben, wie wenn wir abgetrennt, alleine und in grosser Gefahr wären. Einmal verängstigt, haben wir uns aus dieser Angst ein Selbst aufgebaut, und wir haben es seither immer standhaft verteidigt. Dieses falsche Selbst existiert im Verstand—mit andern Worten, in unsern Gedanken, besonders in jenen Gedanken, die aus Angst und den aus der Angst erzeugten Wünschen erzeugt werden. So hat es sich entwickelt und geriet zwischen uns selbst und die objektive Wirklichkeit. Diese Gesamtheit von erworbenen Ängsten, Gewohnheiten, Vorlieben und Meinungen müssen ans Licht gebracht und verstanden werden.

Wenn das falsche Selbst sich vom Herz und dem tieferen Geist abtrennt und beginnt, eine gewisse Eigenständigkeit zu gewinnen, verliert es die Verbindung zu seiner Quelle des Seins und der Ganzheit. Das falsche Selbst kann verstanden werden als: *der oberflächliche Verstand, der für sein eigenes Überleben kämpft, dies zu Lasten des ganzheitlichen Geistes.*

Ein Festhalten am falschen, zwanghaften Selbst kann unseren Sinn für die Wirklichkeit, für Gerechtigkeit und für Ausgeglichenheit verzerren. Wieder und wieder kann dieses falsche Selbst Dinge für die *eigene Ganzheit* zerstören. Die wirkliche Möglichkeit des Augenblicks wird von zu viel Eingenommenheit von sich selbst, von zu wenig Selbstrespekt, von Gier, von Gleichgültigkeit, von ungebührlichem Verlangen und auch von unserer Trägheit kaputt gemacht. Wenn wir nur den Impulsen des falschen Selbst folgen, wird unser wesentliches Selbst mehr und mehr verdunkelt.

Wir sind die Sklaven eines Tyrannen namens „Ego". Wenn wir nicht sehr scharfsinnig sind, sehen wir das Ausmass nicht, zu dem wir durch unsere Gewohnheiten, Zwängen und Wünschen beherrscht werden, weil wir so sehr damit beschäftigt sind, ihre wahllosen Erwartungen zu befriedigen.

Das Ego kann als Diener und als Bote nützlich sein, indem es unsere Geschäfte in dieser Welt gemäss den Angaben und der Führung ausführt, die es durch das Herz vom höheren Selbst empfängt. Aber ohne spirituelle Gegenwärtigkeit und Absicht können wir vielleicht die Führung des Herzens von den Impulsen unseres Egoismus nicht unterscheiden. Ohne die Erweckung des Willens verstehen wir nicht, was in jedem Augenblick verlangt wird.

Aus diesem Grund werden jenen, die sich dem Werk der Erweckung verpflichtet haben, verschiedene Gelegenheiten angeboten, die Geduld, Bescheidenheit und Dienste erfordern. Es mag besondere Methoden der Bemühung und der Absicht bedingen, damit diese Fixierung auf das falsche Selbst gelöst wird, aber wenn es gesehen und realisiert wird, wird unser Wunsch aufzuwachen stärker, und wir werden nie wieder einfach so schlafen.

Objektives Sehen

Das Werk, sich vom falschen Selbst zu befreien, welches das wesentliche Selbst verdeckt, wird durch liebende, aber auch sachliche Beobachtung erreicht. Es ist zwingend, sich selbst mit andern als den üblichen Augen zu sehen—einer Art des Sehens, die sich von unserer normalen Betrachtungsweisen der Dinge unterscheidet. Wenn wir nicht lernen, uns mit einer gewissen Unvoreingenommenheit zu sehen, wird unsere Fixierung auf das falsche Selbst einfach weiterhin ein sachliches Verständnis blockieren. All das, was jetzt Geist und Gefühl genannt wird, muss durch eine neue Sichtweise betrachtet werden. Diese neue Qualität des Sehens geschieht mit den Mitteln der Augen des Herzens, und das Licht, durch welches sie sehen, ist sowohl durch eine authentische Lehre wie auch durch die Resonanz einer geschwisterlichen Gemeinschaft verdichtet und übermittelt.

Wir haben die Kraft der Vernunft, die unseren Egoismus von unserem wahren Selbst unterscheiden kann, und deshalb haben wir die Möglichkeit, im Namen der Liebe unseren Egoismus zu überwinden und die wahre Bedeutung unserer eigenen Individualität zu erreichen. Eine gewisse Energie muss erzeugt werden, eine Flamme muss entfacht werden. Der Geist wird vor uns ein Licht stellen, aber erst, wenn wir einen Schritt weg von unserem

Die Tyrannei des falschen Selbst

Egoismus gemacht haben, auch wenn es nur ein einziger Schritt ist.

Indem wir den Spiegel des Bewusstseins sauber halten, können wir anfangen, uns selbst von unseren Zwängen und unangemessenen Gedanken und Gewohnheiten zu befreien. Bewusstsein, oder auch Aufmerksamkeit, ist dazu das Werkzeug, der gegenwärtige Augenblick das Hauptaugenmerk. Dabei müssen wir mit gewissen Hindernissen rechnen. Wir müssen unserem Mangel an Aufmerksamkeit und unserer Willensschwäche gegenübertreten, unserem Anhängen an unsere Meinungen, unsere Sklaverei gegenüber unseren Vorlieben und Abneigungen, unsere ewige Angst vor Verlusten. Alle diese Eigenschaften bilden das grobe Ausgangsmaterial für das Werk der Umwandlung, die durch die Resonanz der Liebe, die Kraft unseres wesentlichen Selbst geschieht. Es ist zwingend, für dieses Selbst aufzuwachen, welches die Macht der Liebe hat, das falsche Selbst zu zähmen.

Verwandlung durch die Liebe

Einer meiner Lehrer sagte einmal: „Egoismus ist der uneheliche Mischling einer Affäre zwischen Verstand und egoistischem Verlangen". Unser denkender Geist, oder Verstand, kann sich mit drei Arten der Liebe vereinen: mit dem Verlangen (*eros*), mit der Freundschaft (*philos*), oder mit bedingungsloser Liebe (*agape*). Diese drei Formen der Liebe existieren tatsächlich nebeneinander.

Die erste Form, das Verlangen, ist das, was im falschen Selbst vorherrscht. Das falsche Selbst ist das „Ich", das durch das Verlangen motiviert ist, anstatt durch die Ganzheit der Liebe. Das Verlangen, das die Liebe des Egos für das Wünschenswerte ist, kann mit der kosmischen Liebe zusammen sein und dadurch ausgeglichen werden. Es ist nur dann übel, wenn es die anderen Formen der Liebe verdrängt, wenn es uns versklavt und unser besseres Wissen überwältigt.

Wenn wir vom Verlangen des Egos beherrscht werden, können wir uns sehr selbstsicher, selbstgerecht und in unseren

Handlungen bestätigt fühlen. Wir können sehr deutliche Meinungen haben und haben das Gefühl, darin im Recht zu sein, und dass der Rest der Welt falsch liegt. Übertriebener Ehrgeiz, Gier, Begierde, Neid, Selbstgerechtigkeit, Selbstwichtigkeit und Überheblichkeit sind das Ergebnis von übermässigem Ego, vom „Ich", das vom Verlangen geleitet wird.

Die meisten negativen Zustände sind das Ergebnis von Enttäuschung und Frustration—die Enttäuschung von Verlangen, von Erwartungen und von Liebe. Weil der Egoismus der Mischling aus Verstand und Verlangen ist, ist es die Frustration des Verlangens, welche die negativen Zustände unseres Egos erzeugt: Wut, Groll, Misstrauen, Hass, Verbitterung, Einsamkeit und Angst. Hass ist eigentlich nur frustrierte Liebe. Wenn wir also irgendein starkes negatives Gefühl bemerken, können wir sehen, dass das Ego frustriert wurde.

Was so nützlich an diesem Schema der drei Formen der Liebe ist, ist, dass es uns eine Idee gibt, wie wir das Ego von einer aus Verlangen getriebenen, zwanghaften und frustrierten Kraft zu einer neuen Identität verwandelt, die in Verbindung zur Wirklichkeit steht. Praktisch gesprochen heisst das, dass wenn wir unsere Ausrichtung weg vom ausschliesslichen Bemühen der Befriedigung unseres Verlangens hin zu einer Liebe des freundschaftlichen Teilens und hin zu einer kosmischen Liebe, die andere wie uns selbst sieht, dann wird unsere Identität, oder unser Ego, von diesen Lieben verwandelt.

Die Gemeinschaft der Egolosen

Freundschaft, Dienst und Gemeinschaft können zur kosmischen Liebe führen. Ehrgeiz, Neid, oder auch nur Selbstaufwertung können in eine völlig andere Richtung führen, wenn sie nicht von einem Gemeinschaftssinn ausgeglichen werden. Es gibt die Gefahr, zu stark alleine zu sein, indem wir ausschliesslich uns selbst genügen.

Um das Ego zu erkennen, müssen wir mit dem Nicht-Ego vertraut sein. Menschen, die durch die Liebe sanft gemacht

Die Tyrannei des falschen Selbst

wurden, die andere vor ihre eigenen Bedürfnisse setzen, die weder andere noch sich zu heftig verurteilen, die sich nicht besser als andere betrachten, die nicht von den Meinungen von anderen beeinflusst werden, und die nicht mal wünschen, tugendhaft zu sein, sie sind ziemlich frei von Egoismus. Wir andern sind dessen Sklaven.

Egoismus ist dann schwierig zu sehen, wenn wir ihn am meisten sehen sollten; dies kommt daher, dass wir damit in dem Augenblick identifiziert sind, wenn er seine grösste Wirkung auf uns hat. Der Egoismus hat viel verschiedene Art und Weisen:

- Einige von uns sind Künstler oder Schauspieler; sie brauchen einzig die Aufmerksamkeit von andern und fangen an, sich mit Selbstwichtigkeit aufzublasen. Der Wunsch ist zu zeigen, dass sie besser sind als andere.
- Einige von uns sind Märtyrer, die das Unrecht geniessen, von dem sie meinen, das es ihnen die andern zufügen. Sie füttern damit das seltsam angenehme Gefühl von Selbstmitleid.
- Einige von uns sind Wichtigtuer und Überbeschäftigte; sie verfolgen andauern irgendwelche weltlichen und herzlosen Ziele, die sie als wichtiger betrachten als die Zeit mit andern zu verbringen. Sie verstecken sich hinter ihrer Geschäftigkeit, und hinter einem beschränkten und einzelnen Selbst versteckt, vermeiden sie Beziehungen.
- Einige von uns sind Zyniker, nie frei von einer kritischen Einstellung gegenüber andern. Vielleicht haben sie Frustrationen kraftlos gemacht, und ihre einzige Verteidigung ist dieser Zynismus.
- Einige von uns sind Mörder, sie bringen andere in ihren Gedanken um. Sie leben auf in Ärger, und Verurteilung, sie schreiben nie jemandem andern Gutes zu.
- Einige von uns sind zornig, weil die andern ihre Erwartungen nicht erfüllt haben. Dies bedeutet üblicherweise, dass

die andern ihnen nicht die Wichtigkeit fühlen liessen, die nach ihrer Meinung ihnen zugeteilt werden sollte.

Alle diese Erscheinungsformen des Egoismus entstehen aus einer Art der Verleugnung der Liebe. Die einzige Art und Weise, mit solcher Trennung umzugehen, ist, einen Schritt zurück zu treten und uns daran zu erinnern, was uns zuerst in Beziehungen gezogen hat, dann etwas guten Willen anzunehmen, und bescheiden genug zu sein, die eigenen Fehler anzuerkennen. Dies kann uns von unserem Ich-Denken befreien. Mit der Zeit erlernen wir mehr und mehr, von unseren selbstzentrierten Gedanken und Erwartungen frei zu sein, wir verlangen wenig von andern, ausser dem, was sie sind, und wir sehen das Beste in ihnen und zeigen Geduld und Toleranz.

Egoismus ist der eigentliche Teufel selbst, eine unendliche Quelle für Neid, Groll und Stolz. Eine gesunde Leidenschaft für das Leben ist ein Geschenk, aber wir müssen nicht in dieser Leidenschaft für das Verlangen des eingeschränkten Selbst verhaftet bleiben.

Wir können diesen Egoismus verwandeln, indem wir mehr und mehr das Ich-hafte durch das Wir-hafte ersetzen. Wir können das Wir-Gefühl pflegen und unsere eigene Stärke und Wert in unseren Beziehungen sehen.

Wir müssen uns tief in die grundlegenden und notwendigen Änderungen in uns selbst begeben, und das verlangt Aufrichtigkeit. Wir können vom Eigenantrieb frei werden, indem wir zu Nichts werden. Und wir können zu Nichts werden, indem wir unsere gewohnten, selbstbezogenen Gedanken einschränken. Dies schneidet den Egoismus an seiner Wurzel ab, weil das Ego in unseren Gedanken lebt. Gewohnheitsgemässes und unbewusstes Denken kann von Wünschen, Angst oder Frustration angeregt werden. Wenn wir aber regelmässig wenigstens eine teilweise Freiheit vom egoistischen Denken erfahren, indem wir die Gewohnheit des mechanischen Denkens durch direkte Wahrnehmung und durch Gegenwart unterbrechen, dann können wir die Struktur von Angst und Selbstbezogenheit untergraben. So

Die Tyrannei des falschen Selbst

können wir uns unsere eigene tiefe Überzeugung von uns selbst als isolierte, abgetrennte und beschränkte Wesen abgewöhnen.

Wenn wir uns die Erfahrungen anschauen, die wir das Leben nennen, und uns ehrlich eingestehen, was die Inhalte des Bewusstseins sind, werden wir sehen, dass wir nicht in der Lage sind, unsere volle Aufmerksamkeit dem Leben zuzuwenden. Weil wir erfüllt sind mit Wünschen, Einsamkeit und Angst, kann unser anerzogenes Selbst nicht aufhören zu vergleichen, zu wünschen, sich zu verteidigen, Dinge übel zu nehmen und sich zu fürchten. Wenn wir unsere ganze Aufmerksamkeit und Gegenwärtigkeit in jeden Augenblick des Lebens bringen könnten, würde das falsche, das anerzogene Selbst seine Energie verlieren.

Dieser Zustand des zwanghaften Lebens ist so schmerzhaft und seine Einsamkeit ist so gross, dass wir alles tun, ihm zu entgehen, sei es durch Träumereien, dass wir anders seien, sei es durch Unterhaltung und Ablenkung, durch Selbstbelohnung, oder durch die Suche in spirituellen Kreisen nach Liebe, die wir nicht für uns selbst empfinden. Wenn wir einfach sein könnten, wären wir in der Lage, uns von der Befürchtung zu entspannen, dass wir zu etwas werden, was wir nicht sind, etwas zu bekommen was wir nicht haben, und könnten uns bemühen, die Wirklichkeit nach unseren Vorstellungen zu gestalten.

Allzu häufig wollen wir uns nicht verändern und wünschen uns einfach, dass der Schmerz weggeht und uns erlauben würde, dieselben zu bleiben, mit all unseren Wünschen und all den unveränderten Bildern von uns selbst. Aber wir werden mit dem Wegrennen hin zu etwas Äusserlichem keinen Erfolg haben, weil wir vor uns selbst nicht wegrennen können. Und doch ist das, was wir am meisten benötigen jenes, was wir bereits sind: unser wesentliches Selbst. Es gibt kein Entweichen, es gibt nur die Heimkehr.

Wenn wir wirklich beginnen, den Zustand unseres Lebens zu sehen, werden wir auch verstehen, dass wir den grössten Teil unseres Lebens umdrehen müssen, wenn wir wir selbst sein wollen. Es ist unsere eigene Persönlichkeit, die neu ausgerichtet und entwickelt werden muss, damit wir nicht unter die Tyrannei unseres falschen Selbst bleiben. Das Ego muss dabei nicht entsorgt oder erniedrigt werden, denn wenn es von seiner Befehlsposition abgesetzt wurde, kann es zu einem nützlichen Diener werden. Die Persönlichkeit kann dann durch einen inneren Unterscheidungsprozess geführt werden, und anfangen, gemäss der Notwendigkeit des Augenblickes zu handeln, nicht aus Zwang oder fehlgeleitetem Eigeninteresse. Die Unterwerfung, oder besser Hingabe, des niederen Selbst unter das höhere Selbst, des niederen Ichs unter das Ganze, wird zur zentralen Tatsache der Existenz. Hingabe heisst, für das eine Selbst zu leben, das ewige Ich, nicht für das eigene Ego.

Kapitel Zehn

Pflege der Seele

Oh Kopf, du bist die Vernunft über alle Vernunft.
Oh Körper, du bist das Wunder aller Wunder.
Oh Herz, du bist der Wunsch aller Wünsche.
Oh Seele, du bist die Freude aller Freuden.

[Rumi: Vierzeiler: 1668]

Wenn dich jemand fragen sollte: „Wie geht es deiner Seele?", welches Bild kommt dir in den Sinn? Was denkst du davon? Eine ätherische Substanz in deiner Brust? Ein verschwommener Geist, den du mit dir selbst in Verbindung bringst? Jener Teil von dir, der ewig ist, den du aber nur selten anschaust, und der vielleicht nicht in einem guten Zustand ist, der möglicherweise für das Himmelreich nicht vorbereitet ist, oder was immer nach dem Leben kommt? Ist die Seele ein Ding, oder ist sie du selbst, deine wahre Identität?

Bevor wir versuchen, einige dieser Fragen zu beantworten, sollten wir uns zuerst unsere eigenen Erfahrungen anschauen. Die meiste Zeit ist das, was wir meinen zu sein, unser denkender Verstand und die Gefühle und Emotionen, die daraus entstehen. Wir denken nicht einfach, sondern wir denken über uns nach, was manchmal zu einem grossen Durcheinander führt. Jeder hat eine Idee, was er sei, und jeder denkt im Rahmen dieser Ideen von sich selbst. Auch haben wir charakteristische Verhaltensweisen und Eigenschaften der Persönlichkeit, von denen wir annehmen, dass wir sie selbst seien. Und wir haben einen Körper, der unser greifbarster Bezugspunkt ist.

Aber wenn wir von der Seele sprechen, meinen wir damit etwas Wesentlicheres als unser Denken oder unseren Körper. Wenn wir genügend tief in unsere Erfahrungen oder unseren Körper hineingeschaut haben, können wir etwas mehr wissen. Wir können, zum Beispiel, uns selbst als einfache, unbestimmte Gegenwärtigkeit erfahren haben, ein Zustand hinter unseren Gedanken, Gefühlen und Verhaltensweisen. Dies ist ein anderer Aspekt unserer Erfahrung.

Unabhängig davon, ob wir „glauben", dass unsere Seele für ein ewiges Leben jenseits des Körpers bestimmt ist, oder nicht, können wir uns mindestens damit einverstanden erklären, dass jeder von uns ein inneres Sein hat, und dass dieses innere Wesen etwas mit unserer Qualität des Lebens zu tun hat. Worte wie Bewusstsein, Zufriedenheit, Angst, Bedauern und Sehnsucht wenden sich an dieses innere Sein. Es mag sein, dass wir unseren äusseren Bedürfnissen des Lebens mehr Aufmerksamkeit schenken als unserem inneren Wesen. So machen wir den Fehler, dass der Zustand unseres inneren Wesens vor allem von unseren äusserlichen materiellen Bedingungen abhängt.

Aber es gibt Menschen, die die Arbeit an ihrem inneren Sein zur Hauptsache in ihrem Leben gemacht haben, und die Erinnerung an solche Leute scheint die Erinnerung an Eroberer und Könige, an Reiche und Mächtige zu überdauern. Diese Erforscher und Helden des inneren Lebens haben manchmal Schriften und Wegweiser, Einsichten und spirituelle Übungen hinterlassen, die sich auf die Bedürfnisse und Entwicklung der menschlichen Seele beziehen. Zusätzlich enthält die Art und Weise, mit der wir täglich über die Seele sprechen, eine gewisse Weisheit.

Im Sufismus verstehen wir den Menschen als eine Zusammensetzung von drei Aspekten: das Selbst, das Herz und der Geist. Das Selbst ist die Erfahrung unserer persönlichen Identität, einschliesslich unserer Gedanken und Gefühle. Das Herz ist tieferliegend, das durch ein inneres Wissen erfahren wird, oft mit einer Qualität von Mitgefühl, Bewusstheit und Liebe. Das Herz kann schlussendlich zur Erkenntnis des tiefsten Teils in uns führen,

Pflege der Seele

unsere innerste Bewusstheit, oder Geist, die Widerspiegelung von Gott in uns selbst.

Wenn wir einfach sagen, dass die Seele unser inneres Sein sei, dann ist die Qualität unseres inneren Wesens, oder die Seele, das Ergebnis der Beziehung zwischen dem Selbst und unserem tiefstem Bewusstsein, dem Geist. Das Selbst ohne die Gegenwart von Geist ist einfach nur Ego, die falsche Maske, die von ichbezogenen Gedanken und Gefühlen beherrscht wird.

Je mehr das Selbst vom Geist durchflossen wird, umso mehr wird es „seelenvoll". Wir gebrauchen das Wort „Gegenwärtigkeit" und „Gedenken", oder auch „Selbsterinnerung", um diese bewusste Verbindung zwischen dem Selbst und dem Geist zu beschreiben. Je mehr wir achtsam mit Gegenwärtigkeit leben, je mehr wir Gott gedenken, umso „seelenvoller" werden wir, und umso mehr lassen wir unsere Schutzmaske fallen.

Die Pflege der Seele ist dann immer die Pflege der Gegenwärtigkeit und des Gedenkens. Die Gegenwärtigkeit schliesst alle Arten und Weisen ein, in denen wir uns achtsam um unser Leben kümmern.

Die Seele ist das Kind der Vereinigung vom Geist mit dem Selbst. Wenn diese Vereinigung reif geworden ist, erwirbt die Seele Substanz und Struktur. Daher wird in einigen Lehren gesagt, dass wir nicht automatisch eine Seele haben, sondern dass sie durch unsere spirituelle Arbeit erworben werden muss.

Feinde der Seele

Aber was führt uns weg von dieser Gegenwärtigkeit und diesem Gedenken? Dies ist es, was wir in uns selbst beobachten müssen, weil verschiedene Arten von Menschen verschiedene Art und Weise haben, ihre Seele im Stich zu lassen.

Ein starkes Ego ist nicht dasselbe wie eine starke Seele. Das Ego ist eher eine Reaktion auf die Umstände und Bedingungen als ein Vertreter von unabhängigem Willen. Das Ego hat wenig eigene Lebensfähigkeit, weil mehr seine Wirkung als eine Ursache ist. Es mag die Stärke von Selbstinteresse haben, aber dasselbe Selbstinteresse macht es verwundbar für eine Unzahl von Enttäuschungen und Bedrohungen.

Was sind die Zeichen einer schwachen Seele? Wenn wir von den Reizen der Welt beherrscht sind, hin- und hergerissen zwischen Anziehung und Ablehnung, von einer Unterpersönlichkeit in eine andere wechselnd, von einer Absicht zur nächsten, andauernd seine Meinung ändernd, ohne einen Mittelpunkt zu leben, das sind die Zeichen, dass unsere Seele mehr Substanz braucht.

Einfach gesagt, ist die Pflege der Seele das Sich-Lösen von der Matrix—jener falschen Wirklichkeit, an die wir hypnotisiert glauben und uns dementsprechend anpassen—und uns so mit der wahren Quelle unseres Seins verbinden.

Die Menschen sind ausserordentlich beeinflussbar. Wir tendieren dazu, alles was uns gesagt und oft wiederholt wird, und was die andern um uns herum meinen, wie ein Kind zu glauben. In kleinen und traditionellen Gemeinschaften und Völkern mag diese Beeinflussbarkeit zum Vorteil gewesen sein. Meistens wurde die Weisheit von Erfahrungen auf solche Weise über Generationen hinweg weitergegeben. Aber als die Gesellschaft komplizierter wurde und sich in grosse institutionelle Religionen, politische Parteien, Wirtschaftskonglomerate und Grossmächte diversifizierte, wurden die Quellen der Beeinflussung und Indoktrination raffinierter. In den heutigen, zersplitterten Gesellschaften können die Menschen durch Meinungen, Glauben, Symbole und Dogmen kontrolliert und manipuliert werden, welche oft von geistig kranken Einzelpersonen und von Geheimbünden erzeugt werden, welche Beherrschung und Macht wollen.

Was heisst es: „*die Seele verkaufen?*"

Die bevorzugten Mittel der Verführung sind *Porneia*—was immer es braucht, um uns von unserer wahren Natur zu entfernen—und *Anaesthesia*, eine Abwehr gegen den vermeintlichen Schmerz des Aufwachens.

Diese starren Konstrukte verdrängen dann die Gegenwärtigkeit, sie bauen eine falsche Wirklichkeit auf. Das Gefühl, allein und verletzlich in einer unpersönlichen Welt zu sein, oder eine unvollkommene Seele zu sein, die sich darum bemüht, einem wertenden und verurteilenden Gott zu gefallen, bewirkt, dass sich die Menschen dauerhaft und existenziell entfremden. Durch diese alltägliche Einsamkeit und Angst werden wir von jenen, die uns kontrollieren wollen, in eine falsche Sicherheit manipuliert. Sie spielen mit dem Bedürfnis des Egos, zum Stamm, zur Partei, zur „wahren" Religion zu gehören.

Die alltägliche Pflege der Seele

Was bedeutet es, sich um die eigene Seele zu kümmern? Die Pflege der Seele ist die andauernde Übung, liebende Aufmerksamkeit zu den Problemen, Streitigkeiten und Sehnsüchten unserer Leben zu bringen. Das Gefühl von Leiden ist etwas, um das man sich kümmern muss, nicht etwas, das abgespalten werden soll. Wir können lernen, unser Leben als eine Geschichte zu lesen, und nicht als klinischen Fall. Zudem, wenn die Geschichte, die wir uns selbst erzählen, eine Tragödie oder ein Melodrama ist, müssen wir diese Geschichte neu schreiben. Jedes Menschenleben, wenn es aus der Sicht der unablässigen Barmherzigkeit Gottes betrachtet wird, ist die Geschichte von sich entfaltender Gnade. Die Liebe enthüllt sich in den klaren Einzelheiten eines jeden Menschenlebens, solange wir ihm nicht das Drehbuch von Selbstmitleid, Verbitterung und Ängstlichkeit aufdrängen. Die Seele ist der Ort, an dem sich die Göttlichen Namen zeigen. Die Seele sollte nicht von Verlangen und Wünschen gefesselt sein. Die Seele wurde erschaffen, um Freiheit und Frieden jenseits von Umständen zu erfahren.

Was sind die Zeichen davon, dass jemand angefangen hat, Seele zu erwerben? Mehr Beständigkeit in der Gegenwärtigkeit, deutliche Absichten, und im äusseren Leben mehr Selbsterinnerung. Der spirituelle Lehrer ist mit der List und den Tricks des Egos bestens vertraut, wie sie sich in die spirituellen Absichten der Menschen einmischen und sie zerstreut und schwächt. Deshalb ist es so wichtig, in Bezug auf die eigenen spirituellen Verpflichtungen vorsätzlich zu sein, besonders in einer frühen Phase. Wenn dieser Verpflichtung nicht klare Priorität gegeben wird, sind die Möglichkeiten der Verwandlung des falschen Selbst und der Entwicklung von Seele gering.

Mit der Zeit, wenn sich die Seele entwickelt, wird sich diese Beständigkeit sogar in unseren Träumen zeigen, vielleicht sogar bis in die Tiefen unseres unterbewussten Geistes.

Die Seele ist eine wissende Substanz, welche die Wirklichkeit jenseits von Zeit und Raum kennt. Diese Art von Wissen zu erwerben heisst, erleuchtet zu werden, mit einer grösseren Intelligenz verbunden zu sein, die jeden Schritt in deinem Leben leiten wird. Statt in Angst und Ungewissheit zu leben, werden wir immer fähiger, der Entfaltung des Lebens zu trauen.

Die Arbeit der Seele ist im Leben die grösste Erfüllung. Es ist eine lange Reise mit vielen Stufen der Verwirklichung. Wenn wir wissen wollen, wie nahe wir unser Leben bei der Seele leben, müssen wir uns nur fragen: „Wie viel meiner Energie gilt dem Klagen über unsere Umstände, den Vorwürfen an andere wegen meinem Elend, der Kontrolle von andern, um meine Wünsche zu erfüllen, andere zu täuschen, um selbst gut auszusehen, oder sich selbst hervorzuheben?" Die Arznei für all diese spirituellen Krankheiten ist dieselbe: in Verbindung zu treten mit unserem wahren inneren Sein, das eine Spiegelung des Göttlichen ist.

Nach all dem, was hier gesagt und getan wurde, nach all unseren spirituellen Übungen und all den esoterischen Kenntnissen, die wir erworben haben können, ist das wirkliche Mass unserer Seelenhaftigkeit einfach dies: der Grad unserer Bescheidenheit, Dankbarkeit, Geduld und Liebe.

KAPITEL ELF

Gewissen

Und nein! Ich schwöre bei der Seele, die sich selbst tadelt

[Koran, Surah 75, Die Auferstehung, Vers 2]

Jeder Mensch auf dieser Erde ist entweder in einem Prozess der Vervollkommnung oder der Erniedrigung seiner Seele. Jedoch sind die meisten Menschen so mit der Befriedung ihrer Wünsche oder mit der Verbesserung ihrer Leiden beschäftigt, dass sie die Bedeutung ihrer Entscheide und Handlungen nicht erfassen können.

Es ist nicht die Absicht, uns hier mit der Verurteilung oder der Einschätzung von andern zu beschäftigen, sondern viel mehr über den Sinn unseres Lebens nachzudenken, und ob wir diesem Ziel gerecht werden. Und lasst uns nicht das allumfassende Prinzip vergessen, *dass der Mensch, der liebt, jener Mensch ist, der wirklich lebt.*

Jene, die sich mit der Vervollkommnung ihrer Seele beschäftigen, werden durch verschiedene Stufen der objektiven Intelligenz und bedingungsloser Liebe verwandelt. Jene, die daran sind, ihre Seele zu erniedrigen, werden mehr und mehr das Opfer von abnormalen und die Wahrheit verzerrenden Einflüssen, welche aus diesem eigenartigen Impuls ihres Seins entspringt, das gemeinhin „Egoismus" genannt wird.

Was jene, die sich im Prozess der Vervollkommnung befinden, von jenen unterscheidet, die im Prozess der Erniedrigung ihrer Seele sind, ist das Mass, mit welchem die Eigenschaft des Gewissens in ihnen aktiv ist (von den Sufis *taqwa* genannt). Diese Fähigkeit des Gewissens ist in sich selbst eine Eigenschaft der göttlichen Gegenwart, die in jedem Menschen vorhanden ist—eine Eigenschaft jedoch, die verschleiert, verzerrt oder durch den in der Gesellschaft vorherrschenden Egoismus abgelehnt werden kann.

Jene, die mit dem Prozess der Vervollkommnung beschäftigt sind, entwickeln in sich selbst eine bestimmte Fähigkeit, eine Fähigkeit zur bewussten Hinwendung ihrer eigenen Psyche, in Übereinstimmung mit dem wahren Sinn des Lebens. Nicht jede Bemühung von bewusster Hinwendung ist in Übereinstimmung mit dem wahren Sinn der eigenen Existenz, weil es unzählige Wege gibt, auf denen sich ein Mensch entwickeln kann. In einigen Fällen kann eine extreme Entwicklung sogar zu grotesken Verzerrungen unserer Menschlichkeit führen.

Der Sinn und Zweck des Lebens aus Sicht der Sufis ist, die Gemeinschaft mit dem Göttlichen zu erreichen, und so die wahre Dimension der göttlichen Schönheit, Intelligenz und Liebe zu kennen und zu erfahren.

Diese ganzheitliche Entwicklung des Menschen ist eine Entwicklung gemäss gewisser Verhältnisse von Körper, Geist, Gefühlen, Herz und Seele. Die übermässige Beschäftigung mit einzelnen dieser Aspekte ist zur Erreichung eines vollständigen und reichlichen spirituellen Lebens weniger förderlich, als wenn ein Mensch all diese im Gleichgewicht hält. Die richtige Dosierung dieser menschlichen Eigenschaften hängt von der Angleichung des Selbst mit der Seele ab.

Wenn andererseits Egoismus der leitende Faktor ist, werden die höheren Funktionen verdunkelt, und die niederen Funktionen werden unzusammenhängend, zwanghaft und masslos.

Menschen, die sich auf einem harmonischen Weg entwickeln, ziemlich frei von verzerrenden Faktoren des Egoismus, werden typischerweise in andern eine Reaktion von Respekt und Dankbarkeit hervorrufen, und sie mögen sogar in andern Menschen einen objektiven Anstoss für echte Liebe erzeugen.

Der Einfluss eines in einem Menschen funktionierenden Gewissens ist eine der grundlegenden Qualitäten, die wir mit Hilfe von spirituellen Lehren erwecken möchten. Die Führung durch das Gewissen ist das Ergebnis der Anwesenheit jenes grundlegenden kosmischen Faktors, der auch als göttliche Gnade und Mitgefühl bekannt ist.

Nun kommen wir zum wichtigsten Punkt: der Mensch, der eine solche Qualität in sich erweckt, ist einer, der sich zutiefst der inneren Auseinandersetzung zwischen Verlangen und Ablehnung, zwischen Lieben und Zurückweisung, bewusst geworden ist. Dieser Kampf der Polaritäten ist eine andauernde Eigenschaft des irdischen Lebens, so wie es durch die ego-beherrschte Persönlichkeit erfahren wird. Aber jemand, der diese Polaritäten bestätigen kann, wird nach und nach eine Haltung erreichen, die über diesen Gegensätzen steht, und er wird einen Zustand erreichen, der in Übereinstimmung mit der objektiven und intelligenten Liebe ist.

Menschen, die dabei sind, ihr Verlangen und ihre Abweisungen zu betonen, oder gar zu übertreiben, verstärken nur ihr Leiden, während jene, die den Zustand des transzendenten Bewusstseins fördern, jene mit objektivem Zeugnis, jene mit mitfühlender Achtsamkeit, sie werden Diener der kosmischen und intelligenten Liebe.

Das Gebiet der menschlichen Erfahrungen ist so reich an Kontrasten und Vielschichtigkeiten, an Sorgen und Freuden, an Bedauern und Hoffnungen, an Vergesslichkeit und Erinnerung, an Achtlosigkeit und Absicht, dass nur dieses Ziel, dieses alles übersteigende Bezeugen, dieses Schlachtfeldes der Gegensätze in ein reiches und gesegnetes Ganzes verwandeln kann.

Wie schon oben erwähnt, liegt die Fähigkeit für Gewissen tief in Innern des Menschen, aber sie kann durch die negativen Einflüsse des Egoismus verdunkelt werden, sowohl von jenen, die persönlich erzeugt werden, wie auch von jenen der vorherrschenden abnormalen Umständen der irdischen Gesellschaft, welche von Generation zu Generation weiter gegeben werden. Dies hat dazu beigetragen, dass innerhalb der menschlichen Psyche eine Unterteilung in einen sogenannten bewussten und einen unterbewussten Geist stattfand. Der sogenannte bewusste Geist ist mehr oder weniger der Bereich des Egos, und der tiefste Teil des unterbewussten Geistes ist der Bereich, in dem wahres Gewissen zu finden ist. Und so ist die spirituelle Entwicklung ein Prozess, in dem jene echten Impulse des Gewissens vom unterbewussten zum bewussten Geist verlagert werden, welche ansonsten von all den die Seele schwächenden und selbsttäuschenden oder gar abgelehnten Impulsen des Egoismus, die häufig gesellschaftlich akzeptiert sind, verdunkelt werden.

Die Dualität zwischen bewusstem und unterbewusstem Geist, der in der Psyche der Menschen wirkt, hat auch dazu geführt, dass Menschen in verschiedene Unterpersönlichkeiten eingeteilt werden, und im Ganzen gesehen die Verbindung zu diesen wertvollen, objektiveren und echten Impulsen verlieren, die in ihrer kollektiven Manifestation als „Aufrichtigkeit" beschrieben werden können.

An Stelle dieser Aufrichtigkeit entsteht stattdessen eine völlig verschiedene Manifestation, welche „das falsche Selbst" genannt werden kann, eine unwirkliche Identität, die im denkenden Geist ihren Ursprung findet und in der Eitelkeit, der Abwehr und der Täuschung wurzelt.

Im Allgemeinen werden die Menschen ab ihrer frühesten Kindheit dazu „erzogen", ein gesellschaftliches Selbst zu erhalten, das mehr mit der Erscheinung als mit der Wirklichkeit beschäftigt ist, wo die Befriedigung der Verlangen des Egos über die natürlicheren Impulse von Mitgefühl herrscht, obwohl diese nach wie vor hauptsächlich und ausschliesslich im unterbewussten Geist aktiv sind. Und sollten diese Impulse damit beginnen, in das Bewusstsein eines Individuums durchzubrechen, werden sie sofort als unrealistische und sentimentale Ansichten abgetan, welche zu unpraktisch für das tägliche Leben seien, sodass dieser Mensch, der mit diesen handeln möchte, als naiv angesehen und deshalb ausgenutzt wird.

Überflüssig zu sagen, dass dieser primäre moralische Irrtum sich selbst verstärkt, Irrtum auf Irrtum, was zu einer ganzen Palette von negativen und künstlichen Gefühlen führt, so wie Überheblichkeit, Anmassung, Kleinlichkeit, Heuchelei, Verleumdung, Unterwürfigkeit, Doppelgesichtigkeit und anderem mehr. Diese diversen Gefühle sind mehr und mehr die Grundlage der menschlichen Persönlichkeiten geworden, und sie sind mehr oder weniger im täglichen Leben respektiert. Sie sind die Ursache, dass die fundamentalen Fähigkeiten des Herzens, bekannt als Glaube, Liebe und Hoffnung, geschwächt und vielleicht verdorben werden. Trotzdem ist in den Tiefen ihrer Psyche noch immer das wesentliche Merkmal des „wahren Gewissens" begraben.

In Anbetracht der Tatsache, dass der Ursprung allen Seins nie aufhört, die wesentliche Wirklichkeit von liebender Barmherzigkeit auszustrahlen, so gelingt es der göttlichen Gnade durch die Risse des falschen und künstlichen Lebens zu schlüpfen, welches die Menschen für sich selbst erschaffen. Und so werden Menschen unweigerlich Erfahrungen von Leiden und Enttäuschung begegnen, die einige der Eigenschaften dieses falschen Selbst aufbrechen, und so Momente von wahrem Bedauern und wesentlichem Mitgefühl entstehen lassen. Unglücklicherweise entstehen in einigen von ihnen jedoch die fachmännischen Fähigkeiten, diese objektiveren Seinsimpulse zu unterdrücken, die im Herzen aufsteigen. Sie haben dazu verschiedene Hilfsmittel wie Drogen, Getränke und Vergnügen, die ihren niederen Instinkten zusagen.

Im grossen Ganzen handeln die Menschen hauptsächlich durch ihr falsches Selbst, bemühen sich Vollzeit und sogar mit Überstunden, für sich die besten Umstände zu erstellen, welche ihr falsches Selbst ihnen als das Beste für ihr individuelles und künstliches Selbst diktiert. Und nur allzu oft geschieht, dass ihr Vergnügen, ihr Wohlbefinden und ihre Sicherheit auf Kosten anderer Leuten geht. Und jene, die am effizientesten die Erfüllung ihrer individuellen Wünsche erreichen, sind typischerweise jene, die am wenigsten Mitgefühl haben. So wird im Laufe der Zeit mehr und mehr Macht und Reichtum bei jenen konzentriert, die fast krankhaft nach ihrem eigenen Vorteil streben, ohne Rücksicht auf Wahrheit oder Gerechtigkeit oder das Wohlergehen anderer. Das ist die Welt, in der wir heute leben.

Was in diesem Vorgang verloren gegangen ist, ist der natürliche Respekt, der objektiv jedem Menschen zuerkannt wird, der die Eigenschaften von Selbstlosigkeit, Mitgefühl und bedingungsloser Liebe besitzt. Solche Wesen wird es immer geben, und einige werden in Erinnerung bleiben oder gar bewundert, auch wenn ihre tatsächliche Anwesenheit in der menschlichen Gesellschaft immer seltener wird.

Das Verschwinden des Gewissens im täglichen Leben, und dessen Ersatz durch Eitelkeit, Ehrgeiz und Selbstbedeutung, und im Allgemeinen durch die Verehrung des falschen Selbst, haben zum gegenwärtigen und bedauernswerten Stand der Dinge geführt. Es ist offensichtlich, dass die Medizin für diese Bedingungen eine spirituelle Arznei sein muss, und dass sie grundsätzlich auf einem objektiveren Verständnis der menschlichen Psyche und ihrer spirituellen Essenz beruhen muss, einer Essenz, die nie völlig verkümmert ist.

Die Wiedererweckung des Gewissens ist jedoch mittels einer Kombination von objektiven Werten und von zunehmender bewusster Gegenwärtigkeit möglich. Unter den objektiven Werten können wir die Folgenden aufführen:

- Bewusstwerdung des Sinnes und Zwecks der menschlichen Existenz als ein selbstverbessernder Prozess, beruhend auf spirituellen Gesetzen;
- Bestreben nach den besten physischen Bedingungen für das Leben, nicht nur für uns selbst, sondern mit Bewusstsein für unsere kollektive Menschheit;
- Erkenntnis, dass ohne einen gesunden Sinn für Verzicht und Arbeit keine echte Glückseligkeit entsteht;
- Zurückweisung der Vorstellung, dass individuelles Wohlergehen zu Lasten von andern aufgebaut werden kann;
- Und prinzipiell unparteiisch für das Wohlergehen von andern verpflichtet sein, oder mit anderen Worten, unsere Fähigkeit Liebe und Wohltätigkeit auszustrahlen, zu verstärken.

Nur durch die Wiedererweckung des wahren Gewissens wird der Mensch seine wahre ökologische Funktion innerhalb der Grossen

Natur erfüllen. Mit echtem Gewissen kommen wir in die Lage, uns selbst als Wesen des freien Willens zu erkennen, mit der Fähigkeit, positive Schwingungen auszustrahlen, welche der segensreichen Ganzheit des Lebens dienen.

KAPITEL ZWÖLF

Das wesentliche Selbst

Wer sich selbst kennt, kennt seinen Herrn.

[Spruch des Propheten Mohammed]

Was ist das wesentliche Selbst? Wie können wir wissen, ob wir damit in Verbindung sind, oder ob wir uns mit Wunschdenken beschäftigen? Hat das wesentliche Selbst eine objektive Wirklichkeit, eine ontologische Gegenwart?

Es ist hier nicht der Ort, um jede Frage über die Existenz der menschlichen Seele, oder der Wirklichkeit des Ungesehenen zu stellen und zu beantworten. Auch wenn wir ein gewisses Niveau von spiritueller Achtsamkeit und Empfänglichkeit seitens jener, die dieses Buch lesen, annehmen, bleiben einige Fragen unausweichlich. Existiert das wesentliche Selbst, oder ist es nur ein wirksamer Begriff, um uns über die Einschränkungen des herkömmlichen Verstandes hinwegzuhelfen?

Objektive Wirklichkeit bezieht sich in der Regel auf Dinge, die wir mit unseren Sinnen wahrnehmen, seien dies Gegenstände, Kräfte, oder Naturgesetze. Auch eine Idee hat eine Art von Existenz, aber wenn die Idee eine Unmöglichkeit beinhaltet—so wie zum Beispiel die Quadratur des Kreises—existiert sie nur als Idee, und sie bezieht sich auf nichts Wirkliches. Einige mögen sagen, dass das wesentliche Selbst eine solche Idee ist, dass sogar die Idee einer bezeugenden Gegenwärtigkeit nur eine Randerscheinung ist, ein Nebenprodukt von bestimmten physiologischen Prozessen.

Das wesentliche Selbst

Aber was wäre, wenn wir etwas Wirklicheres als was wir sehen und berühren können, etwas, das mehr wir selbst, als unser Körper ist, mehr als unsere gesellschaftliche Rolle oder unsere persönliche Geschichte—sogar tatsächlich wirklicher als unsere Gedanken und Gefühle? Kann dieses wesentliche Selbst erfahren werden?

Was immer wir wissen können ist von unserem Zustand des Bewusstseins abhängig. Im Zustand des Schlafs zum Beispiel ist unser Erkennen auf das Funktionieren des Geistes beschränkt, was wir Traum nennen. Solange wir im Schlafzustand sind, werden wir sogar jede Sinneswahrnehmung—wie Laute und Empfindungen—in Begriffen des Traums erfahren, den wir gerade haben. Wenn ein Glas Wasser auf dem Nachttisch umfällt und auf uns tropft, mögen wir davon träumen, dass wir von Regen durchnässt werden. Wenn wir nicht aufwachen, wird auch diese Sinnesinformation durch die Subjektivität unseres Traums geformt.

In unserem sogenannten Wachzustand sind wir für sensorische Eindrücke in einem objektiveren Sinne offen, und doch mögen wir das verfälschen, was vor unseren eigenen Augen geschieht. Es geschieht häufig, dass mehrere Leute das gleiche Ereignis wahrnehmen, aber unterschiedliche Ideen haben, was wirklich geschehen ist. Die Weisen haben der Menschheit erklärt, dass sie schlafen, auch wenn sie denken, dass sie wach sind. Mohammed sagte: „Dieses Leben ist ein Traum, und wenn wir sterben, wachen wir auf." Sogar dieser Wachzustand kann eine Art traumähnliche Verzerrung einschliessen.

Jenseits des sinnlichen Tatbestandes, oder gleichzeitig mit deren Existenz, gibt es die Dimension der Qualitäten, welche sogar durch die Fähigkeiten wahrgenommen werden, die feiner sind als unsere Sinne. Wenn wir grossartige Dichtung nur mit unserem sinnhaften Geist und Verstand lesen, mögen wir die wortwörtliche, konkrete Bedeutungen der Worte kennen—wir mögen wissen, ob sie auf einem konkreten oder intellektuellen Niveau einen Sinn macht oder nicht—aber wir werden nicht notwendigerweise die Bedeutung erkennen, die Feinheiten spüren, oder den gefühlsmässigen Geschmack davon verstehen. Wir mögen in einem

Lebende Präsenz

Augenblick Gedichte als reine Worte lesen; aber mit der Veränderung des Bewusstseins, mit einem offenen und engagierten Herzen mögen dieselben Zeilen unerklärlicherweise Tränen in unsere Augen bringen. Was ist das, das diesen Tränenfluss auslöst? Warum steigt diese Erfahrung aus unserer Tiefe auf? Was wir auf diese Art erfahren, ist von unserem Zustand des Bewusstseins abhängig.

Das wesentliche Selbst ist eine objektive Wirklichkeit, aber es kann im Schlafzustand nicht erkannt werden, nicht mehr als gewöhnliche Tatsachen der Wirklichkeit in einem Traum erkannt werden. In der Tradition der Sufi heisst es, dass der absolute Geist sagte: „Und Ich atmete Meinen Geist in die Menschheit." Wir alle werden von diesem Atem belebt. Das wesentliche Selbst kann als die Individualisierung des Geistes verstanden werden. Dieses ist jedoch eine so feine und subtile Energie, dass es von gröberen Energien unseres Daseins verdunkelt werden kann, die Energien von Gedanken, Verlangen, Instinkten und Empfindungen. Dies sind die Schleier über das wesentliche Selbst, die Stoffe der Intoxikation, die unser wesentliches Selbst betäuben.

Wenn das wesentliche Selbst aktiv ist, hat es die Kraft des Seins, des Tuns, des Lebens, des Wissens, des Sprechens, des Hörens und der Liebe. Aus diesen wesentlichen Eigenschaften folgen alle Qualitäten, die wir brauchen, um ein reiches Leben zu führen. Innerhalb diesem nicht-dimensionalen Punkt des wesentlichen Selbst (nicht-dimensional, weil es seine Existenz im Bereich des wahren Seins hat, der uns als Nichtexistenz erscheint) ist die Schatztruhe aller Qualitäten. Wir mögen aus diesem Schatz durch einen Prozess von bewusster oder unbewusster Aktivierung das erhalten, was wir benötigen, um dienen zu können, aber es ist unser Recht als Menschen, dies bewusst zu empfangen. Der Mensch ist ein Kanal für die Schöpferische Kraft des Universums. Durch den Gebrauch von Willen—durch eine bewusste Wahl—können wir die Qualitäten und Kräfte des wesentlichen Selbst in Wirkung setzen.

Ist das wesentliche Selbst etwas, das vor dem bewussten Geist verschleiert ist, und das wir nur indirekt kennen können, wie das Unterbewusste von C. G. Jung? Für Jung war das Selbst ein Archetyp der Ganzheit des Unterbewussten. Alle unsere Bilder

Das wesentliche Selbst

von Ganzheit—einschliesslich Gottheit, Christus und das Tao—stehen für diesen unterbewussten Archetyp, der nie direkt erkannt werden kann. Dies zeigt eine grundsätzliche Wahrheit des wesentlichen Selbst auf—dass es unendlich ist und alleine durch das Bewusstsein nie vollständig erfasst werden kann—aber dies ist nur eine Teilwahrheit, weil wir gleichzeitig auch mit den Augen des wesentlichen Selbst sehen, mit seinen Ohren hören, mit seinem Willen handeln, mit seiner Vergebung vergeben, und mit seiner Liebe lieben können.

Im klassischen Sufismus wurde das Kontinuum vom falschen Selbst bis zum wesentlichen Selbst in sieben Stufen beschrieben. Das Wort für Selbst, *nafs*, ist auch gleichwertig mit „Seele".

1. *Das Selbst des Zwanges* sucht nach Befriedigung, vorwiegend in der Befriedigung seines eigennützigen und fleischlichen Verlangens, und seinem Willen zur Macht. Es wird in der Sure Yusuf, Vers 53 des Korans als „Das Selbst zum Bösen getrieben" erwähnt.
2. *Das Selbst des Gewissens* hat begonnen, zwischen Richtig und Falsch zu unterscheiden, und es kann manchmal der Versuchung des Übels und der eigenmächtigen Handlungen widerstehen. Es wird in der Sure Qiyyamah, Vers 2 erwähnt: „Ich rufe das Selbst des Gewissens als Zeuge auf."
3. *Das Selbst der Eingebung* wird von spirituellem Wissen inspiriert und kann zuverlässig der Stimme des Gewissens folgen. Es wird in Sure Shams, Verse 7–8 erwähnt: „Mit der Seele, und durch die Anteile und die Befehle, die ihr gegeben sind, und ihre Eingebungen, über was für sie gut und was für sie schlecht ist." Dies ist die höchste Stufe, welche die herkömmliche Religion und die Moral erzielt.
4. *Die Seele der Gelassenheit* hat eine Stufe der Gegenwärtigkeit erreicht, in der eine bewusste Vertrautheit möglich ist. Sie wird in Sure Fajr, Verse 27–28 beschrieben: „Oh Seele der Gelassenheit, kehre zu deinem Herrn zufrieden und von seinem Wohlgefallen begleitet zurück."

5. *Die Seele der Hingabe* hat die Stufe erreicht, wo ihre Wünsche und Handlungen in Harmonie mit der Wirklichkeit sind. Sie nimmt jeden Augenblick so an, wie er ist, und sie ergibt sich der Wirklichkeit. Wortwörtlich wird diese Stufe *das zufriedene Selbst* genannt, und Stufe 6 wird als *das Selbst, das Gott gefällt* bezeichnet. Beide Stufen werden in Sure Ma'idah, Vers 122 beschrieben: „Gott ist zufrieden mit ihnen, und sie mit Gott."

6. *Die Seele der völligen Hingabe* ist noch vollständiger mit dem Universellen Willen identisch, und sie ist daher nicht nur zufrieden, sondern gefällt auch Gott. Dies ist die Stufe der grossen Heiligen, deren Leben ein tiefschürfendes und wundertätiges Beispiel für die Ganzheit des Menschen sein kann. Diese Menschen sind in der Wahrheit versunken.

7. *Die Seele der Vervollkommnung* ist ein theoretisches Absolut. Der vollkommene oder vollständige Mensch wird in Sure Shams, Vers 9 beschrieben: "Wahrhaftig, es gelingt ihm, der sie geläutert hat."

Stufen 1 und 2 sind mehr oder weniger unter der Herrschaft des falschen Selbst. Stufe 3 kann das natürliche Selbst genannt werden, hingegen stellen Stufen 4 bis 7 unterschiedliche Grade des wesentlichen Selbst dar.

Wir haben keinen Sinn für das wesentliche Selbst, ausser wir gelangen an unseren Kern—dasjenige in uns, das tiefer als Gedanken und Gefühle ist, tiefer als Vorliebe und Ablehnung, oder Meinungen und Ehrgeiz. Es ist möglich während der Atmung nach innen zu hören, der Stille hinter den Gedanken und Gefühlen zu lauschen. Diese Stille ist der Hintergrund von dem, auf das wir normalerweise achten. Wenn dieser Zustand einigermassen erstellt ist, können wir unseren Verstand auf unsere Geburt, auf das Mysterium unseres in-die-Welt kommen richten. Wir können für diesen Lebenseintritt Liebe spüren. Wir mögen unsere Aufmerksamkeit dann auf ein Begräbnis richten, unser eigenes. Wir mögen dann den Anfang und das Ende unseres Lebens in den gegenwärtigen Augenblick bringen, und

Das wesentliche Selbst

diesen gegenwärtigen Augenblick mit den Augen der Ewigkeit sehen, vom Standpunkt unseres liebenden Schöpfers. Mit dieser Sichtweise, die jene des wesentlichen Selbst ist, können viele Wunden geheilt, viele Fehler vergeben, und viele Verluste akzeptiert werden.

Rumi sagte auch in einem seiner Gedichte im Diwan-e Schams:

Geh nicht fort, komm näher!
Sei nicht ohne Glauben, sei treu!
Finde das Gegengift im Gift.
Komme zum Kern des Kerns von deinem Selbst.

Geknetet aus Lehm, und doch geformt
Aus der Substanz der Gewissheit,
Ein Hüter beim Schatz des Heiligen Lichts—
Komm, kehr zurück zum Kern des Kerns von deinem Selbst.

Wenn du die Selbstlosigkeit erfasst hast,
Wirst du von deinem Ego weggezogen
Und von vielen Fallen befreit—
Komme zum Kern des Kerns von deinem Selbst.

Du bist aus den Kindern von Gottes Schöpfung geboren,
Aber du hast deine Sicht zu tief eingestellt.
Wie kannst du glücklich sein?
Komme zum Kern des Kerns von deinem Selbst.

Obwohl du ein Amulett zum Schutz eines Schatzes bist,
Bist du auch eine Grube.
Öffne deine versteckten Augen
Und komme zum Kern des Kerns von deinem Selbst.

Du wurdest aus einem Strahl von Gottes Herrlichkeit geboren
Und hast den Segen eines guten Sterns.
Warum leidest du wegen Dingen, die es nicht gibt?
Komme zum Kern des Kerns von deinem Selbst.

Lebende Präsenz

Du kamst aus der Gegenwärtigkeit jenes guten Freundes,
Ein wenig betrunken, aber fein, unsere Herzen stehlend,
Mit jenem Blick so voller Feuer,
So komme zum Kern des Kerns von deinem Selbst.

Oh unser Meister und Wirt,
Schams von Täbriz hat den ewigen Becher vor dich gestellt.
Ehre sei für Gott, jener reiner Wein!
So komme zum Kern des Kerns von deinem Selbst.

KAPITEL DREIZEHN

Sich mit dem Ego befreunden

O Gott, hilf mir gegen mich Hilfesuchenden:
Ich suche Gerechtigkeit bei niemandem außer dem Kläger.
Ich werde keine Gerechtigkeit erlangen,
Außer von Ihm, der mir näher ist als ich selbst.
Denn dieses „Ichsein" kommt mit jedem Atemzug von Ihm zu mir.

[Rumi, Mathnavi I: 2195–97]

Für viele Jahre lag mein eigener Fokus in diesem Werk auf bewusster Achtsamkeit und Willen. Diese Gegenwärtigkeit in jedem Moment konnte durch die Anstrengungen des Erinnerns und durch Bewusstwerdung erreicht werden. Ich konnte sehen, dass ohne diese Disziplin der bewussten Achtsamkeit wir teilweise wie Tiere, teilweise wie Maschinen leben, aber noch nicht wie Menschen, die fähig sind, wählen zu können, fähig, sich in jedem Augenblick richtig zu verhalten, anstatt blind aus Gewohnheit und Erwartung zu reagieren. Ich verstand das Werk als die Entwicklung von Sensibilität für eine zunehmende Achtsamkeit. Die Achtsamkeit entwickelte sich nicht automatisch, sondern durch eindeutige willentliche Absicht. Das Ausmass, mit dem sich die Gegenwärtigkeit entwickelte, war eine Folge von Entscheidung und Bemühung. Das Ego hätte es vorgezogen, sich in zwanghafter und unbewusster Art und Weise zu suhlen, aber etwas in mir konnte sich dagegen wehren.

Jeder, der lange genug auf diese Art und Weise gearbeitet hat, wird irgendwann mit einer leisen, aber wesentlichen Frage konfrontiert: Kann das Ego durch seine eigenen Anstrengungen umgewandelt werden? Ist es eine Gefahr, nur innerhalb von sich selbst zu kämpfen, ein Teil des Egos, das mit einem anderen Teil streitet, was in uns Spannungen und Frustration aufbaut? Wird uns das je von unserem getrennten Ego befreien?

Der Dompteur des Egos ist die Liebe. Wir müssen lernen, sogar das Ego zu lieben, dann kann das Ego sich dieser Liebe unterordnen. Vielleicht sollten wir anschauen, was das Ego ist, und wie wir mit ihm leben können.

Das Ego wird durch seine Bemühungen gebildet, für uns in einer Welt mit zahlreichen gegensätzlichen Kräften einen Platz zu schaffen. Wenn wir ins Leben hineinwachsen, stehen wir Herausforderungen und Ansprüchen gegenüber. Wir bemühen uns, eine Position zu erschaffen, aus der, oder durch die wir handeln können. Das Ego ist grundsätzlich eine positive Energie mit vielen positiven Eigenschaften: Bestreben, Sorgfalt, Verantwortlichkeit, Selbstrespekt, Disziplin und Rechtschaffenheit.

Diese positiven Eigenschaften können als dem Ursprung zugehörig betrachtet werden, sie werden durch uns gespiegelt. Indem wir diese Qualitäten, diese positiven Aspekte des Egos entwickeln, werden wir sehen, wie dieses Ego von einer spirituellen Intelligenz und Weisheit unterstützt wird, und wie es im Gegenzug als ein Werkzeug dieser grösseren Intelligenz handeln kann, anstatt nur ein Vertreter des eigenen Interesses zu sein. Wir müssen ein feines Gleichgewicht erstellen—das Ego in harmonierendem Mitschöpfertum mit dem Geist.

Das, was in uns positiv ist, ist viel grösser als das, was negativ ist. Was immer existiert, ist im Wesentlichen gut. Wenn darin gar nichts Gutes wäre, würde es überhaupt nicht existieren. Manchmal jedoch können diese positiven Eigenschaften zwischen uns und der Wirklichkeit stehen, wenn sie von der Eigenwichtigkeit des Egos in Beschlag genommen werden. Das falsche Selbst kann alles zerstören, was es berührt. Das herrschsüchtige Ego, das uns gnadenlos antreibt, muss auf seine wahre Grösse gestutzt werden und zu einem nützlichen Diener, Boten und Freund werden. Wir brauchen die Kraft eines integrierten Egos, aber wir brauchen es als unseren Diener, nicht als unseren Meister.

Sich mit dem Ego befreunden

Die einzige Kraft, die diesen Tyrannen wirkungsvoll umwandeln kann, kommt aus dem wesentlichen Selbst. Die einzigen wirksamen Bemühungen sind jene, die von einer grösseren Weisheit in uns selbst unterstützt werden. Das Ego zu verwandeln ist nicht nur eine Auseinandersetzung auf einer Ebene, sondern eine Öffnung für ein höheres Niveau: es ist der Entscheid der Hingabe und der Unterwerfung an einen grösseren Willen und eine grössere Intelligenz. Gehorsam und Unterwerfung ist keine Eigenschaft des Egos; wir können nicht sagen, dass wir in der Hingabe besser werden, so wie wir dies ansonsten bei den meisten Fertigkeiten tun können.

Hingabe, die wahre spirituelle Haltung, bedeutet, aktiv empfänglich für eine Intelligenz zu sein, die grösser als wir selbst ist. Sie ist eine Absicht in Grazie und Hingabe, sie sieht die Welt als eine Bühne, sie sieht das Göttliche als deren Regisseur. Hingabe hat etwas mit dem Lösen von Spannungen zu tun, sowohl tief im Innern wie auch äusserlich und körperlich. Die tiefste Entspannung ist die Entspannung innerhalb des Geistes.

Das Drama ist jedoch voller unerwarteter Enttäuschungen, Prüfungen und Frustrationen. Immer wenn wir meinen, dass wir einen Punkt des Vertrauens erreicht haben, kommt etwas Störendes hervor, etwa die Negativität anderer Leute, Geldprobleme, oder gesundheitliche Schwierigkeiten. Unsere erste Reaktion, nämlich Widerstand, bewirkt Spannungen in uns. Aber wenn wir diesem Augenblick unsere Zustimmung geben können, verändert sich etwas. Wir können innerhalb der Herausforderung eine Gelegenheit entdecken. Mit anderen Worten, wir werden aktiv empfänglich und können daraus auf geeignete Art und Weise handeln.

So oft erwarten wir dümmlich, dass unser Leben perfekt, und für immer und ewig ungestört sei. Dies ist die grosse Wahnidee, auf die das Ego meint, ein Recht zu haben. Aber die Freiheit, die Entspannung und den Frieden, die wir finden können, sind nicht äusserlich, sondern innerlich. Das Leben auf dieser Welt ist unausweichlich immer eine Mischung von Gegensätzen: von Schönheit und Kummer, von Glück und Verlusten, von Ausdehnung und Zusammenzug. Es ist eine herausfordernde Schule—nicht der

Lebende Präsenz

Ursprung für unser Wohlergehen und Sicherheit. Unser wahres Zuhause liegt in der Heiligkeit und der Liebe.

Wir existieren in einem Umfeld, wo wir uns den negativen Erscheinungen sowohl von andern, als auch von unserem eigenen Ego stellen müssen. Wir nehmen sowohl die Spannungen aus unserer Umwelt auf, wie auch solche, die wir selbst produzieren. Es ist sehr wichtig zu lernen, sich innerhalb dieser Spannungen des Lebens zu entspannen. Wir können den Streitigkeiten dieser Welt nicht entkommen, aber wir können lernen, uns darin zu entspannen. Dies hat nichts zu tun mit Weglaufen und Vermeiden von Konflikten, und bestimmt auch nicht mit deren Unterdrückung. Solche Entspannung hat einen Aspekt von Vertrauen, Hingabe und Ergebung. Ein gewisses Gleichgewicht ist notwendig. Wir brauchen etwas Spannung in unserem Leben, damit wir nicht selbstgefällig und selbstzufrieden werden, aber wir brauchen auch Vertrauen und Zuversicht.

Das Werk hilft uns, all das zu entfernen, was uns von der Wirklichkeit trennt. Diese Hindernisse sind die neurotischen Auswirkungen des Egos, welche durch zahlreiche Arten von physischen, geistigen und gefühlsmässigen Spannungen hervorgerufen werden, ob Aggressivität, Schüchternheit, Selbstgerechtigkeit, Selbstzweifel, Überheblichkeit, Scham, Heuchelei, Neid, Eifersucht, Argwohn oder Gier. In diesen Zuständen wird das Ego Überstunden machen, um sich selbst und seine Illusionen zu erhalten. Und wir mögen uns vielleicht nicht bewusst sein, wie diese Spannungen unsere Fähigkeiten und unsere Seelen verzerren.

Auch für jene, die das Werk der Verwandlung gewählt haben, können manchmal negative Kräfte mit erstaunlicher Kraft ins Bewusstsein gelangen. Dies ist ein Zeichen, dass ein kleiner und verzweifelter Teil von uns selbst versucht, sich selbst zu bewahren. Wenn es fühlt, dass es seiner eigenen Vernichtung oder Dämpfung in etwas Grösseres, aber Unbekanntes, gegenübersteht, wird es sich dagegen wehren, was es als Bedrohung empfindet, nicht zuletzt die wirkliche Liebe, die Gemeinschaft, das Werk selbst. Diese Widerspenstigkeit und ihre Erscheinungsformen können zuerst erkannt und beobachtet, und dann in Liebe aufgelöst werden. Wir können unseren Fehlern dankbar sein, weil sie uns bescheiden und bewusst bleiben lassen, dass wir von einer höheren Wirklichkeit abhängig sind, ohne die wir nie verwandelt werden können.

Wenn wir unsere spirituellen Absichten erneuern, wenn wir Geduld, Dankbarkeit, Bescheidenheit und Liebe ausüben, beginnen wir der Wohltätigkeit zu vertrauen. In diesem Prozess werden unsere tiefsten Ängste und Spannungen aufgelöst, und sie werden weniger zu einem motivierenden Faktor. Mit dieser Auflösung von Angst und Spannung werden die positiven Eigenschaften des Egos, Fleiss, Verantwortungsgefühl, Selbstrespekt, Disziplin und Aufrichtigkeit erscheinen.

Oh, glücklich ist die Seele, die ihren eigenen Fehler sieht, und die, wenn jemand einen Fehler benennt, diesen auf sich nimmt!
Denn eine Hälfte jedes Menschen gehört zum Reich der Fehler, und seine andere Hälfte zum Reich des Unsichtbaren.

[Rumi, Mathnavi: II: 3036–37]

Kapitel Vierzehn

Den Spiegel des Bewusstseins polieren

*Es gibt für alles eine Politur,
Und die Politur des Herzens ist das Gedenken an Gott.*

[Spruch des Propheten Mohammed, Friede und Segen auf ihm]

Moulana Jalaluddin Rumi sagte: „Lass deine Sorgen gehen, und sei ganz klarherzig, wie die Oberfläche eines Spiegels, die kein Bild enthält. Wenn sie leer von Formen ist, sind alle Formen darin enthalten. Kein Gesicht würde sich schämen, so deutlich zu sein."

Rumi erinnert uns daran, dass wir nur dann klaren Herzens sein können, wenn wir den Spiegel poliert haben. Der Spiegel des Bewusstseins kann von allen Bildern befreit werden, besonders von Bildern von uns selbst. Praktisch gesprochen kann der spirituelle Prozess als ein bewusstes Polieren des Spiegels des Bewusstseins verstanden werden.

Dieser Spiegel ist wie ein empfindlicher Bildschirm, auf dem unsere Gedanken, Wünsche, Ängste, Erwartungen und Konditionierungen erscheinen, und auf dem sich auch der Geist rein widerspiegelt. Wir alle haben den Satz vom „Fluss des Bewusstseins" gehört, ein vager und verwirrender Begriff, besonders wenn wir damit beschäftigt sind, den Fluss von all dem zu unterscheiden, das darin schwimmt. Wir sollten Bewusstsein als das Umfeld, und nicht als den Inhalt verstehen lernen. Bewusstsein wird manchmal in der Bedeutung von Inhalt des Bewusstseins verwendet, so wie in „ökologischem Bewusstsein". Aber wir können wissentlich den Inhalt dieses Bewusstseins—das, was im Spiegel des Bewusst-

Den Spiegel des Bewusstseins polieren

seins, oder der Wahrnehmung, bekannt ist—vom Umfeld unterscheiden, unseren Sinn des Bewusstseins selbst.

Nur durch Bewusstwerdung, sich des Umfeldes der Erfahrung bewusst sein, können wir den gewohnheitsgemässen Inhalt in unserem Bewusstsein erkennen. Wenn das menschliche Bewusstsein wie ein Spiegel ist, so ist dieser Spiegel normalerweise mit den Inhalten unserer Wahrnehmungen und unserer psychologischen Erfahrungen gefüllt. Weil es gewohnheitsgemäss mit Erfahrungen gefüllt ist, und weil unsere Aufmerksamkeit von diesen Inhalten so besetzt ist, wird der Spiegel selbst übersehen.

Eigentlich ist der Spiegel nur ein teilweises Bild für das menschliche Bewusstsein, weil anders als ein Spiegel, dieses Bewusstsein zusätzlich zu den physischen Empfindungen, viele Ebenen der Wirklichkeit reflektieren kann, so wie Gefühle, Gedanken, und feinere Wahrnehmungen wie die Intuition. Und es kann diese verschiedenen Ebenen wahlweise oder gleichzeitig wiederspiegeln. Es gibt viele verschiedenen Ebenen des Seins, aber jede Ebene nimmt an diesem Einen Sein teil.

In der Meditation lernen wir, unsere Aufmerksamkeit auf dem empfindlichen Bildschirm des Bewusstseins zu konzentrieren, anstatt von seinen Inhalten besetzt zu sein. Gedanken und Gefühle sind die Inhalte des Spiegels, nicht der Spiegel selbst. Im Ausmass, dass wir gefasst und wach sind, können wir sie als Bilder im Spiegel wahrnehmen.

Zusätzlich zu der Tatsache, dass wir in der Meditation mit unseren eigenen Gedanken- und Gefühlszuständen wie als ihre Spiegelung vertraut werden, lernen wir auch, den Spiegel zu leeren, wenn auch nur für kurze Momente. Es ist nur durch das Erlernen des Leerens des Spiegels von seinen oberflächlichen Inhalten, dass wir die tieferen Ebenen von uns selbst im Spiegel des Herzens entdecken können.

Jeder Mensch hat die Fähigkeit, viele Ebenen der Erfahrung kennen zu lernen. Alle Ebenen sind für uns offen, und diese sind viel grösser als normalerweise angenommen wird. Sie können im Spiegel des menschlichen Bewusstseins erfahren werden. Was jedoch normalerweise im Spiegel des menschlichen Bewusstseins erfahren wird, ist eine zufällige und unabsichtliche Auswahl von persönlichen Zwängen und kultureller Konditionierung.

Diese Fähigkeit zu Spiegeln ist begrenzt durch den Zustand des Spiegels. Seine reflektierende Eigenschaft wird durch Rückstände vermindert, die sich auf der Oberfläche ablagern: die Anzahl und Qualität unserer Bilder, Gedanken und Gefühle. Der Spiegel des reinen Bewusstseins wird durch Schichten von emotionaler und mentaler Konditionierung verdunkelt. So wie das Schleifen und Polieren ein Mineral oder einen Stein in ein spiegelndes Objekt verwandelt, so kann ein Mensch, der regelmässig den Spiegel sauber wischt, anfangen, das Licht des Seins selbst zu sehen. Der spirituelle Prozess kann als ein Lernen verstanden werden, von diesem Sein bewusst mehr und mehr zu spiegeln.

Wenn wir den inneren Spiegel ganz klären könnten, würde das Licht des Seins nach aussen als Licht gespiegelt, als Licht, das sich aus unseren Augen ergiesst.

Beim Polieren des Spiegels unseres Herzens wird offensichtlich, dass die wichtigste Schicht des Rostes unsere Zwänge und negativen Gefühlszustände enthält—die Anforderungen des falschen Selbst. Wir müssen diese negativen Zustände zuerst erkennen, respektieren und dann aufgeben. Wir lassen sie los, indem wir sie erkennen, und ihre Aufgabe ist ein kleiner Tod. Durch dieses Vorgehen des Loslassens in jedem Atemzug können wir vom zwangshaften Geist befreit werden, und wir erfahren eine neue Freiheit, mit einer neuen Tiefe und einer neuen Höhe.

Eines der ersten Dinge, die zu beobachten sind, ist die andauernde Anwesenheit von Mögen und Ablehnen, der zermürbende Zusammenstoss der Gegensätze. Andauernd ziehen wir ein Ding einem andern vor, und dies führt zu Ängstlichkeit und Ärger in verschieden Stärken. Wir sind normalerweise so stark damit beschäftigt, dass wir sie selten bemerken oder hinterfragen. So bleiben wir in unbewusster Gefangenschaft. In einem solchen Zustand gelingt es uns kaum gegenwärtig, offen und empfänglich zu sein, weil wir so stark mit den Inhalten des Spiegels verschlungen werden. Wir werden von unseren spirituellen Absichten, von unserem magnetischen Zentrum durch Bedürfnisse, durch Ver-

Den Spiegel des Bewusstseins polieren

nunftbetrachtungen, durch Selbstrechtfertigung, durch Zwänge und durch die Tyrannei der reagierenden Persönlichkeit verschleiert.

So ist zum Beispiel der Spiegel des Bewusstseins manchmal von einer zwanghaften Bedürftigkeit verdunkelt. Es gibt Leute, die andauernd gezwungen sind, die Aufmerksamkeit anderer zu suchen. Deshalb erzählen sie bei jeder Gelegenheit von ihren Problemen, von ihren Erfahrungen und ihre Meinungen. In einem solchen Zustand, in welchem solche Personen mit dem zwanghaften Bedürfnis ihrer Persönlichkeit beschäftigt sind, sind sie nicht empfänglich für das, was die umfassendere Wirklichkeit anzubieten hat. Ihr Spiegel ist von dieser überwältigenden Notwendigkeit, Aufmerksamkeit zu bekommen, verdunkelt.

Manchmal verdunkeln unterbewusste Bedürfnisse den Spiegel, der uns objektive Wahrnehmungen geben kann. Betrachten wir jemanden, der durch ein gewisses Aussehen des anderen Geschlechts sehr angezogen wird—einen gewissen Schwung der Augenbrauen, oder der Form der Nase—und deshalb für die offensichtlichsten Schwächen der Persönlichkeit des Besitzers dieser anziehenden physischen Eigenschaften blind ist.

Das Ego wird von den persönlichen Wünschen beherrscht. Das Ego gedeiht auf Vorlieben und Ablehnungen und von Vergleichen. Es zieht das vor, wovon es sich vorstellt, dass es seine Befriedigung und Sicherheit garantiert. So produziert es eine endlose Abfolge von Wünschen und Zurückweisungen, eine Ansammlung von Gefühlen, so wie Neid, Gier, Groll, Eigenwichtigkeit und Selbstmitleid. Weil das Ego völlig mit sich selbst beschäftigt ist—mit Konzepten, Meinungen und Gefühlen, und mit derer Befriedigung—verschliesst es sich vor der spirituellen Welt und vor dem grösseren Sein.

Das Ego weiss nicht, dass es schläft. Es beurteilt alles aus seiner eigenen Perspektive. Es hat eine eingebildete Welt ausserhalb der wirklichen Welt geschaffen.

Um die verschiedenen Ebenen zu entdecken, auf denen dieses Polieren geschehen soll, und wie der Spiegel selbst poliert werden kann, müssen wir die Schwelle überwinden, die zwischen unseren verzerrten Normen der Gesellschaft und jenem unbekannten Gebiet, dem echten Gebiet der Seele, steht.

In unserer eigenen Zeit sind unsere Spiegel durch Bilder aus der Kommerzwelt beschichtet: kaum ein Ort auf der Erde ist frei vom Schmutz der Werbung und kommerzieller Unterhaltung. Dies sind die Mittel der Gesellschaft, die uns hypnotisieren und versklaven. Kann eine Seele sich selbst entdecken, wenn sie mit dieser kommerziellen Kultur beschäftigt ist?

Im psychologischen Bereich kann psychisches Material (Gedanken, Gefühle, Vorlieben und Ablehnungen) den Spiegel verdunkeln. Ein zwanghafter Gedanke—zum Beispiel eine Kritik, die unbewusst wiederholt wird—kann zu einer Anhäufung von Konditionierung beitragen. Ungeprüfte Vorlieben und Zurückweisungen beschlagen das Herz mit Erwartungen. Sogar angenehme Gefühle, wie etwa Begeisterung, können ein Schleier über dem Herzen sein. Wir benötigen eine freie und unterscheidende Aufmerksamkeit und Wachheit.

Wenn wir immer wieder die Qualität unserer Gedanken betrachten, werden wir beginnen, uns selbst so zu kennen, wie wir tatsächlich sind. Wir können uns regelmässig fragen: Wie sieht unser inneres Leben wirklich aus? Wie stark werden wir von Ehrgeiz, Geheimnistuerei, Heuchelei und verzerrendem Verlangen kontrolliert? Ohne sich weder in Schuldgefühlen noch in gedankenloser Unschuld hinzugeben, können wir das Werk benutzen, um unser inneres Selbst von Konditionierung, Negativität und Heuchelei zu reinigen, damit wir fähig werden, echter, aufrichtiger und spontaner zu handeln. Das Werk ist dazu da, das Äussere mit dem Innern in Harmonie zu bringen.

Auf der Ebene der Beziehungen und der Ethik verschleiern alle zwangshaften Beziehungen, die Manipulationen von andern, und Handlungen, die zu grösserer Trennung führen, den Spiegel. Unsere Achtlosigkeit und Gedankenlosigkeit in ethischen Belangen und menschlichen Beziehungen nehmen uns gefangen und verstricken uns. Alle unsere Beziehungen sollten von bewussten Überlegungen und von einem empfindsamen Herzen beherrscht werden. Dies sind die Schlüssel zum Gewissen.

Den Spiegel des Bewusstseins polieren

In der materiellen Welt können unsere Tätigkeiten mehr oder weniger ordentlich und harmonisch erscheinen. Dies verlangt Aufmerksamkeit für unsere Absichten. Wenn unsere Absicht klar und sinnvoll ist, und wenn sie regelmässig erinnert und bestätigt wird, wird sich bei der Verwirklichung unserer Absichten eine geistige, gefühlsmässige und praktische Integration ergeben. Eile, Achtlosigkeit und Zerstreuung werden vermindert. Wir alle haben Aufgaben und Funktionen zu erfüllen—ethische, psychologische, spirituelle. Das Polieren des Spiegels des Bewusstseins lässt die Klarheit unserer Beziehungen bei jeder Aufgabe grösser werden.

Wenn wir uns dem nähern, was wir den gesunden menschlichen Zustand nennen können—frei vom zwanghaften Ego—beginnen wir deutlicher zu sehen, dass sogar unsere Gedanken wie Staub auf dem Spiegel sind. Wenn wir dazu gelangt sind, unser Sein zu kennen, sehen wir, dass es grösser und weiter ist als der Raum, der früher vom Denken allein besetzt wurde. Tatsächlich sind Gedanken für sich alleine kein Problem, nicht mehr als Sinneswahrnehmungen wie Sehen, Hören oder Schmecken. Wenn wir lernen, für all diese Eindrücke gegenwärtig zu sein, wenn wir bewusst sind, wenn wir in unserem eigenen „Ich" gesammelt sind, verstärken wir die göttliche Gegenwart in der Welt. Das Wichtige daran ist, dass wir nicht zulassen, dass diese Eindrücke unsere Gegenwärtigkeit auslöschen, sondern dass wir uns mit jedem Atemzug daran erinnern, auf das Sein ausgerichtet zu bleiben.

Ist dies das Unmögliche fordern? Können wir die Gedanken vom Spiegel wegpolieren und zu dieser einfachen Gegenwärtigkeit werden? Können wir so spiegelnd werden, dass unsere Gedanken diese Klarheit und Licht aufzeigen?

Es ist das Werk der Gegenwärtigkeit, die getrennten Teile, die verschiedenen Ebenen miteinander zu verbinden—von den physischen Energien, hindurch die empfindsamen und bewussten Energien, bis zu den Ebenen der schöpferischen, kosmischen und vereinigenden Energien. Es gibt viele verschiedene Welten: die Welt der Mineralien, die Welt der Natur, die Geschäftswelt, die mentale und gefühlsmässige Welten, die Welt der Kreativität, die spirituelle Welt und die Welt der Einheit.

Lebende Präsenz

Die grossen Propheten waren gekommen, um die Menschheit an die wirkliche Welt zu erinnern, jener Einheit zwischen den Teilen und dem Ganzen, der Einheit all dieser Teile mit dem Ganzen, der Einheit all dieser verschiedenen Ebenen, die einen Funken der Liebe auf der höchsten Ebene ermöglicht, um auf anderen Ebenen so vieles zu erschaffen und zu offenbaren. Die Propheten sind auch gekommen, um von den Wirkungen der Handlungen zu warnen, die mit der wirklichen Welt nicht in Harmonie sind. Die Propheten sagten, dass um ganz Mensch zu sein, es heisst, bewusst zu leben, in Gegenwart des Göttlichen auf den vielen Ebenen des Seins. Wenn wir uns von diesem Ganzen abtrennen, wenn wir den Respekt und die Liebe für den Einen verlieren, fallen wir in die Zerstückelung und in die Konflikte.

Unser falscher Sinn der Trennung und unsere anhaltende Sklaverei von Mögen und Ablehnung verschleiern uns vor dieser wirklichen Welt. Diese Welt und die weltliche Gesinnung beruhen auf einer falschen Trennung. Wir können zwischen Illusion oder Wirklichkeit wählen, abhängig davon, ob wir beschliessen, unsere Spiegel zu polieren.

In der höheren Welt des Geistes ist der menschliche Geist ein Zeuge. Der Spiegel dient dem Bezeugen von nicht nur der äusseren, sichtbaren Welt, sondern auch der inneren und unsichtbaren Welten, in denen die spirituellen Eigenschaften innewohnen. Auf der empfindsamen Leinwand unserer eigenen Bewusstheit erblicken wir Augenblick für Augenblick, und Blitz für Blitz die Erscheinungen von unendlicher Schönheit, und jene Schönheit braucht nie vom Spiegel abwesend zu sein. Das, was in einem gegebenen Augenblick auf dem Spiegel erscheint, ist ein Geschenk und sollte nie unterschätzt oder als selbstverständlich angenommen werden. So wie wir Konditionierung, Konzepte und das falsche und reagierende Selbst wegpolieren, so ist dort das Gesicht der Wirklichkeit, wohin wir uns auch immer wenden. „Es gibt für alles eine Politur", sagte Mohammed, (Friede und Segen auf ihm), „und die Politur für das Herz ist das Gedenken an Gott".

KAPITEL FÜNFZEHN

Inneres Hören

Denn um zu sprechen, muss man zuerst hören, komme du also über das Gehör zur Sprache.

[Rumi, Mathnavi I: 1627]

Es ist möglich, das Gehirn neu zu strukturieren, so dass es mehr absichtliches Bewusstsein gibt. Dies wurde das Polieren des Spiegels genannt, das Aufwachen aus dem Schlaf, das Pflegen des Zeugen, und das Entwickeln des wirklichen „Ichs". Durch die Veränderung des Energieniveaus des Gehirns können wir eine andere Art von Gehirnfunktion aktivieren—eine feinere Aufmerksamkeit, die über Routine, gewohnheitsmässigem Denken, Fühlen und Verhalten steht.

Diese Gegenwärtigkeit—dieser bewusste und hörende Geist—öffnet nicht nur ein Fenster auf unsere Erfahrungen, sie verbindet uns auch mit dem Ursprung des Willens. Aufmerksamkeit kann die erste Handlung des Willens genannt werden. Sie erstellt die Beziehung zwischen Betrachter und Erfahrung, sie hebt das Niveau von der Erfahrung an und verwandelt einen biologischen Automaten in ein empfindsames Wesen. Diese Empfindsamkeit ist es, die den Unterschied macht zwischen dem sogenannten scheinbaren Wachzustand und der Erfahrung von Leben als ein Geschenk.

Beinahe jeder Mensch hat im Leben Bereiche, in denen er oder sie eine empfindsame Bewusstheit entwickelt hat. Einige Leute finden sie in der Malerei, einige im Ballspiel, andere darin, dass sie Leute treffen, und noch weitere in der religiösen Verehrung. Aber wenige Menschen vermögen es, den frischen Aspekt des

Lebende Präsenz

empfindsamen Bewusstseins durch die Umstände ihres täglichen Lebens aufrecht zu erhalten. Stattdessen sind sie mit Routinen und Gewohnheiten zufrieden.

Wenn wir von der passiven zur aktiven Aufmerksamkeit wechseln, findet eine Veränderung in den Schwingungen statt. Wenn unsere Aufmerksamkeit passiv ist, reagieren wir nur auf zufällige Anstösse aus unserem Umfeld und innerhalb unserer eigenen Psychologie. Wir sind von den verschiedenen Anforderungen, die unsere Aufmerksamkeit besetzen, geschwächt und zerstückelt.

Eine aktive Aufmerksamkeit hingegen erlaubt uns ganzheitlich und empfänglich zu sein, indem wir mit dem Ursprung des Willens verbunden sind, mit einem Wollen, mit bewusster Ichheit, mit einer einheitlicheren und harmonischeren Gegenwärtigkeit. Eine Veränderung hat auf der Energieebene stattgefunden. Diese aktive Aufmerksamkeit erzeugt mehr und mehr Energie ihrer eigenen Art, und sie bringt zunehmende Freiheit von den Vorgängen in unserem Geist. Sie erlaubt uns, deutlicher in unsere Gedanken hineinzuhören und unsere Gefühle zu spüren. Es ist der Anfang unserer Selbsterkenntnis.

Durch diesen Prozess werden wir von der Knechtschaft durch gewohnheitsbedingte Gedanken und Gefühle befreit. Viele unbewusste Beweggründe—so wie Neid, Groll und Angst—verlieren so einiges von ihrer Macht über uns. Wir werden aus der Dunkelheit herausgeholt und ins Licht des Bewusstseins gebracht, wo gefühlsmässige Widersprüche gesehen und aufgelöst werden können, und wo sinnlose Gedankenmuster verstanden werden und mit ihnen gearbeitet werden kann.

Das Hören unseres inneren Redens sollte zuerst innerhalb des Kontextes der Meditation geübt werden, wo es unter relativ kontrollierten Bedingungen erfahren werden kann. Unseren Gedanken zuzuhören ist verschieden von den Kommentaren darüber. Bewusstes Hören ist nur mit einem erhöhten Bewusstsein möglich. Die inneren Kommentare, mit denen wir voll sind, sind ein Beispiel der Beurteilung von Gedanken durch Gedanken, ein Teil des intellektuellen Geistes, der einen andern Teil kommentiert. Dies geschieht normalerweise in unserer täglichen Routine, und er ist einfach das Ergebnis unseres Geistes, der aus vielen einzelnen Teilen besteht, jeder einzelne Teil davon hat seine Meinungen und Urteile über die anderen Teile.

Bewusstes Hören findet auf einer anderen Ebene statt, von einem Standpunkt, aus dem das Denken, das Fühlen und das Handeln beobachtet werden kann. Wenn wir dieses Hören üben, wenn wir still und ruhig sind, nur auf die Aufgabe des Hörens konzentriert sind, werden wir sehen, wie wir uns aus der Identifikation mit dem Denkprozess in Richtung von Bewusstwerdung bewegen, ziemlich frei von Gedanken. Gelegentlich haben wir sogar einen Augenblick, in dem wir den Vorgang des Denkens selbst beobachten können.

Wenn wir dies genügend geübt haben, um dies zu erkennen, können wir versuchen, noch mehr von diesem Hören mitten ins Leben hineinzubringen. Gelegentlich werden wir uns selbst am Ende eines Denkprozesses des Denkens erwischen und daraus ähnlich wie aus einem Traum erwachen. So viel unserer wachen Zeit wird mit der unbewussten Identifikation mit dem Denkprozess verbracht, ohne Verbindung mit dem gegenwärtigen Augenblick und seiner Situation, wir leben in unseren Köpfen.

Wenn wir den Beobachter in uns selbst gepflegt und entwickelt haben, werden wir Augenblicke bemerken, in denen unsere geistigen Prozesse nicht schöpferisch oder harmonisch funktionieren. Dieser Beobachter kann anfangen zu sehen, wo und wann wir Groll und Ärger in der Gestalt von gewohnheitsmässigen Klagen haben, wenn wir uns in Selbstmitleid und Selbstverurteilung hingeben, oder wenn wir alte Lieder mit negativen Themen abspielen.

Wenn wir unser inneres Reden beobachten, werden wir sehen, dass unser tägliches Denken sich nur um wenige verschiedene Themen gruppiert. Ein Ereignis, ein Gespräch, ein Lesestoff, sie werden im Verstand einen gewissen Nachhall auslösen. Eine schwierige Situation wird in unseren Gedanken ein Echo von erstaunlicher Beharrlichkeit erzeugen, und dieses Echo wird andere Erfahrungen, die nichts mit dem auslösenden Ereignis zu tun haben, verzerren, oder sie zumindest färben. Dies ist eine Art und Weise, wie wir die Vergangenheit auf ungeeignete Weise in die Gegenwart bringen. Eine unangenehme Erfahrung bei der Arbeit kann so nach Hause gebracht werden. Schwierigkeiten mit einem Familienmitglied können sich auf Beziehungen ausserhalb der Familie auswirken. Ein gewisses Gedankenmuster, das in einer bestimmten Situation angeregt wird, kann in eine andere hinein fortdauern, und dies macht es schwieriger, die Situation so zu erkennen, wie sie ist.

Wenn wir zum Beispiel mit einer Sorge stark beschäftigt sind, saugt sie den grössten Teil unseres Bewusstseins auf. Im Ausmass dieses Vertieftseins, dieses Aufsaugens des Bewusstseins, sind wir vom gegenwärtigen Augenblick abwesend. Man stelle sich vor, dass während ich an der Arbeit bin, ich die Nachricht wegen nicht vorgesehenen Kosten erhalte, und ich mache mir darüber Sorgen, wie ich diese bezahlen soll. Wenn ich dann heimfahre, drehen sich meine Gedanken um dieses Problem. Ich fahre unbewusst und automatisch. Ich trage diese innere Beschäftigung in mein Haus und vielleicht erscheine ich für andere abweisend und weder geniesse ich wirklich ihre Gesellschaft, noch schenke ich ihnen meine echte Aufmerksamkeit. Abhängig vom Grad meiner Selbsterkenntnis, bin ich mir vielleicht nicht bewusst, weder wie viel Zeit ich verloren habe, noch was es ist, was mein Denken besetzt. Mit anderen Worten kann es sein, dass viel davon auf einer unbewussten Ebene stattfindet. Nicht nur ist der gegenwärtige Augenblick verdunkelt, sondern auch die Inhalte meines Verstandes sind nicht bekannt, weil mein „Ich" so mit den Vorgängen beschäftigt ist. In diesem Zustand der Identifikation mit mechanischem Reden überwiegen negative gefühlsmässige Schlaufen. Die Lebenskraft ist gefangen, ein reichhaltiges Gefühlsleben und Spiritualität sind nicht möglich.

Aber nicht alle unsere inneren Dialoge sind unnütz oder negativ. Der Verstand scheint einige von diesen freien Verknüpfungen und automatischen Vorgängen zu benötigen, um Erfahrung zu verdauen, um alternative Verhaltensweisen in Betracht zu ziehen, und um Empfehlungen des tieferen Geistes

Inneres Hören

zu empfangen. Dieses eher unbewusste Funktionieren des Geistes ist ziemlich produktiv, wenn wir damit beschäftigt sind, Probleme zu lösen, wirkliche Fragen zu stellen, oder uns mittels schöpferischer Anstrengungen zu konzentrieren. In den meisten kreativen Prozessen, von Kunst bis Ingenieurwesen, gibt es eine Phase, in der genau angeschaut wird, was vorliegt, in der die Frage nach dem Notwendigen gestellt wird, wo die Frage präzisiert wird oder die Absicht geklärt wird—mit anderen Worten, wo alle notwendigen Hausaufgaben getan werden—und dann losgelassen werden, um sogar die ganze Sache zu vergessen. Dies ist die Situation, wenn der unterbewusste Geist seine versteckte und höchst schöpferische Arbeit tun kann.

Was ist in diesem Prozess der Platz des Zeugen oder des Beobachters? Vielleicht ist es auf der Stufe des Erfassens einer Frage oder einer Absicht, besonders in den Augenblicken, in denen es nötig ist, geduldig beiseite zu stehen, um die Situation deutlich zu sehen, um bewusst zu fragen, was benötigt wird. Nachdem die Hausaufgabe sauber gelöst ist, braucht der Beobachter nur hie und da zu kontrollieren, dass der Prozess in Richtung der ursprünglichen Frage oder Absicht weiterläuft. Wenn wir in einer wirklichen Frage und in einer Zielstrebigkeit leben, wird der ganze Geist viel eher harmonisch und schöpferisch funktionieren.

Mehr und mehr werden wir anfangen, Erfahrungen reiner Gegenwärtigkeit zu erfahren, frei von Gedanken. Wenn wir uns dem Leben ohne vorgefasste Meinungen, ohne den Schleier von gewohnheitsbedingen Gedanken öffnen, werden wir das Sein wahrnehmen. Unsere Gehirne wurden durch die Evolution dazu programmiert, Unterschiede wahrzunehmen. Das Sein ist allerdings grundsätzlich ohne Veränderungen und ewig, und es kann daher vom Gehirn leicht ignoriert werden. Aber wir können unsere Aufmerksamkeit trainieren, das Sein gleichzeitig mit den wahrgenommenen Unterschieden und Veränderungen zu erkennen. Wenn wir lernen, dieses Bewusstsein des Seins mit einzuschliessen, werden wir stärker im gegenwärtigen Augenblick leben. Vor dem Hintergrund dieses Seins oder dieser Gegenwärtigkeit werden unsere Sorgen und Obsessionen für uns deutlicher, und wir können besser mit ihnen arbeiten, vorausgesetzt, dass wir das Wissen und den Willen dazu haben.

Durch bewusste Gegenwärtigkeit öffnet sich in uns ein bestimmter psychologischer Raum, und wir beginnen, anders zu leben. Anstatt dass Gedanken ein weitgehend unbewusster Prozess sind, der unsere Aufmerksamkeit und Gegenwärtigkeit aufsaugt, werden sie schöpferisch und wirksam. Dieser neue Prozess erkennt Möglichkeiten und baut Bilder auf. Bewusstes Denken öffnet Kanäle, verbindet Menschenherzen, und es heilt. Als Eigenschaft der Essenz ergänzt das Denken die Verbindung zwischen der unsichtbaren Welt der Möglichkeiten und der manifesten Welt der Formen.

Wenn wir unser Leben ausnutzen wollen, während wir in diesem physischen Körper sind, werden wir lernen, Gedanken bewusst zu nutzen, statt von ihnen benutzt zu werden. Wir werden etwas in uns finden, das über die Gedanken hinausgeht, und wir werden uns damit befreunden. Wir werden mehr und mehr in einer Welt des Geistes leben.

Diese einfachen Übungen der Selbstbeobachtung tragen dazu bei, eine andere Qualität des Seins in uns zu entwickeln, einen Zustand von wahrem Selbstbewusstsein und der Identifikation mit dem Geist.

KAPITEL SECHZEHN

Der Tanz der Persönlichkeit

Das Buch der Sufi ist nicht aus Tinte und Buchstaben;
Es ist nichts als ein Herz, so weiss wie Schnee.

[Rumi, Mathnavi II: 159]

Der menschliche Geist hat zwei Hauptabteilungen: die eine beruht auf einer beschränkten Wahrnehmung, die den Intellekt, die Gefühle und die Sinnesempfindungen einschliesst; und die andere, eine sich ausdehnende Dimension, die viele verschiedene feine Fähigkeiten umfasst. Der eine Teil des beschränkten Geistes, den wir Ego oder das niedere Selbst nennen können, wird von der Vernunft und von Wünschen beherrscht. Die sich ausdehnende Dimension, die wir Seele oder höheres Selbst nennen können, ist spontan in Verbindung mit dem Göttlichen.

Das niedere Selbst kann so verstanden werden, als dass es den Intellekt oder den Verstand, die Gefühle und den Sinn des Selbst erzeugt, das Ego. Die Persönlichkeit ist nur ein Teilaspekt von diesem Ego-Selbst.

Die Persönlichkeit umfasst all unser antrainiertes Betragen, unsere Vorlieben und Ablehnungen, unsere Art, sich auszudrücken, dies im Unterschied zu unseren angeborenen und ererbten Fähigkeiten. Die Persönlichkeit ist ein Produkt der Konditionierung und Erziehung. Wir erlernen sogar unsere negativen Gefühle durch Nachahmung, was der Grund ist, warum sogenannt zivilisierte und kultivierte Leute manchmal ein breites Repertoire von negativen Verhalten und Gefühlen äussern können. Einfachere

Lebende Präsenz

Menschen, vielleicht aus ursprünglicheren und traditionelleren Gesellschaften, können hingegen sowohl in ihrer Freude wie auch in ihren Enttäuschungen eher unkompliziert sein.

Die Persönlichkeit ist etwas, das wir zwecks Verbindung zu unserem Umfeld entwickeln. Ich *bin* eine Seele, ein Bewusstsein, und ich *habe* einen Körper, und ich habe auch eine Persönlichkeit. Wie der Körper müssen wir uns in dieser Welt zurechtfinden. Die Persönlichkeit wird erworben und ist ein künstlicher Komplex von Gewohnheiten, wie wir mit anderen Menschen in Beziehung stehen. Wir pflegen mit anderen Menschen Beziehungen durch gewisse Rollenspiele, und diese haben die Tendenz, die Kontrolle zu übernehmen. Wenn wir also lernen, uns selbst und andere zu beobachten, sehen wir, wie wir in verschiedene Rollen schlüpfen, wie wir zu anderen Menschen werden, abhängig davon, mit wem wir es zu tun haben, und wie unsere Situation ist. Eine Person ist in einer spirituellen Gruppe scheu und zurückhaltend, aber mit etwas Alkohol und etwas Musik ist sie plötzlich bereit, sich auszuziehen und auf dem Tisch zu tanzen. Eine andere Person zeigt sich mit Fremden warmherzig und freundlich, wird aber plötzlich mürrisch und zurückgezogen in näheren Beziehungen. Eine weitere Person ist in der Geschäftswelt rücksichtslos und unpersönlich, aber süss und nachsichtig mit einer Hauskatze.

Jeder von uns ist ein Paket von Unterpersönlichkeiten. Wir spielen mehr oder weniger unbewusst verschiedene Rollen, abhängig davon, mit wem wir sind, ob wir der anderen Person trauen, ob wir etwas bekommen wollen, und ob wir beeindrucken oder angenommen werden wollen. Wir identifizieren uns mit diesen verschiedenen Persönlichkeiten. Wir verlieren uns und unsere Aufmerksamkeit in ihnen. Oft benutzen wir die Persönlichkeit, weil wir das Gefühl haben, uns schützen zu müssen und Konflikte vermeiden zu wollen, mit all ihren gesellschaftlichen Regeln und kleinen Lügen, um mögliche Probleme zu vermeiden oder zu umgehen. Als zivilisierte und wohlerzogene Leute haben wir viel Persönlichkeit in der Form von Gewohnheiten und Konventionen, von Verhaltensregeln und von Schichten der gesellschaftlichen Programmierung erworben. Weil wir mit

Der Tanz der Persönlichkeit

dieser erworbenen Persönlichkeit so viel Zeit in der Beziehung mit anderen Menschen verbringen, vergessen wir, was eine echte Beziehung sein kann. Zum Beispiel, wenn wir unter Druck sind und uns stark bemühen Dinge zu erledigen, können wir andere als ein Hindernis auf unserem Weg sehen. Und wenn wir in der Beziehung zu anderen Leuten diese als Gegenstände sehen, werden wir selbst zu Maschinen mit automatischen Routinen und Programmen.

Wir müssen unsere Herzen nicht auf den Händen tragen, oder darauf beharren, dass völlige Offenheit in der Gesellschaft immer wünschenswert sei. Die tieferen Ebenen des Herzens sollen nur dann mit andern geteilt werden, wenn ein gewisses Vertrauen vorhanden ist, und Offenheit ist nicht immer angezeigt. Das Herz braucht einen Türsteher, und auch dies ist die Aufgabe einer unterscheidenden Persönlichkeit.

Einige Leute gefallen sich im Spiel ihrer Persönlichkeiten— in der Wechselwirkung ihres gesellschaftlichen Selbst mit jenem von andern. Wenn dieses Spiel sich aus unserem Bewusstsein heraus entwickelt, kann es voller Leben, Freude und Humor sein. Aber wenn es nur eine Wechselwirkung der Schalen ist, ist das ein echter zwischenmenschlicher Kontakt? Ist die Persönlichkeit in sich selbst eine Form von Lebendigkeit, oder ist sie eine Form von Gewohnheit und mechanischem Verhalten? Können wir in unseren Beziehungen je irgend eine Form von Persönlichkeit entfliehen? Ist es nicht die wichtigste Tatsache, dass die Persönlichkeit Geist manifestiert, statt diesen zu ersticken?

Wenn die Persönlichkeit eine nichtuntersuchte und unbewusste Gewohnheit ist, die unsere Beziehungen beherrscht, wird das Leben und der Geist in uns erstickt. Wir werden zu Robotern mit einem beschränkten Satz von Erfahrungen, auch wenn einige davon aufregend sind. Aber wenn wir die Seele aufwecken, den Beobachter in uns, können wir anfangen, die Gewohnheiten und Eigenschaften unserer Persönlichkeit wahrzunehmen. Leider, sobald wir einander in einer Beziehung beggnen, verschwindet unsere Gegenwärtigkeit oft, und die Gewohnheiten unserer Persönlichkeit gewinnen wieder die Oberhand. Aber diese Augenblicke, in denen wir einen Blick auf uns selbst erhaschen, besonders in einer Beziehung, können wir anfangen zu unterscheiden, was wirklich und mit unserem inneren Selbst verbunden ist, und was eher künstlich ist. Hat sich meine Persönlichkeit aus meinem zu grossen Selbstbewusstsein entwickelt, oder wird sie von geringer Selbstachtung eingeschränkt? Nehme ich mich selbst zu wichtig, oder unterschätze ich mich aus Gewohnheit? Trage ich eine Maske der Unnahbarkeit, oder gehe ich in alle Beziehungen mit einer ungewöhnlichen Aufgeregtheit? Wir können diese unbewussten Erscheinungen der Persönlichkeit nur von einem anderen Standpunkt aus wahrnehmen, ein Standpunkt, der hinter der Fassade der Persönlichkeit liegt.

Wir würden gut daran tun, uns selbst über die Ursprünge unseres Verhaltens zu hinterfragen. Kommt es aus den mechanischen Gewohnheiten der Persönlichkeit, oder wird es spontan durch das Herzen geleitet?

Das Studium der Persönlichkeit ist das Studium des niederen Selbst. Vielleicht gibt es einige seltene Individuen, die in einem idealen Umfeld mit reifen und erleuchteten Eltern erzogen werden, Menschen, die die Möglichkeit hatten, eine ausgeglichene Persönlichkeit zu entwickeln, geprägt von Freundlichkeit, Offenheit, Vertrauen, Grosszügigkeit, Geduld und andern Qualitäten des Wesens. Aber was ist mit der grossen Mehrheit, die einen gehörigen Anteil von Unsicherheit, Argwohn, Neid, Eigennutz und Ungeduld in sich tragen?

So betrifft viel von unserer Arbeit das niedere Selbst, das Ego und den Verstand, einschliesslich der Persönlichkeit. Wir müssen uns nicht um die Seele, das wesentliche Selbst, bemühen; es gibt mit der Seele nichts anderes zu tun als mit ihr Verbindung aufzunehmen, auf sie zu hören, und sich ihrer Führung bewusst zu werden. Es ist die Persönlichkeit, die Hilfe und Schulung braucht, aber sie kann nur vom wesentlichen Selbst, der Seele, ausgebildet werden. Mit Aufmerksamkeit kann ich das, was ich habe, gebrauchen und ausrichten. Wie ein Kunstmaler kann ich die Farben auf meiner Palette verstärken. Welche Farben ich wähle, hängt von den Bedürfnissen des Augenblicks ab. Die Seele, welche

Der Tanz der Persönlichkeit

ein Strahl des Geistes ist und die Eigenschaften von Bewusstsein, Liebe und Willen in sich trägt, kann die Persönlichkeit führen.

Die Persönlichkeit kann ein Diener der Seele sein, oder sie kann die Seele wieder in der Bedeutungslosigkeit verschwinden lassen. Wir können unser Leben aus unserem Seelenbewusstsein mit der Persönlichkeit als Trägersubstanz gestalten, oder wir können es aus der Persönlichkeit der anerzogenen gesellschaftlichen Normen allein leben, was bedeutet, dass wir uns auf das Leben oberflächlich und mechanisch beziehen.

Die Persönlichkeit kann entweder ein Mittel zur Verbindung in Solidarität mit anderen Menschen sein, oder ein Vehikel, das uns von andern durch ihre Gewohnheiten der Grobheiten, Ausschliesslichkeit, Oberflächlichkeit, Verurteilungen und Vergleichen trennt. Wir können jene Art von Mensch sein, die mit andern harmonisch ist und mit ihnen fruchtbare Beziehungen pflegt, oder wir können entfremdend, ausschliessend, neidisch, rücksichtslos und argwöhnisch sein und Menschen als „andere" bezeichnen und sie als Objekte sehen.

Das Vorbild von jenen Menschen, die ihre Vertrautheit mit Gott verwirklicht haben, kann ein Modell für das Verhalten und Betragen ergeben, durch das wir unserer moralischen und spirituellen Gesundheit versichert sind.

Jesus (Friede und Segen mit ihm) sagt: „Die Sanftmütigen (nicht die Lammfrommen) werden die Welt erben." Das griechische Wort für Sanftmut bedeutet auch „Wohlerzogen". Es ist für uns sinnvoll, die Impulse der Persönlichkeit und das zwanghafte Ego in unseren Beziehungen zu beobachten. Wir müssen sehen, wie daraus Disharmonie entsteht und unsere inneren Zustände im Augenblick der Handlung beobachten. Harmonie ist möglich, wenn wir uns von uns selbst entleeren.

Mohammed (Friede und Segen mit ihm) sagte: „Ich kam zu vollkommenen moralischen Tugenden". Das Beispiel seiner Rede und Handlung, gewissenhaft festgehalten und aufbewahrt, bleibt ein nachhaltiges Modell für einen grossen Teil der Menschheit. Jeder Mensch, im Ausmass seines Unwissens, sieht sich Unsicherheit, Verfremdung und Krankheit gegenüber. In dieser Welt entgehen wir den rechtmässigen Folgen unserer Handlungen nicht. So wie wir von ungesundem Essen krank werden, so werden auch unser Reden und Handlungen ihre Folgen haben. Es ist nützlich, sich an einen anderen Spruch von Mohammed zu erinnern: „Gott gibt jenem einen hohen Rang, der in allem sanftmütig ist."

Wir müssen nicht weit suchen, um Beispiele von Anarchie der Unwissenheit zu finden. Im Ausmass, dass das menschliche Betragen aus Egoismus, Selbstsucht, Gier, Angst und Lüge entsteht, sind Beziehungen chaotisch, die Einzelnen sind miteinander verfeindet, und die Gesellschaft selbst ist ungesund.

Wechselseitige Abhängigkeit ist eine lebendige Übung. Höflichkeit, gutes Betragen und richtige Handlungen sind der Ausdruck einer Praxis, die eine Gemeinschaft ihren Ausdruck finden lässt. Dies ist kennzeichnend für den Weg der Liebe.

Diese Praxis beginnt mit Respekt. Wir können den Teppich respektieren, auf dem wir gehen, die Tasse, aus der wir trinken, die Kerze, die Licht bringt. In früheren Zeiten würde ein Derwisch eine Kerze nicht „auslöschen"; er würde sie „zur Ruhe bringen". Ein Derwisch, im Wissen, dass das Wort *dervish* auch „Schwelle" bedeutet, hält immer in Gedenken inne, bevor er darüber tritt. In diesem Respekt für die unbelebte Materie liegt die Anerkennung einer Identität zwischen dem Beobachter und dem, was beobachtet wird. Obwohl die materielle Welt nicht als schlussendliche Wirklichkeit gilt, wird sie als eine Erscheinung des Geistes betrachtet und ist daher des Respekts würdig.

Wenn die materielle Welt unsere Dankbarkeit und unsern Respekt verdient, wenn der Sufi das Teeglas küsst, aus dem er getrunken hat, wie viel mehr Respekt verdienen die anderen Geschöpfe und Wesen? Es gibt da eine Geschichte von Hazrati Ali, der enge Begleiter von Mohammed, der eines Tages spät zum Morgengebet kam. Der Prophet, der das Gebet leitete, wollte gerade anfangen, als der Engel Gabriel erschien und ihn bat, noch etwas länger zu warten. In diesem Augenblick war Ali auf dem Weg zur Moschee und befand sich hinter einem alten Juden. Aus lauter Respekt vor dem Alter dieses Mannes wollte Ali ihn nicht auf der Strasse überholen. Wegen diesem Respekt sandte Gott, der nicht wollte, dass Ali das Gebet verpasse, den Engel Gabriel, um den Anfang der Gebete zu verzögern.

Es wurde von Mohammed gesagt: „Bescheidenheit ist die erste Handlung der Verehrung." Innere Selbstlosigkeit zeigt sich in den Handlungen eines jeden. In traditionellen Kreisen wenden die Schüler ihren Rücken nicht dem Lehrer, Leiter, oder einer anderen Respektsperson zu, und sie strecken ihre Füsse nicht in die Richtung einer anderen Person aus. Eine rücksichtsvolle Person bietet ihren Sitz jedem Gast oder älteren Person an und berücksichtigt deren Wohlergehen zuerst. Auf diesem inneren Weg gilt es, gewisse Umgangsformen zu berücksichtigen, nie als reine Formalität, sondern im Gedenken an diesen grundsätzlichen Respekt.

Die Persönlichkeit kann entweder dienen, eine spiegelnde Lampe unseres Wesens zu sein—das Licht der Seele zu bündeln oder zu vergrössern—oder aber der Scheffel, der das Licht verdeckt. Jeder Mensch trägt einen Samen des Wesens in sich, der verwirklicht werden soll. Dieses Wesen hat keine Grenzen. Grenzen werden nur von den Umständen und Bedingungen seines Trägers gesetzt.

KAPITEL SIEBZEHN

Zusammentragen des zersplitterten Selbst

Die Erfahrung der eigenen Identität, oder „Ich", ist eine Quelle von Wundern, vom ersten Selbstbewusstsein in der Kindheit hin bis zum Ganzen des eigenen Lebens. Jedes „Ich" scheint einzigartig zu sein und hat seine eigene persönliche Geschichte. Die grösste Variable in der menschlichen Natur ist die charakteristische Eigenschaft dieses „Ichgefühls". Für einige ist dieses Gefühl eines der Verfremdung; für andere ist es die Vereinigung mit dem Leben. Für einige ist es das Gefühl der Selbstverachtung; für andere kann es tiefes Selbstwertgefühl sein. Das „Ich" ist ein Gefängnis, begrenzt durch gewohnheitsgemässe Gedanken und Gefühle, für andere ist es ein versteckter Schatz.

Spirituelle Erreichung ist eine fundamentale Umwandlung des „Ichs", von einer abgetrennten, beschränkten und eingeengten hin zu einer reichhaltigen und unendlichen Identität. Es ist eine Bewegung von der Abtrennung hin zur Vereinigung.

Einer der ersten Schritte in diesem Prozess ist die Beobachtung und das Verständnis unserer chaotischen und zerstückelten Natur des gewöhnlichen Selbst, und zu verstehen, dass eine sehr praktische Integration und Harmonie erzielt werden kann. Dieses integrierte Selbst ist der Tropfen, der den Ozean enthält. Im dimensionslosen Mittelpunkt unserer Identität ist das schöpferische Potenzial der Universellen Intelligenz.

Zusammentragen des zersplitterten Selbst

Zersplitterung

Wir sind ständig in Teilen, und doch wünschen wir, ganz zu sein. Wir sind zerstreut und wünschen uns doch, gesammelt zu sein, wir sind zerstreut und möchten doch ausgerichtet sein. Wir sind in einem solchen Ausmass zerstreut, dass wir unserem „Ich" bei jedem Anstoss nachgeben. Wir sagen „meine" Vorlieben oder Ablehnungen, „meine" Gefühle und „meine" Leiden, und so vermindern wir dieses „Ich" im Ausmass unserer momentanen persönlichen Reaktionen. Dieses „Ich" wird geschwächt und wird von allen diesen vorübergehenden Zuständen absorbiert. Zu einer Zeit ist es von einer zwangshaften und unbewussten Handlung absorbiert, ein anderes Mal von einer unbestimmten Angst. Von einem Augenblick zum nächsten bewegt es sich durch Vorlieben und Ablehnungen, durch verschiedene Beweggründe und Beschäftigungen. Seine Aufmerksamkeit bewegt sich schnell von der Beschäftigung durch das, was vor einem liegt, hin zu Tagträumen. Ein gewisser Sinn von „Ich" ist mit jedem dieser Ereignisse identifiziert, aber es gibt wenig bleibende Gegenwärtigkeit.

Wenn wir aus unserem Zentrum wegdriften, sind wir zerstückelt. Wenn unsere Aufmerksamkeit nur auf äussere Ereignisse reagiert, oder wenn sie von etwas beherrscht ist, verliert sie den Kontakt zu ihrer eigenen Quelle. Aufmerksamkeit ist eine heilige Fähigkeit, aber wenn sie sich zu dem hinziehen lässt, was sie am stärksten anzieht, hat sie keine eigene Kraft, sie ist nur eine passive Reaktion. Wenn die Aufmerksamkeit nicht mit dem Willen verbunden ist, so ist ein Mensch nicht vollständig ein Mensch.

Was kannst du mit Willen tun,
Das du ohne Willen nicht tun kannst?

Ich habe einen Freund, der zuverlässig unzuverlässig war. Wenn er anrief und sagte, dass er am Dienstag um 8 Uhr auf Besuch kommen würde, so konnte man sicher sein, dass er dann nicht auftauchen würde. So wie jede bewusst durchgeführte Entscheidung Willen bringt, so kostet jede vernachlässigte Entscheidung Willen. Nach und nach scheint das Leben durch

Lebende Präsenz

ein negatives Chaos kontrolliert zu werden—ein Chaos von Unordnung, Unfall, Krankheit, Schulden, Versagen, verpassten Gelegenheiten, und so weiter. Zu all dem mag man das Wort Freiheit *zuweisen. Auf eine Art und Weise war mein Freund die freieste Person, die ich kannte; er ging überall hin, wohin ihn der Wind blies. Von einem anderen Gesichtspunkt aus war er ein Sklave von Impulsen. Er fragte mich mal: "Was kannst du mit Willen tun, was du ohne Willen nicht tun kannst?" In diesem Augenblick, neben seinem bemalten VW-Bus stehend, hatte ich für ihn keine Antwort. Was kann man mit Willen tun, das man ohne Willen nicht tun kann? Ein Tag später kam mir die einfache und klare Antwort: Frei sein.*

Wenn wir den Kontakt zu unserem Sinn für unsere Absicht verlieren, verlieren wir auch unseren Zusammenhang. Unsre Gedanken, Gefühle und Handlungen werden zusammenhangslos, ja sogar widersprüchlich. Gefühle oder Beweggründe, die früher unsere Ziele unterstützten, verlassen uns und lassen uns hilflos und unentschlossen. Das Leben scheint ein fortwährender Kampf zu sein, der einer gewisse Anstrengung bedarf, nur um weiter zu machen. Diese Auseinandersetzung des Lebens ist weitgehend ein Kampf, um sich zu organisieren, einen Zusammenhang in uns selbst zu erstellen.

Die Zerstreuungen und Anforderungen des äusseren Lebens können unsere Gegenwärtigkeit vermindern. Alle vorübergehenden Freuden kommen an ihr unausweichliches Ende, und alle guten Absichten sind andauernd irgendwelchen Angriffen ausgesetzt. Wenn wir fortwährend auf Einflüsse von aussen reagieren, haben wir für das innere Leben wenig Kraft übrig. Weil wir verstreut wurden, müssen wir uns sammeln. Weil wir zerstückelt wurden, müssen wir ganz werden, uns selbst zu sammeln, und dadurch unser Licht stärker werden lassen. Niemand kann das Ego transformieren, bevor das Ego integriert wurde.

Das rituelle islamische Gebet, das eine Reihe von Körperhaltungen, eine mentale Anrufung, eine gefühlsmässige Anordnung und eine transzendente Bewusstheit integriert, kann ein schönes Beispiel für das Sammeln von Aufmerksamkeit sein. Die Kongruenz auf verschiedenen Ebenen, welche die Frucht von Sammlung und Rückbesinnung ist, führt zu innerem Frieden. Wenn dieser Frieden genügend Kraft gesammelt hat, kann er der Welt auf eine neue Art begegnen.

Sammlung

Die Erfahrung, gesammelt und stimmig zu sein, scheint von ausserhalb der Parade der vergänglichen Ereignisse zu sein. Sie dringt in unsere konditionierte Welt als eine momentane Erfahrung von Ganzheit ein. Sie zeigt sich als eine Zusammensetzung von geistigen, gefühlsmässigen und physischen Energien, die auf eine vereinheitlichte Art und Weise im gegenwärtigen Augenblick arbeitet. Wenn wir gesammelt sind erfolgt Einklang in unserem Betragen—in unserer Körpersprache, unserer Redeweise und in unserem Gefühlsklang. Wir geben nicht den Eindruck von Unstimmigkeit und senden keine mehrfachen Botschaften aus. Der Wille ist nicht zerstückelt.

Wir lernen, dass das Bewusstsein unseres Atems und unserer physischen Gegenwärtigkeit diese Sammlung stark unterstützen kann. Und wir lernen, dass die Identifikation mit einer einzelnen Funktion, wie etwa Denken oder Fühlen, den Verlust dieser umfassenden Selbstbewusstheit, die wir „Gegenwärtigkeit" nennen, bedeutet. Es ist dieses Sein ohne jene „ich bin" oder „Ichheit", die aus unserem tieferen Sein stammt, von jenseits des oberflächlichen Geistes.

Das wesentliche Thema ist hier, das der Mensch aus vielen Funktionen besteht: Körperempfindungen, Verhalten, Gefühle, Verstand, Psyche und Intuition. Wenn wir auf dem Energieniveau von funktionierenden Robotern oder Automaten leben, was unsere stark technologisierten Gesellschaften zu fördern scheinen, funktionieren wir auf mechanische und gewohnheitsmässige Art und Weise. Wenn wir auf einer höheren Stufe der einfühlsamen Energie funktionieren, was bedeutet, dass unsere Aufmerksamkeit stark auf das Erkennen von etwas ausgerichtet ist, dann ist fast die ganze Aufmerksamkeit in nur einer von vielen

Funktionen absorbiert. Wir mögen dann bewusst denken, spüren oder fühlen, aber es gibt kein umfassendes Bewusstsein.

Das Geheimnis zur Entwicklung eines integrierten Selbst ist, das Bewusstsein absichtlich auf mehr als eine Funktion aufs Mal auszudehnen. Jede Funktion, die in unsere Wahrnehmung kommt, fügt etwas Gleichwertiges zu unserer bewussten Existenz hinzu. Wenn wir, zum Beispiel, mit einem Gefühl völlig beschäftigt sind und uns unseres Atems oder unserer physischen Empfindungen bewusst werden, haben wir mehr Gegenwärtigkeit erzeugt. Wenn jene von uns, die hauptsächlich im Kopf leben, in wiederholtem und beschränktem Denken, so fügen beide eine Aufmerksamkeit von etwas Physischem, wie etwa unser Atem, und wir kommen dann in Berührung mit unseren Gefühlen, dann haben wir unsere Gegenwärtigkeit stark erweitert. Wir haben mehr Dimensionen. Statt einer eindimensionalen Person werden wir plötzlich zu einer drei- oder vierdimensionalen Person.

Eine Pyramide, deren Basis in ihren Ecken das Denken, das Fühlen und die sensorische Aufmerksamkeit hat, und auf ihrer Spitze befindet sich die bewusste Gegenwärtigkeit (auf einer andern Ebene), ist ein nützliches Modell für das integrierte Selbst. Alle Funktionen auf einer Ebene sind in diese Spitze integriert, und unsere Ganzheit hängt davon ab. Die allerpraktischsten Fähigkeiten wie auch die tiefsten Aspekte der Verehrung hängen von dieser Ganzheit ab. Im praktischen Leben entwickeln wir eine Meisterschaft, die uns von der tatsächlichen Anwesenheit eines „Ichs" gegeben wird; diese erweckte und ganzheitliche Ichheit wurde früher durch das erzieherische System der Zünfte erlernt, das Meisterhandwerker hervorbrachte, das praktische Handwerkskunst mit Treuepflicht, Bescheidenheit, Schönheit und spirituellen Werten integrierte. In unserem spirituellen Leben, mit diesem Zustand der Gegenwärtigkeit, betreten wir die Anwesenheit des Geistes mit mehr als einem Wohlgefühl; wir stehen mit liebendem Respekt und Achtung als ganze Menschen vor dem Gesicht Gottes.

Es gibt eine höhere und harmonisierende Kraft, wenn alle unsere Teile zusammengefügt werden. Manchmal kann diese harmonisierende Kraft durch Umstände erzeugt werden, etwa wenn uns ein starkes Gefühl vorübergehend erfasst. Aber wenn wir unsere Fähigkeit zur absichtlichen Integration aller Teile in ein vereinigtes Ganzes verstärken können, werden wir die Meister unserer selbst sein, statt Sklaven unserer Egos. Wenn wir uns in diesem dimensionslosen Punkt unserer eigenen Identität sammeln können, wird alles diesem Punkt, diesem „Ich", untergeordnet. Wenn sich dann dieses „Ich", diese Fähigkeit für Gegenwärtigkeit, entwickelt, wird es zu unserer Verbindung zum Unendlichen Leben.

Dies sind zwei praktische Ströme im Prozess der Sammlung und Mobilisierung des Geistes: Eine innere und eine äussere Bewegung.

Weil wir in Dinge, Gedanken und Gefühle verstreut wurden, können wir uns zuerst selbst innerlich bis zum Kern von uns selbst sammeln, zu jenem dimensionslosen Punkt, der im Kapitel „Das wesentlichen Selbst" beschrieben wurde. Somit ist der erste Schritt alle Aufmerksamkeit, alles Bewusstsein und allen Willen hin zu jenem nichtdimensionalen Punkt des Kontaktes mit dem Geist zu sammeln und in uns hineinzuhorchen. Wir können diesen Punkt nur in Nacktheit und Unwissenheit erreichen, und alle Gedanken, vollbrachten Leistungen und alle Macht hinter uns lassen. Ansonsten wird unsere Aufmerksamkeit in alle Richtungen und Dinge zerstreut.

Wenn wir unsere Aufmerksamkeit in der Meditation hin zu unserem Wesen gerichtet haben, werden wir aus uns selbst heraus verjüngt. Es ist in der Meditation nicht nötig, jenseits der Absicht sich zu sammeln, eine Ausrichtung oder eine Absicht zu haben. Aber früher oder später treffen wir auf die Notwendigkeit der Tat. Es ist erst nach der Erschaffung einer inneren Leere, dass wir uns wieder mit völliger Gegenwärtigkeit dem Äusseren zuwenden können.

Sammlung, die in die Handlung getragen wird, kann zu einem gewissen Grad die Absicht einschliessen. Wir können mit dem Bewusstsein der Stille beginnen, aber wenn wir jenes Bewusstsein ausdehnen wollen, müssen wir uns für eine sinnvolle Tätigkeit für uns selbst entscheiden. Sowohl der Beschluss wie auch dessen Ausführung sind die Frucht von dieser Sammlung und Mobilisierung. Wir können lernen, all das, was innerhalb unserer Aufmerksamkeit ist, zu sammeln und zu mobilisieren.

In diesem Zusammentragen werden alle äusseren Dinge eine Gedächtnisstütze des Seins selbst: Wohin auch immer wir schauen, da ist das Gesicht des Freundes. Mit der Zeit wird dieser Prozess kreisförmig—die Gegenwärtigkeit kommt in uns herauf und bewegt sich nach aussen, die äussere Welt wird bewusst erkannt, und durch unsere Aufmerksamkeit an ihren Ursprung zurückgeführt. Wir leben für den Geist, und der Geist trägt uns.

Holz hacken

In meinen ersten Jahren in diesem Werk, bei einer der seltenen Gelegenheiten, in denen ich einige Zeit im Hause des Lehrers meines Lehrers verbringen konnte, hatten einige Männer und ich nicht weit weg von einem Teich Holz gehackt. Der Meister hatte einige Goldkarpfen beobachtet, die sehr gross geworden waren. Er ging langsam mit einem Stock, noch immer eine beachtliche Gestalt mit seinen etwa achtzig Jahren, mit einem sauber rasierten Kopf und einer schwarzen Abdeckung über einem Auge, das er schon vor langem verloren hatte. Diese Fische würden aus der Tiefe an die Oberfläche schwimmen, besonders wenn man ihnen etwas zu fressen hineinwarf.

„Wenn ich meinen Verstand beobachte," sagte ich, „so sehe ich hauptsächlich eigenartige und unbekannte Gedanken, die an die Oberfläche kommen und wieder verschwinden. Ich habe wenig Kontrolle über das, was sie sind."

„Diese Beobachtung sollte erhalten bleiben", sagte der Meister, „du kannst mehr als das tun. Du kannst positive Gedanken sammeln und sie dorthin lenken, wohin du willst. Zum Beispiel kannst du dir Leute vorstellen, die deine positiven Gedanken benötigen und sie zu ihnen schicken." Meine Empfänglichkeit für das, was er mir angeboten hatte, war so vollständig, dass ich keine weiteren Fragen oder Bemerkungen hatte.

Später zerhackte ich ein besonders stures Stück Holz, das Scheit einer Ulme, das mir von einem der älteren Männer gegeben war, in der Annahme, so meine Vermutung, dass ich nicht wüsste, dass Ulme nur mit grosser

Zusammentragen des zersplitterten Selbst

Schwierigkeit gespalten werden kann. Ich hatte einmal zugeschlagen und zog die Axt mit viel Mühe aus der knorrigen Maserung, und bei weiteren Schlägen war das Herausziehen noch schwerer. Der Meister kam näher und sagte ruhig: „Hier ist ein Beispiel, worüber wir gesprochen haben. Du hast das Scheit einmal geschlagen. Kannst Du deinen Verstand sammeln, und die Axt genau in den ersten Spalt schlagen? Versuche es jetzt."

Ich sammelte mich und schwang. Sie traf einen Zentimeter rechts vom ersten Spalt.

„Versuche es nochmals."

Ich tat es, und die Axt traf jetzt einen Zentimeter links vom Ziel.

„Gut", sagte er, „es ist lange her, dass ich eine Axt geschwungen habe, aber überlass sie mir." Als er seinen Stock einem von uns überreichte waren wir sehr überrascht, das er ohne diesen stehen konnte. Er schwang die Axt und sie traf das Scheit.

„Jetzt zieh sie heraus", sagte er.

Als ich sie herausgezogen hatte, waren da nur drei Schnitte. Die Axt hatte offenbar den mittleren Schnitt genau getroffen.

„Jetzt versuche es nochmals, aber mit genügend Kraft, dass es spaltet."

Ich übernahm die Axt, und mit Zuversicht und Klarheit, die nie mein Eigen waren, schwang ich die Axt genau durch die Ulme und zwei Hälften fielen zu Boden.

KAPITEL ACHTZEHN

Geheimnisse des Körpers

Wir sind wie Bienen und die Körper wie Wachs;
Wir haben den Körper Zelle für Zelle wie Wachs gemacht.

[Rumi, Mathnavi I:1813]

Was bedeutet es, verkörpert zu sein? Und was ist es, das verkörpert ist? Wenn wir den Dualismus von Körper und Geist überwunden haben, diese eigenartige Auffassung, dass Körper und Geist miteinander wenig zu tun hätten, werden wir bewusst, dass unsere Gefühle und Gedanken den Köper beeinflussen können, und dass die Bedingungen im Körper den Zustand unseres Geistes beeinflussen können. Ich muss mich genau so um den Körper kümmern, wie ich mich um den Geist kümmern muss. Aber was ist dieses „Ich", das sich darum kümmert?

Auf der einen Seite, da bin „ich", andererseits ist alles—einschliesslich dieses „ich"—eine Manifestation der Einen Energiequelle von Allem Leben. Zu sagen, dass es kein Selbst gibt, ist nur insofern wahr, als wenn man sagt, dass da kein Auto, keine Blume und keine Erde sei. Alle diese Phänomene sind Aspekte dieses Ganzen. Etwas existiert, das individualisiert ist, und doch ist diese Individualisierung irgendwie im Ganzen integriert. Bin ich der Tropfen oder der Ozean? Beides. Ich bin der Tropfen, der den Ozean enthält, und der Tropfen, der sich mit dem Ozean vereinigen kann, und nach Belieben wieder der Tropfen sein kann.

Mein Lehrer würde sagen: „Du *bist* eine Seele, und du *hast* einen Körper." Es ist nicht die Persönlichkeit, die den Körper hat, sondern die transzendente Intelligenz hat einen Körper, eine Persönlichkeit und einen Geist. Es ist die Seele, die diesen Körpergeist harmonisieren kann.

Der Körper ist durch die schöpferische und kraftspendende Macht des Lebens aus den Substanzen der Erde gebildet. Er ist aus den Ländern und Meeren dieser Erde entstanden. Er ist wiederverwertetes Material. Die Seele benutzt diesen Körpergeist. Durch die Wohltätigkeit der Quelle des Lebens können wir berühren, riechen spüren, hören und sehen. Wir können unsere Hände in den Boden stecken und einen Garten anpflanzen. Wir können in den Wassern der Ozeane schwimmen. Wir können die Schönheit und die Bedeutung als Liebende auf dieser Erde erfassen. Unsere Körper gestatten uns, miteinander in Kontakt zu treten. Es ist für ein Kind schön, die Hand von Grosseltern zu nehmen, so wie es für einen jungen Mann schön ist, die Brust einer jungen Frau zu spüren. Es ist schön, das Leben in einem andern Körper zu umarmen und zu fühlen. Es ist schön, sich hinzuknien und den Boden in Verehrung zu küssen.

Manchmal aber sind wir an unsere Körper versklavt, so wie wir an unser Ego versklavt sein können. Dies ist so, weil der Körper der Erzeuger von Verlangen ist, und daher Egoismus und Trennung erzeugt.

Der Körper wird in vielen von Menschen gemachten Glaubenssystemen gefürchtet, aber kein Prophet hat ihn je verunglimpft. Buddha befürwortete den Mittleren Weg zwischen Askese und Nachsicht. Jesus wusch die Füsse seiner Jünger! Mohammed sagte: „Dein Körper hat Rechte auf dich." Aber die Nachfolger erfanden ihre eigenen Glaubenssysteme, die den Körper straften und schwächten, statt die Seele zu stärken.

Heute, als Folge dieser Geschichte der Unterdrückung gibt es eine Tendenz der rückläufigen Entwicklung zurück zum Körper, wie wenn der ganze Ausdruck der Seele durch die Behandlung des Körpers erscheinen würde. Vielleicht können die neuen Körpertherapien eine Korrektur zur Unterdrückung des Körpers liefern, welche in der westlichen Welt stattfand. Aber die erweckte Seele kann nicht auf körperliches Wohlergehen reduziert werden, noch ist die Intelligenz des Körpers die ganze Intelligenz, so vorzüglich sie auch sei.

Der Geist liebt den Körper. Aber wenn der Körpergeist die Seele verdeckt, ist weder Körper noch Seele glücklich. Es ist bestimmt eine Herausforderung, die richtige Beziehung für den Körpergeist zu finden, so wie es eine Herausforderung ist, ein temperamentvolles Pferd zu reiten. Pferd und Reiter können eine Beziehung haben, in der das temperamentvolle Wesen des Pferdes entwickelt und ausgedrückt wird. Wenn es keine Reiter gäbe, würden die Pferde in wilden und unbewussten Herden herumwandern. Aber aus der Liebe des Reiters für das Pferd kann eine bewusste Beziehung entstehen, von der beide profitieren. Auch der Körper kann von der liebender Aufmerksamkeit der Seele profitieren. Dieses Bewusstsein wird den Geist und die Intelligenz des Körpers nicht unterdrücken, sondern ihn zu vollem Ausdruck führen.

Die Aufmerksamkeit auf das Spüren unserer Körperhaftigkeit zu leiten, war lange Zeit ein Geheimnis, das innerhalb esoterischer Traditionen gehalten wurde. Dieses „Spüren" ist ein Mittel, durch das wir unseren Körper benützen können, um zu einer grösseren Gegenwärtigkeit zu gelangen. Wenn die Energie des Bewusstseins mit der Energie des Körpers verschmolzen wird, wird der ganze Organismus vergeistigt und zu einer anderen Stufe der Erfahrung erhoben. Diese Übung des Spürens, die Gegenwärtigkeit im Körper zu halten, gestattet es den Gefühlen harmonischer und den Gedanken weniger zwanghaft zu sein.

Die starken positiven Auswirkungen von verschiedenen Systemen der Körperarbeit kann auf diese einfache Übung der Sinneswahrnehmung zurückgeführt werden, wo wir die bewusste Energie mit den Energien des Körpers verschmelzen. Sinneswahrnehmung bringt den Geist in den Organismus.

Ich kenne einen Zeitungsverleger, der Russland besuchte und beobachtete, wie sich orthodox-christliche Gläubige wieder und wieder verneigten. Aus einem gewissen Standpunkt mag dies als eine Erniedrigung des menschlichen Körpers gesehen werden. Aber von einem andern Blickpunkt aus ist es eine Art des Gebetes mit dem ganzen Körper. Als Protestant aus Neuengland hatte er wenig Erfahrung, die ihn für die Eindrücke vorbereitet hätten, die diese Art von Gebet auf ihn machte. Es berührte seine Seele so tief, dass er seine Verlegerlaufbahn aufgab und in ein Seminar eintrat.

Kampfkünste des Fernen Ostens wie Aikido und Tai Chi Chuan, heilige Tänze aller Arten, besonders die Movements, welche Gurdjieff lehrte, das Drehen der Mevlevi Sufis, sowie das rituelle Gebet, wie das islamische Salaat, alle achten, integrieren und entwickeln das Bewusstsein des Körpers. All diese heiligen Mittel benutzen den Körper als Mittel des Ausdrucks der schöpferischen Kräfte der Seele. Weiter erzeugen sie eine Integration aller Fähigkeiten, nicht nur physisch, sondern auch emotional, mental und spirituell.

Kampfkünste des Fernen Ostens lehren eine Gegenwärtigkeit des Geistes durch Ausgeglichenheit und Wachheit. Man kann sich über die eigene Gegenwärtigkeit nichts vormachen, wenn man einen physischen Gegner vor sich hat, der einen herausfordert. Wenn man tagträumt, wird man sofort zum Opfer. Diese Disziplinen trainieren das Bewusstsein gleich viel wie den Körper.

Das Drehen der Mevlevi verlangt physische Genauigkeit und Erdung. Der linke Fuss verlässt den Boden nie, der rechte Fuss wiederholt eine genaue Bewegung, welches dem Drehenden gestattet, sich mit ausserordentlicher Anmut zu bewegen, weder schwankend noch hüpfend. Während der Mevlevi *semazen* (der Drehende) die Welt als sich um seine ruhende Achse drehend sieht, wiederholt er innerlich bei jeder Drehung den Namen von Gott. Die Arme sind ausgestreckt, ein Ausdruck von Sehnsucht und Hingabe—die rechte Handfläche nach oben, zum Empfang der spirituellen Energie, die linke Handfläche nach unten, um diese Energie der Welt zu geben. Der *semazen* wird durch die bewusste Absicht, durch Liebe und durch elektrodynamische Effekte des menschlichen Nervensystems, das sich durch das Magnetfeld der Erde bewegt, zu einem Wandler von kosmischer Energie.

Die Movments, die Gurdjieff aus Sufi- und anderen Quellen aus Zentralasien brachte, können nicht durch Denken ausgeführt werden, sondern allein durch das Gewährenlassen einer tieferen Bewegungsintelligenz, die übernimmt. Sie übermitteln einen Sinn für das Heilige, und doch sind sie wie Zungenbrecher für den Körper. Indem der Körper in Abfolgen von Gesten und Stellungen jenseits von herkömmlichen Bewegungsgewohnheiten gebracht wird, aktivieren sie das Nervensystem jenseits von normalen Strukturen der Erfahrung.

Das rituelle islamische Gebet, das fünf Mal täglich ausgeführt wird, ist eine Abfolge von Stehen, Verneigungen, Niederwerfungen und Niederknien, die von vorgeschriebenen verbalen Bestätigungen und Versen aus dem Koran begleitet werden. Es wird verstanden, dass das Gebet nur gültig ist, wenn es in einem achtsamen Bezeugen ausgeführt wird. Physisch werden die wichtigeren Gelenke bewegt, besonders das Rückgrat. Es massiert die inneren Organe, übermittelt einen Reflex auf die Leber, reguliert den Atem und regt den Frontalkortex des Gehirns an, wenn dieser den Boden berührt, und während einer gewissen Zeit das Herz höher als das Gehirn ist. Salaat ist eine Form, welche Achtsamkeit, mentale Genauigkeit, Bejahung, Hingabe und Dehnung zusammenbringt. Ein Leben lang fünf Mal am Tag ausgeführt, hat es tiefe Auswirkungen auf Körper und Seele.

Verfeinerung unseres Nervensystems

Oft, wenn Leute über Körperarbeit sprechen, meinen sie damit, das Training der Muskulatur und vielleicht der inneren Organe. Wir sollten nicht vergessen, dass der Körper auch der Atem, das Kreislaufsystem, das Nervensystem und das endokrine System beinhaltet, ebenso wie das feine elektrische System, das den ganzen Organismus reguliert, und von der Wissenschaft noch schlecht verstanden wird.

Wie wir die eine kosmische Energie widerspiegeln, hängt auch vom Zustand dieses physischen Organismus ab, und so ist es auch notwendig, die Entspannung und den Tonus der Muskulatur, die Reinigung der inneren Organe, das Bewusstsein und der Rhythmus des Atems und die Entgiftung, die Resonanz des Nervensystem

Geheimnisse des Körpers

und die ausgeglichene und angemessene Tätigkeit des endokrinen Systems zu betrachten.

Ganze Bücher wurden zu diesem Thema geschrieben und es gibt viele ausserordentliche Systeme der Körpertherapie. Es ist ein so grosses Gebiet, dass es leicht ist, darin verloren zu gehen. Obwohl ein Eingreifen auf einer gewissen Ebene sich auf andere Ebenen auswirkt, ist die Heilung auf höchstem Niveau des Geistes am wirksamsten. Einige einfache Richtlinien können lehrreich sein, und viele Krankheiten und Gefahren können vermieden werden, und der ganze Organismus kann natürlich harmonisiert werden, wenn die Seele wach und liebend ist.

Wir existieren und haben uns in einem elektromagnetischen Feld entwickelt. Unser Planet hat eine charakteristische elektromagnetische Feldstärke und Frequenz. Auch das Nervensystem hat diese Eigenschaften und es sollte keine Überraschung sein, dass beide eng miteinander verbunden sind. Das elektromagnetische Feld der Erde pulsiert mit einer Frequenz von acht bis zehn Hertz. Dies entspricht der Frequenz von Alphawellen im Gehirn, und somit dem Zustand des Bewusstseins, in dem wir uns am gegenwärtigsten fühlen. Wenn unsere Gehirnwellen schneller als etwa zehn Hertz schwingen, sind wir in einem Zustand von oberflächlichen und reaktiven Gedanken; wir fühlen uns zackig. Dieser zweite Beta-Zustand ist meistens der Zustand unserer modernen Gesellschaft.

Ein dritter Zustand, Theta, ist langsamer als die Alphafrequenz. Theta, mit fünf bis sechs Hertz, ist am häufigsten im Schlafzustand anzutreffen, obwohl er manchmal von Leuten erfahren wird, wenn sie sich mit schöpferischem Ausdruck oder sich dem Unbewussten annähern. Wenn wir in diesen Theta-Zustand bewusst eintreten könnten, würden wir Zugang zu unserem eigenen Unterbewussten und zu unseren eigenen schöpferischen Tiefen erhalten.

Einer der Wege, in dem unsere Hirnwellen reguliert werden können, ist das bewusste Atmen. Der Alpha-Zustand wird durch eine natürlich tiefe und ausgeglichene Atmung ermöglicht, mit gleichem Ein- wie Ausatmen. Der Beta-Zustand ist ein Ergebnis von unregelmässiger und flacher Atmung. Der üblicherweise unbewusste Theta-Zustand kann durch die Verlängerung der Ausatmungszeit ermöglicht werden, so wie in vielen Formen des Singens oder des Sprechgesangs. Die Wissenschaft des Atems ist komplex, und eine Veränderung des Atems kann gefährlich werden. Und doch müssen wir genug darüber wissen, um so zu sein, wie wir natürlicherweise sein sollen, um die abnormalen Umstände zu überwinden, die in unserem Umfeld so verbreitet sind. Dazu dient uns ein tiefer, ausgeglichener Atem, verbunden mit Dankbarkeit und Bewusstheit.

Wenn wir bewusst atmen, empfangen und verarbeiten wir die feineren Stoffe, die die Luft zu geben hat. Das Sein wird durch die bewusste Aufnahme dieser Substanzen ernährt. Wenn wir unbewusst atmen, empfangen wir, was wir zum Überleben brauchen, aber wenn wir mit Bewusstsein atmen, ernähren wir auch das Leben der Seele. Es ist unmöglich, die Bedeutung von bewusstem Atem zu überschätzen.

Eine noch feinere Nahrung ist die Nahrung durch Eindrücke—alle jene Sinneswahrnehmungen, die vom Nervensystem verarbeitet werden. Auch hier ist das Bewusstsein das Elixir, das Blei in Gold, das ungeprüfte Leben in ewiges Leben verwandelt, hier und jetzt. Wenn wir für die Töne, die Gerüche, die Ansichten und die Empfindungen aus unserer Umgebung aufwachen, und diese Eindrücke mit empfindsamem Bewusstsein empfangen könnten, würden wir mehr Leben erfahren, und wir würden unser Nervensystem umfassender in Gang setzen. Viel von unserem Nervensystem ist ruhend geblieben, weil wir für das Leben schlafend sind. Wir erfahren das Leben nicht so, wie es ist, sondern so, wie es uns durch den Mittler von Assoziationen, vorgefassten Meinungen und Erwartungen erscheint.

Unser Nervensystem ist zu viel feineren und einfühlsameren Beziehungen zum Leben fähig, aber wir haben uns betäuben lassen. Jeder unserer Sinne hat die Eigenschaft, diese feineren Fähigkeiten aufzuwecken. Weihrauch in der Liturgie der östlichen Orthodoxen Kirche weckt das Herz. Die Glocke, die am Anfang einer Zen-Meditation geläutet wird und abklingt, regt das

Geheimnisse des Körpers

Zentrum zwischen den Augenbrauen an. Die Trommelschläge des Schamanen enthalten ein ganzes Bündel von Frequenzen, die rhythmisch das Nervensystem stimulieren. Der feine Tonfall und Änderungen der Tonhöhe in einigen Formen der Rezitation des Korans erwecken viele Ebenen von Geist und Herz. Das Blau des Himmels und das Grün der Blätter haben besondere Fähigkeiten für die Vergeistigung und Heilung des Nervensystems—aber nur so viel, wie wir bewusst sind.

Und so wie die Eindrücke aus der Natur und aus heiligen Ritualen die Seele nähren können, genau so können andere Eindrücke wie das Essen von verdorbenen Lebensmitteln sein. Wenn wir in einem negativen Zustand sind, wählen wir negative Eindrücke aus unserer Umgebung aus. Wenn wir uns zu stark mit negativen Eindrücken ernähren, werden wir negative Ergebnisse erfahren. Die Bilder, die uns die Medien heutzutage zeigen, sind so oft voll von Gewalt, Hässlichkeit, Gier und allgemeiner Disharmonie, und diese können nichts zu einem gesunden und harmonischen inneren Leben beitragen—besonders wenn wir sie unbewusst empfangen. Mit Bewusstsein jedoch können wir zu unterscheiden beginnen, was wir aufnehmen, und, wenn wir genügend positiv gestimmt sind, können wir die negativen Eindrücke verwandeln.

„Fasten ist das Brot der Propheten, das süsse Häppchen der Heiligen", würde einer unserer Lehrer sagen. Fasten ist Meditation des Körpers, und Meditation ist das Fasten des Geistes. Fasten hilft dem Körper, sich von den Giften zu reinigen, welche sich durch Unreinheiten des Essens und durch unvollständige Verdauung ansammeln.

Fasten, so lange es nicht übertrieben wird, beruht auf einer positiven Beziehung zum Körper, weil es von den Belastungen erleichtert, die der Körpers ertragen muss. Verwöhnung, ob Essen, Rauschmittel oder Vergnügen, ist eine Form von Grausamkeit gegenüber dem Körper, weil der Preis, den der Körper für sogenannte Genüsse zu bezahlen hat.

Die Reinigung hinterlässt den Körper, besonders das Nervensystem, in einem empfänglicheren Zustand. Hunger reduziert das Schlafbedürfnis und erhöht die Wachsamkeit. Uns satt essen verhärtet das Herz, während Hunger dasselbe öffnet und die Loslösung verstärkt. Wenn wir hungrig sind, werden einige der Schleier zwischen uns und der Wirklichkeit gelüftet; die Erinnerung wird zu einem Weg des Lebens. Fasten ist in allen heiligen Traditionen ein Katalysator zum Aufwachen gewesen. Coleman Barks übersetzt in seinem Werk *Open Secrets* einen Spruch von Rumi so. „Wenn das Gehirn und der Bauch vom Fasten brennend rein sind, kommt in jedem Augenblick ein neues Lied aus dem Feuer".

In Dankbarkeit dafür, dass wir verkörpert sind, hören wir auf das, was der Körper uns zu sagen hat und benutzen es richtig. Wie immer wird Dankbarkeit die richtige Perspektive wieder herstellen und uns daran erinnern, dass der Körper ein Mittel zum Aufwecken der Seele ist.

Kapitel Neunzehn

Treue und Gnade

Ohne dass wir suchten, hast Du uns diese Suche gegeben;
Du hast uns Geschenke ohne Zahl und Ende gegeben.

[Rumi, Mathnavi I: 1338]

Eine der kompromisslosesten Frauen in der Geschichte war Rabia al-Adawiya. Sie ist ein extremes Beispiel von Glaube, eine Frau, die im Spiegel ihres Herzens nichts behielt als die Wahrheit.

Malik-i Dinar erzählt die Geschichte, als er Rabia besuchte und sie mit diesen wenigen Habseligkeiten leben sah: einen angeschlagenen Krug, aus dem sie trank und sich wusch, eine alte Strohmatte, und ein Ziegelstein, der ihr gelegentlich als Kopfkissen diente.

Er sagte: „Ich habe einige Freunde mit Geld. Wenn du möchtest, hole ich dir etwas davon."

„Malik, du machst einen grossen Fehler. Ist nicht mein und ihr Versorger ein und derselbe?"

„Ja" antwortete er.

„Und hat dieser Versorger je die Armen wegen ihrer Armut vergessen?"

„Nein", sagte Malik.

„Und ermahnt Er die Reichen wegen ihren Reichtümern?"

„Nein", sagte er.

„Dann", fuhr sie fort, „Da Er meinen Zustand kennt, warum sollte ich Ihn ermahnen? Wenn dieses ist, was Er will, dann ist dieses, was ich will."

Lebende Präsenz

Rabia hatte eine solche Liebe für den Freund, dass sie es beinahe als Verrat betrachtete, etwas anderes zu wollen, als was Er wollte.

Einmal war sie ernsthaft krank, als Hasan aus Basra sie besuchte. Er traf an der Tür einen andern Mann, der weinte. Der Mann erzählte ihm: „Ich brachte etwas Arznei für Rabia, und sie will sie nicht annehmen. Wenn sie stirbt, ist das ein solcher Verlust für die Menschheit." So betrat Hasan das Zimmer, in der Hoffnung, Rabia zu überzeugen, vernünftig zu sein und die Arznei einzunehmen. Sobald er eintrat, sagte sie:

„Wenn Er all jene versorgt, die Ihn beleidigen, wird Er nicht auch jene versorgen, die Ihn lieben? Sag dem Mann, der draussen wartet, er solle nicht mein Herz mit seinem Angebot verdunkeln. Mein Herr weiss bestens was ich benötige, und ich will nur das, was Er für mich will."

Einer der wichtigsten Ideen ist jene des Glaubens. Sowohl in den Evangelien, wie auch im Koran werden wir zu einem Zustand der Treue aufgerufen. Leider wurden sowohl das arabische Wort *iman*, wie auch das griechische Wort *pistis* als Glauben übersetzt. Es wurde zu oft gesagt, dass es Glauben braucht, um an Gott zu glauben, dass die Tatsachen, die wir haben, nicht zu einer Gewissheit von Gott führen können, und dass an Gott zu glauben, ein Akt von Glauben sei. Mit andern Worten, der Glaube an Gott, oder Geist, ist durch Tatsachen alleine nicht gerechtfertigt.

Die meisten Religionen verlangen in gewissen Glaubensartikeln Glauben und ein verbales Glaubensbekenntnis. Katholiken müssen zum Beispiel glauben, dass Jesus sowohl ein Mensch wie wir, als auch Gott ist. Von Muslimen wird verlangt, dass sie an den Tag der Auferstehung und an Engel glauben, und dass der Koran wortwörtlich das Wort Gottes ist. In diesen Fällen, die besser „konventioneller Glauben" genannt werden, kann Glaube als Glaubensbekenntnis verstanden werden.

Glaube ist weder blind noch irrational. Er kann als Vertrauen, von Wissen untermauert, verstanden werden. Dies steht im Einklang mit der arabischen etymologischen Assoziation von

Glauben (*iman*) mit Verifikation. Glauben wird so verstanden, dass er einen Aspekt von Wissen hat—ein Wissen, das vom Herzen bestätigt wird. Das Prinzip des Glaubens ist das Wissen durch das Herzen vom Ungesehenen, vom Wohltätigen Wesen, oder von feinen Fähigkeiten, weil die spirituelle Wirklichkeit weder durch die Sinne, noch durch den Intellekt offensichtlich ist.

Die Qualität, die sich aus der Wurzel von Glauben ableitet, wird durch das Wort treu (*faithful*) nahe gelegt. Es legt nicht notwendigerweise einen Glauben in eine Doktrin nahe. Treu zu sein heisst, einen einzigen Bezugspunkt zu haben. Der Liebende wird der Geliebten treu sein; die Mutter wird ihrer Familie treu sein; der wirkliche Krieger wird seiner Sache treu sein. Jesus wies seine Jünger zurecht, weil sie keinen Glauben oder Treue hatten. Von den Jüngern von Jesus könnte sogar gesagt werden, dass sie keinen wirklichen Glauben hatten, und das Wort, das für ihre Beschreibung gebraucht wurde, war *pervers*, abwegig, ein Wort, das eine Wendung in Verwirrung in verschiedene Richtungen nahe legt.

Glauben zu haben heisst, ein Zentrum, eine Achse, einen einzigen Bezugspunkt zu haben. Und doch ist dieser Bezugspunkt nicht notwendigerweise von Beginn an offensichtlich, man besitzt ihn nicht automatisch. Im Gegenteil, die Entwicklung dieses Glaubens trifft auf zahlreiche Gefahren und Zweifel, weil wir in so viele verschiedene Richtungen gezogen werden, und weil wir so leicht abgelenkt werden.

Damit etwas für uns zu einem Zentrum wird, muss es auf irgend eine Art und Weise magnetisch sein. Der stärkste, am meisten magnetische Bezugspunkt ist in uns selbst. Diese Verbindung zum Grund des Seins ist im Grunde gut und schön. Wir finden und erforschen ihn, indem wir unsere Aufmerksamkeit auf unser wesentliches Selbst durch das Herz konzentrieren.

Die Menschheit leidet an ihrer eigenen Unvollständigkeit. Wir leiden daran, dass wir zerstückelt sind, und wir sind so stark zerstückelt, dass wir uns einsam, abhängig, ängstlich und im Widerspruch mit uns selbst fühlen, und dass wir Verlangen ausgeliefert sind, welche kontrolliert werden müssen. Vieles im Menschenleben ist eine Abfolge von Zuständen von Greifen, Umklammern und Sehnsucht.

Das ursprüngliche Wort für Heilung war „Ganz machen". Wir können von unserer Getrenntheit durch den Kontakt mit etwas Ganzem geheilt werden. Wir können wissen, dass wir vom Ganzen nicht getrennt sind, und wir können das Universum durch die Selbsterkenntnis kennen. Dies ist Glaubensbekenntnis, oder auch Hoffnung, die durch Wissen erhärtet wird.

Traditionell war Glaube der Schritt, der auf Reue folgte. Wenn wir unsere Unvollkommenheit wegen dem endlosen Verlangen des Egos bereuen, und unser Bedürfnis nach Ganzheit erkennen, dann ist dies der Anfang von Glauben. Erst wenn wir unser Bedürfnis genügend erkennen, können wir treu und folgsam für unsere höchsten Möglichkeiten sein. Wenn wir dann diese Art von Glauben haben, auch wenn dieser nur so klein ist „wie ein Senfkorn", dann können wir mit Beständigkeit zu üben beginnen, egal ob wir die Fenster reinigen oder den Spiegel des Herzens polieren.

Bereits haben wir uns vom Begriff des Glaubens als ein Glaube in eine Doktrin ziemlich weit entfernt. Wir können einen Schritt weiter gehen und sagen, dass Glaube eine wahrhaft schöpferische Funktion ist. Wurde nicht gesagt, dass mit Glauben alle Dinge möglich sind? Und dass wenn zwei Menschen im Glauben zusammenkommen, die Auswirkung mehr als verdoppelt sein wird? Wie kommt es, dass Glaube schöpferisch ist?

Nehmen wir an, dass jeder von uns eine gewisse Menge psychischer Energie hat, die uns während unserem ganzen Leben, respektive während einem ganzen Tag, zur Verfügung steht. Diese Menge psychischer Energie wird fortwährend für alle belanglosen Interessen ausgegeben, für kleinliche Ängste, Nervenkitzel, Erregungen und Enttäuschungen, welche das Leben bringt. Wenn wir unser eigenes Sein in einen höheren Zustand von Ordnung und Harmonie bringen könnten, damit wir ganzheitlich daran teilnehmen können, was der Augenblick bringt, und doch nicht an unnötigen Ängsten und Zerstreuungen leiden, und wenn wir unser Leben um einen einzigen Wert der magnetischen Kraft, der Kraft des Höheren Seins, ordnen könnten, wäre es nicht überraschend, wenn wir eine ungewöhnliche Kraft von Gedanken und Gefühl besitzen würden. Wenn wir all unsere Mühen in eine einzige Bemühung konzentrieren—die Mühe, greifbar in Verbindung mit dem Ursprung des Lebens zu sein—wird dieses Leben, diese schöpferische Kraft, sich um all unsere Mühen kümmern.

Gnade

Simone Weil sagte: „Wir müssen uns nicht das Verschwinden unserer Probleme wünschen, sondern die Gnade, sie zu verwandeln." Oft wenn wir uns wünschen, dass unsere Schwierigkeiten verschwinden würden, ignorieren wir, was sich in uns verändern könnte. Wir sind verwirrt zwischen der Veränderung der äusseren Umstände, die vielleicht nicht gemäss unserem Geschmack sind, und der Art und Weise, wie wir uns darauf beziehen. Identifiziert mit Umständen und Bedingungen können wir in Groll geraten, und denken, dass wir die Tatsachen verändern müssen, wenn wir das, was wir ändern müssen, wir selbst sind.

Wenn wir das Entstehen aller Ereignisse als Gelegenheiten sehen könnten, uns selbst zu kennen, und die Eigenschaften in uns selbst zu entwickeln, würden wir in Groll gegenüber dem leben, was in jedem Augenblick auftaucht? Mit dem Schwerpunkt im Wesen kommt ein „Ja" auf—das „Ja" des Erkennens, statt dem „Nein" des Grolls. Eine Schwierigkeit wird zuerst erkannt, sogar bevor sie verwandelt ist. Schwierigkeiten werden zur Mahnung dafür, dass wir die unendlichen Fähigkeiten der Schöpferischen Kraft anzapfen können.

Indem wir erlernen, in einem gewissen Zwiegespräch mit dieser Kraft—ein inneres Gespräch, das sowohl spezifisch wie auch spontan ist—rufen wir diese Qualitäten an, die wir benötigen, um voll zu leben, und wir setzen diese Qualitäten in uns selbst in Gang: Solidarität, Mut, Vergebung, Geduld, oder was immer benötigt wird. Jedes Problem ruft Qualitäten aus dem inneren Schatz in uns auf. Das Annehmen von mehr Verantwortung und Herausforderungen bringt eine grössere Aktivierung.

Lebende Präsenz

Wie oft denken wir, dass wenn wir nur diese Probleme nicht hätten, könnten wir uns entspannen und uns des Lebens erfreuen! Indessen sind wir voll von gewöhnlichen psychologischen Giften: Selbstmitleid, Groll, Zorn, Angst, Schuld, Neid und Eifersucht. Wir müssen den Verstand von der Dummheit und Sinnlosigkeit dieser Dinge überzeugen, und statt dessen die positiven Eigenschaften von Bescheidenheit, Dankbarkeit, Liebe, Mut, Emanzipation, Grosszügigkeit, Vertrauen und Glauben einsetzen. Wir müssen dies in der Werkstatt des Verstandes tun, bis dieser sehr deutlich überzeugt ist, und das Werk wird in den unterbewussten und überbewussten Geist verschoben. Dies ist Transformation.

Gnade ist immer vorhanden. Sie ist das Leben, das aus dem Ursprung des Lebens fliesst. Was wir lernen müssen ist, sie zu empfangen, und bewusst zu werden, dass Gnade jederzeit aus dem Leben fliesst. Dieses Leben ist in uns. Alle Qualitäten, derer wir vielleicht bedürfen, sind verfügbar, wenn wir die richtigen Verbindungen erstellen können. Die drei Schlüssel zum Aufschliessen der Quelle des Lebens sind Demut, Dankbarkeit und Liebe. Wenn diese Qualitäten beginnen, in unserem inneren Leben zu überwiegen, werden wir für die Gnade empfänglich.

Wir leben in einer Zeit, in der es scheinbar sehr wenige Helden gibt. Das ursprüngliche Wort für *hero* bezeichnete jemanden, der vom Himmel begünstigt war und der gottähnliche Qualitäten hatte. Ein Hero ist nicht ohne Demut; Demut ist das Bewusstsein unserer Abhängigkeit von Geist und von unserer wechselseitigen Abhängigkeit mit unseren Mitmenschen. Gandhi, Malcom X und Martin Luther King waren alle Beispiele sowohl von Demut wie auch von Heldentum. Oft existiert Demut wegen der Verbindung des Heros mit einem höheren Ziel: Demut und Bescheidenheit vor einer grossen Idee, vor der Unendlichkeit des Lebens. Dies ist die Art und Weise von Demut, welche dazu führt, dass eine Verbindung zur unendlichen schöpferischen Energie entsteht.

Wenn der Glaube grösser wird, werden all unsere menschlichen Fähigkeiten und Eigenschaften in der Liebe des Einen und in der Suche nach Wahrheit aufgenommen. So wie sich die Gegenwärtigkeit in uns entwickelt, so entwickelt sich auch die Er-

Treue und Gnade

gebenheit. Alles wird durch diese Gegenwärtigkeit harmonischer. Schliesslich wird diese Gegenwärtigkeit mit dem Einen vereint.

Für die meisten von uns besteht das Werk in der Frage an uns selbst, wie wir den Bedingungen des Lebens positiv begegnen können, wie wir die Bedingungen um uns herum verbessern können, und wie wir mit Ergebenheit und Anmut den erkannten Bedürfnissen dienen können.

KAPITEL ZWANZIG

Die Alchemie der Bemühung

Der Träger läuft der schweren Last entgegen; er schnappt anderen die Last weg.
Schaue, wie die Träger um die Last kämpfen! Das ist das Bemühen dessen, der die Ergebnisse sieht,
Denn die Last ist das Fundament der Erholung, und bittere Dinge sind auch die Vorläufer der Wohltaten.

[Rumi, Mathnavi II: 1834–36]

In meinen frühen zwanziger Jahren lebte ich zum ersten Mal in einer spirituellen Gemeinschaft. Ich lebte mit zwanzig oder mehr Bewohnern in Gebäuden aus Lehmziegeln, hoch in den Bergen, mit einer weiten Sicht über die Wüste darunter. Eines Morgens, als wir von unserer normalen Arbeit frei waren, welche bei Tagesanbruch begann, erfreute ich mich gerade daran, ein Buch zu lesen, als mein Freund John erschien. Er hatte einen Lastwagen mit einer grossen Ladefläche ausgeliehen und wollte einige grosse Steine für einen geplanten Steinweg sammeln. Ich genoss die Freizeit, die vor mir lag, und war nicht in der Laune, fortzugehen und grosse Steine auszugraben und hochzuheben. Aber John brauchte mich und machte all meine Ausreden herunter, bis ich keine Wahl mehr hatte, als mit ihm zu gehen.

Ich war wegen diesen Entwicklungen nicht in einem besonders positiven Zustand. Desto trotz ging ich mit und befand mich nicht Steine, sondern massive Felsbrocken ausgrabend. Die Idee von John war, dass der grösste Teil der Steine wieder im Boden eingegraben werden sollte, und dass nur ein kleines flaches Ende an der Oberfläche erscheinen soll. Jedes Mal, wenn ich dachte, dass wir das Unmögliche getan hätten und den letzten Fels bewegt hätten, würde John einen weiteren finden. Es dauerte mehrere Stunden, bis

Die Alchemie der Bemühung

die notwendigen Felsbrocken gefunden und aufgeladen waren. Dann kehrten wir zur Gemeinschaft zurück, die Felsbrocken waren auf dem Lastwagen gesichert, und wir fuhren langsam die Bergstrassen entlang. Ich stand auf der Brücke hinter der Fahrerkabine und der Wind blies in mein Gesicht, als ich eine unsichtbare harte Schale zerbrechen spürte, und ich weinte.

Im letzten Kapitel haben wir betrachtet, wie Glaube und Ergebenheit im Zentrum eines gesunden spirituellen Lebens stehen. Aber Glaube existiert nicht getrennt vom Bedürfnis nach Handlung. Im Koran erscheint der Satz „jene, die den Glauben behalten (*alathi amanoo*) und das gerechte Werk tun (jenes von Versöhnung und Ganzheit; *wa amiloo as salihaati*)" unzählige Male. Glaube erzeugt Handlung und wird durch ihn vollendet. Die Handlung überwindet oft Widerstand und Hindernisse.

Bemühung ist eine der Methoden, durch welche wir den Geist spiritualisieren können, oder mit andern Worten, die Seele reinigen und entwickeln. Wenn wir das Thema Bemühung betrachten, müssen wir die Kräfte von Bejahung und Verneinung betrachten, die in jedem Menschen vorhanden sind. Wenn immer wir etwas in uns selbst durch eine wirkliche Entscheidung bestätigen, werden wir unweigerlich eine verneinende Kraft ins Spiel bringen, beide sind in- und ausserhalb von uns. Wenn wir den Wunsch bejahen, uns zu konzentrieren, werden wir irgendwelcher Zerstreuung begegnen. Wenn wir den Wunsch, aktiv zu sein, werden wir unserer Passivität begegnen. Wenn wir beschliessen zu geben, werden wir dem begegnen, was zurückhält, und so weiter.

Wir haben in uns ein „Ja" und ein „Nein", und dies ist die Grundlage von aller bewussten und spirituellen Arbeit. Etwas in uns bejaht, während etwas anderes verneint. Üblicherweise gehen wir mit unserem Umfeld mittels der Persönlichkeit um, die aus Konditionierung, erworbenen Gewohnheiten, Vorlieben und Abneigungen besteht. In der heutigen Welt mit ihrer Verkehrung von menschlichen Werten, hat die Ego-Persönlichkeit die Autorität und die Initiative übernommen. Wir handeln auf der Grundlage von was *sie* wünscht, und von was *sie* bejaht. Aber wir haben auch ein wesentliches Selbst, mit wesenhaften Eigenschaften wie

Lebende Präsenz

Gegenwärtigkeit, Willen und Liebe. Dieses wesentliche Selbst ist normalerweise unter unserer Ego-Persönlichkeit vergraben. Mit Glaube, der eigentlich eine Hingabe an unser höheres Selbst ist, kann unser wesentliches Selbst in unserem Leben mehr und mehr die bejahende Kraft werden, und die Persönlichkeit selbst kann gebildet und zum Dienen gebracht werden.

Bemühung und Anstrengung darf nicht als ein Aufeinandertreffen der Gegensätze verstanden werden, sondern als die Erschaffung einer bewussten Gegenwärtigkeit, der Erfahrung von „ich bin". Diese Gegenwärtigkeit schliesst das Bewusstsein von „Ja" und „Nein" innerhalb von uns ein. Sie steht über dem Konflikt der Gegensätze und gleicht sie aus.

Ohne die Existenz von Ablehnung kann es keine spirituelle Arbeit geben. Sie gibt uns die Gelegenheit, die wesentlichen Energien zu erzeugen, indem sie uns den Grund, die Reibung und das Feuer gibt, unsere Gegenwärtigkeit auf einem höheren Niveau zu bestätigen. Der Mechanismus von Vorlieben und Abneigungen wird immer bleiben, aber durch unsere bewusste Beziehung dazu erwecken wir das Sein in uns.

Sein und Impuls

Unsere Arbeit ist es, einen spirituellen Willen und eine Gegenwärtigkeit zu erwecken und zu verwirklichen, ein Sein, das nicht von Vorliebe und Abneigung und von den unaufhörlichen Forderungen der Persönlichkeit genötigt wird.

Dieser spirituelle Wille wird in dem Ausmass geschwächt, dass wir uns mit jedem vorübergehenden Impuls identifizieren. Wir müssen uns mit vielen inneren Feinden konfrontieren, sie unterwerfen lernen, und sie schliesslich verwandeln. Dann, wie der Prophet Mohammed (Friede und Segen auf ihm), werden wir sagen können: „Mein Satan wurde ein treuer Diener (des Göttlichen)".

In einem wirklichen Menschen sind zwei Kräfte am Werk: auf einer Ebene das Potenzial für Gegenwärtigkeit, auf einer andern der Impuls, das Verlangen und der Konflikt von Vorliebe und

Die Alchemie der Bemühung

Ablehnung. Beide Ebenen sind nötig, beide tragen zum Funktionieren der Gesetze der Transformation bei.

Auf der einen Seite stellen alle Impulse des Egos, die aus der Geschichte unserer Wechselwirkung mit der Welt entstehen, eine notwendige Kraft im Leben dar. Die Macht des Selbstwertes ist in sich keine wesentlich böse Kraft, aber sie kann übertreiben, wenn sie sich von der Einheit des Lebens absetzt. In dieser Bedingung der Trennung wird das vom Ego angetriebene Selbst chaotisch und dem Leben gegenüber feindlich.

Unser wesentlicher Wille und Gegenwärtigkeit steht ausserhalb von Zeit und Raum, relativ frei und rein. Diese Gegenwärtigkeit ist mehr wir selbst als die Impulse, mit denen wir uns identifizieren mögen. Manche Menschen mögen argumentieren, dass es natürlich und spontan ist, jedem Impuls zu folgen. Im Gegenteil: diese Reaktion zeigt die Tiefe der Konditionierung und Mechanizität auf. Dies ist nicht freier Wille, sondern Sklaverei. Freiheit und Frieden liegen in der ganz anderen Richtung des bewussten Willens, der uns von Gewohnheiten, Konditionierung und reaktivem Verhalten befreit.

Das Geheimnis der Transformation ist die andauernde Alchemie des Impulses. Er mag sich als eine Einschränkung in der Handlung und im Sprechen zeigen, als Höflichkeit, als Selbstdisziplin, als Grosszügigkeit, Feinheit oder als Geduld. Es ist, wie wenn einige dornige Brombeerzweige in unserem Garten aufgetaucht wären, die wir herausschneiden, um Platz für Früchte und Gemüse zu machen, die uns ernähren werden. Mit der Zeit ergibt sich auch die Möglichkeit für einen Rosengarten, der reine Schönheit und spirituellen Duft darstellt, der Pflege mit grösstem Bewusstsein fordert. Die Kraft hinter dem Ego ist von dieser Art. Sie soll nicht umgebracht werden; es soll ihr gestattet sein, in immer neuen und spiritualisierten Formen zurückzukommen.

Das ist der Grund, warum wir der Entmutigung, den Klagen und dem Selbstmitleid nicht einfach nachgeben sollen. Sehr oft ist diese Haltung ein Zeichen, dass wir dem erlegen sind, was belanglos ist. Wir müssen die richtige Art von Bewirtschaftung üben, unsere Substanz und Aufmerksamkeit gemäss unseren höchsten Werten und Zielen gebrauchen. Dann wird das, was beschnitten wurde, blühen. Das Ego, dem wir den Ausdruck verweigert haben, wird sich zum Dienen anbieten. Feinde werden zu Freunden, und die Energie der Entmutigung wird als Mut wieder erscheinen.

Bemühung beginnt mit einer Entscheidung und wird durch das Bewusstsein eines „Ja" oder „Nein" in uns unterstützt. Durch diesen gesunden Sinn von Anstrengung können wir anfangen, über den wahren Willen und echte menschliche Qualitäten nachzudenken, und mehr Freude in unser Leben bringen. Durch Anstrengung können wir unsere Verbindung zum Geist aufbauen.

Bemühung löst Energie für Arbeit aus. Normalerweise ist es der Körper, der die verneinende Kraft in Gestalt von Verlangen trägt. Wenn wir es zulassen, dass das Verlangen überhand nimmt, wenn wir jedem Wunsch Folge leisten würden, würden wir zerstreut, geschwächt und ausschweifend enden. Wir können jedoch den unaufhörlichen Wünschen des Körpers mit der Absicht zu arbeiten entgegentreten, um damit etwas Höheres zu bejahen. Die Unterdrückung von Negativität hilft dabei nicht, weil sie uns nie für die verwandelnde Kraft der feineren Energien öffnet. Wir suchen durch diese feineren Energien nach der alchemistischen Transformation der Negativität.

Unser wirkliches Selbst, unser versteckte Schatz, ist jenseits von unserem Bewusstsein und von unserer Persönlichkeit, aber wir können dazu einen Kanal finden. Dieser Kanal wird durch die Anwesenheit von feineren Energien in uns erschaffen, und diese Energien sind das Ergebnis einer gewissen Arbeit. Ihre Anwesenheit in unserem Nervensystem hilft uns, uns mit feineren Zuständen des Seins zu verbinden.

KAPITEL EINUNDZWANZIG

Absicht und Selbstkenntnis

Die Mausseele ist nur räuberisch; die Maus hat einen Verstand erhalten, der ihrem Bedürfnis entspricht.
Denn ohne Bedürfnis gibt der Allmächtige Gott niemandem etwas.

. . . .

Bedürftigkeit ist also das Fangseil für alles, was existiert; der Mensch hat Mittel entsprechend seiner Bedürftigkeit.
Vergrößere also schnell deine Bedürftigkeit, o Bedürftiger, damit das Meer der Fülle vor Güte überfließt.

[Rumi, Mathnavi II: 3275–76, 3281–82]

Die Leute sind von ihren vom Ego angetriebenen Zielen besessen, sie vergessen, dass der gegenwärtige Augenblick die Quelle von Wohlergehen und Erfüllung ist. Zielorientiertes Verhalten ist in die Kritik gekommen, mit der Erkenntnis der Tendenz, dass Ziele wichtiger als die Qualitäten des Prozesses werden, durch den sie verwirklicht werden. Im Ausmass, dass wir mehr am Haben als im Sein interessiert sind, mehr an der Vorstellung unserer letztendlichen Befriedigung als im Einverständnis für diesen Augenblick, verfallen wir der zwanghaften und zielorientierten Handlung.

Am andern Ende benutzen einige Leute die Spiritualität als eine Rechtfertigung für ihre Ziellosigkeit und ihren Mangel an Disziplin. Ein Leben ohne Ausübung von bewusster Wahl bedeutet das Versäumnis, diese Eigenschaften zu benutzen, die uns so einmalig menschlich machen. Ohne Ausübung unseres Willens leben wir auf dem Niveau des tierischen Lebens. Wenn ein Tier der Zugang zu Drogen gegeben wird, die Vergnügen bereiten, so wie Kokain, wird es sich diese Droge bis zum Tod selbst verabreichen. Menschen haben eine Vernunft und einen bewussten Willen, der sie befähigt, aus ihrem instinktiven Gebaren und unbewussten Betragen auszutreten. Wir sind befähigt, die Verantwortung für die Selbstverwirklichung anzunehmen.

Vom Bogenschiessen gibt es viel zu lernen. In der Zen-Tradition ist das Bogenschiessen manchmal die Gelegenheit zum Üben und der Erkenntnis. Der Bogenschütze lernt, ein Ziel zu treffen, ohne dies zu versuchen. Auch Mohammed empfahl das Bogenschiessen als eine der nützlichsten Zeitvertreibe. Durch das Zusammenkommen von Schütze, Pfeil, Bogen und Ziel können die Drei zu einem werden. Ohne das Ziel wird der Schütze und der Pfeil bedeutungslos.

So ist es auch mit dem inneren Leben. Ohne Ziel existiert die nötige schöpferische Spannung nicht. Wir üben nicht, und wir verschwenden die Substanz unseres Willens und unserer Aufmerksamkeit. Und doch ist das Ziel nur ein Aspekt des Ganzen, der in den gegenwärtigen Augenblick mit einbezogen werden muss, ohne ihn zu verdunkeln.

Ein klares Ziel zu haben ist eine Mahnung, keine Begrenzung. Wenn es ein Ziel ist, das sich aus einer spirituellen Sehnsucht heraus entwickelt hat, und nicht einem Verlangen des Egos entsprungen ist, hat es die Möglichkeit, uns mit einem höheren Zweck zu verbinden, mit dem Werk, das uns den Himmel auf Erden bringt. Dieses wahrhaft spirituelle Ziel würde die Aktivierung von Gegenwärtigkeit oder Liebe einschliessen. Dies wäre ein Ziel, das auf eine Art und Weise zum Erwachen unserer menschlichen Fähigkeiten beitragen würde, anstatt einfach die Illusionen und Verlangen des Egos zu erlangen.

Die Leute mögen zu Beginn in der Formulierung eines Zieles gewisse Schwierigkeiten habe, und dies ist normal, weil sie noch nicht genügend Selbsterkenntnis erworben haben. Eines der ersten Ziele ist daher der Erwerb von mehr Kenntnis über uns selbst—zu wissen, welche Art von Mensch wir gewöhnlich sind.

Absicht und Selbstkenntnis

Selbstkenntnis wird durch die Beobachtung von uns selbst vor dem Hintergrund des Werks erworben. Die Entwicklung eines nützlichen spirituellen Ziels ist eine Fähigkeit, die auf Selbstbeobachtung in Verbindung mit einem Gespür dafür beruht, was für das menschliche Leben wirklich wünschenswert ist.

Wir können lernen, immer mehr zu beobachten, diese flüchtigen Augenblicke des Urteilens, von Neid und Gier, von Angst und Groll, die uns innerlich vergiften. Wir können lernen, das Ausmass unserer Trennung in der Form von Neid, Groll, Stolz oder Heuchelei zu erkennen. Wir können anfangen, unseren Mangel an Gegenwärtigkeit in der Form von Tagträumen, innerem Reden, unbewusstem Lügen, Rechtfertigung und Klatsch zu bemerken. Dies ist nie eine schmerzlose Erfahrung, aber wenn wir uns für die Suche nach Wahrheit verpflichtet haben, uns selbst zu sehen wie wir wirklich sind, müssen wir ohne zu urteilen das sehen, was wir sehen.

Das Werk vor uns schliesst eine neue Denkweise ein. Als das Ego unser Schwerpunkt war, konnten wir uns herausreden und rechtfertigen. Wir konnten Fehler ausserhalb von uns selbst finden, und die Verantwortung verlagern. Mit dieser neuen Denk- und Sehensart haben wir weniger in das Ego investiert, und müssen es daher weniger schützen. Wir werden auch empfindlicher für die Vergiftung unseres inneren Lebens, die von gewissen Gedanken und Gefühlen stammen. Früher konnte das Ego, welches nie sieht, dass es schläft, sich selbst entschuldigen und rechtfertigen, aber jetzt fühlt es sich manchmal entwaffnet. Wir konfrontieren unser inneres Selbst mit einem neuen Satz von Werten, und wir sehen uns selbst wie mit neuen Augen. Wir wünschen uns, innerlich reiner zu sein, und das Leben unter neuen Gesetzen anzunehmen. Die Bezeugung von unserem Neid, Ärger, Stolz und Heuchelei ist dabei behilflich, unsere eigenen Illusionen der Trennung zu verringern. Die Arbeit mit unwahrer Rede, mit Lüge und mit Geschwätz hilft dabei, die Kraft des Werks in uns zu bewahren. Die Überwindung von Angst, von Verurteilen und der Vorlieben und Abneigungen befreit uns aus dem Gefängnis unserer Konditionierung.

Lebende Präsenz

Arbeit mit Schwächen

Wenn wir in Selbsterkenntnis besser verankert werden, sind wir in der Lage, mit unseren Schwächen zu arbeiten. Schwäche führt zu Schwäche, so wie Stärke zu Stärke führt. Es ist dabei nützlich, sich auf eine besondere Schwäche zu konzentrieren und anzufangen, damit zu arbeiten. Zum Beispiel kann jemand, der gerne zu viel isst, oder der eine zwanghafte Gewohnheit wie Schwatzen oder Rauchen hat, sich dafür entscheiden, mit diesen Neigungen zu arbeiten. Wenn wir gewohnheitsgemäss andere kritisieren, können wir versuchen, die Dinge auszuhalten, die wir ablehnen. Wenn wir ungeduldig sind, können wir Geduld üben. Wenn wir oft einen Zyklus nicht beenden, können wir entscheiden, diesen zu beenden. Wenn wir manchmal unser Wort nicht halten, können wir beschliessen, mehr zu tun als was wir versprochen haben. Wenn wir geizig sind und die Bezahlung unseres Anteils vernachlässigen, können wir unsere Grosszügigkeit fördern. Wenn wir voller Vorwürfe oder verbittert sind, können wir Dankbarkeit üben. Wenn wir selbstsüchtig und besitzergreifend sind, können wir beschliessen, Dinge wegzugeben, die für uns wertvoll sind. Wenn wir träge und faul sind, können wir mehr von uns selbst fordern. Wenn wir dazu neigen, uns als etwas sehr besonderes zu betrachten, können wir uns bemühen zu sehen, dass wir wie alle andern sind. Wenn wir von uns selbst eine zu geringe Meinung haben, können wir lernen, uns selbst zu respektieren.

Jeder Versuch, mit einer unserer Schwächen zu arbeiten, muss klug und einfühlsam geschehen. Unsere Wahl einer Schwäche sollte auf sorgfältiger Beobachtung und Selbstkenntnis beruhen. Mit dieser Selbstkenntnis wird die Wahl eines echten persönlichen Ziels möglich. Dann haben wir uns selbst lange genug beobachtet, um mit einer spezifischen Arbeit an der Art von Mensch, der wir gewohnheitsgemäss sind, zu beginnen. Ein Ziel kann zu allgemein, zu schwierig oder einfach nicht angemessen sein. Ein Ziel sollte spezifisch und erreichbar sein, und es sollte in Übereinstimmung mit dem Hauptziel des Werks sein, welches das Erwachen ist.

Absicht und Selbstkenntnis

Arbeit am Erwachen

Die Arbeit am Erwachen bedeutet, die Aufmerksamkeit oder das Bewusstsein aus dem Strom der Ereignisse herauszuziehen, ein Bewusstsein zu pflegen, das Ereignisse, Gedanken, Gefühle einschliesst, aber davon nicht eingenommen oder damit identifiziert ist. Dies beinhaltet vor allem die Absicht, aktiv empfänglich und lebendig mit Empfindsamkeit und Aufmerksamkeit zu sein, und nicht völlig identifiziert mit der eigenen Konditionierung.

Unsere Absicht ist aufzuwachen und wird dadurch unterstützt, dass wir beschliessen, unsere Unbewusstheit zu unterbrechen, indem wir uns absichtlich innere Wecker stellen. Einige einfache Beispiele mögen folgende sein: Aufwachen vor dem ersten Bissen einer Mahlzeit, der Moment, wenn wir durch eine Tür gehen, immer wenn das Telefon läutet, oder wenn wir das Wort „ich" benutzen.

Die Entwicklung von Wille, die Arbeit mit klaren Absichten, Zyklen vollenden, Versprechen zu halten, und pünktlich zu sein, tragen alle zum Aufwachen und zum Wachbleiben bei.

Arbeit am Ausgleich

Eine anderes Ziel beschäftigt sich damit, ausgeglichene Menschen zu werden. Mit einem ausgeglichenen Bewusstsein können wir denken, ohne dass wir von unserem Denken beherrscht werden. Wir können fühlen, werden aber nicht von unsern Gefühlen tyrannisiert. Und wir können uns um unseren Körper kümmern, ohne sein Sklave zu sein. Intellektuelle Menschen zum Beispiel brauchen vielleicht Körperarbeit, oder sie sollten ihre Gefühle entwickeln, instinktive Menschen andererseits sollten vielleicht ihren Geist durch Studieren entwickeln. Jene, die hauptsächlich durch ihre Gefühle und Emotionen leben, sollten vielleicht ihre Sentimentalität, Selbstmitleid oder Ärger mittels richtigem Denken zügeln.

Entscheidung

Wenn ein Ziel visualisiert und beschlossen ist, soll es getreu verfolgt werden. Jede Entscheidung, die in Handlung umgesetzt wird, auch wenn sie noch so klein ist, wird zur Entwicklung des bewussten Willens und der bewussten Freiheit beitragen. Umgekehrt wird jede Entscheidung, der wir willentlich nicht Folge leisten, unseren Willen schwächen oder gar rauben. Bewusst Entscheidungen zu fällen und Zyklen abzuschliessen kann mit Übung ein gesunder Lebensweg werden.

Das Training des Willens mittels bewusster Entscheidung ist unser Geburtsrecht. Wenn es uns misslingt, eine integrierte, lebbare Selbstheit zu entwickeln und unseren Willen auf eine gesunde Art zu benutzen, scheitern wir darin, eine Stufe des echten Menschen zu erreichen. Aber die Entwicklung unserer Menschheit hat ihre Paradoxe. Mit einem Atemzug sprechen wir von der Integration des Selbst, und im nächsten davon, es zu überschreiten.

KAPITEL ZWEIUNDZWANZIG

Befreiung von Angst

Sieh dich selbst an, wie du vor Angst zitterst; wisse, dass auch das Nichtsein andauernd zittert.
Und wenn du dich an Ehrungen festhältst, kommt das auch von der Angst davor, dass du den Tod des Geistes erleiden musst.
Außer Liebe zu Gott dem Schönsten ist alles, auch wenn es süß ist, Tod der Seele.
Was ist Tod der Seele? Sich dem Tod nähern und das Wasser des Lebens nicht ergreifen.

[Rumi, Mathnavi I: 3684–87]

Die spirituelle Reise von Anfang bis zum Schluss kann als eine Überwindung der Angst verstanden werden. Eine ganze Philosophie und Methodologie könnte um diese Tatsache entwickelt werden. Angst prägt das falsche Selbst und füttert seine Verlangen. Unsere Hauptbeschäftigung mit der Angst ist das grösste Hindernis, das zwischen uns und dem üppigen Leben steht, das wir kennen könnten.

Wie Rumi sagt, ist viel vom menschlichen Leben eigentliche Agonie, vielleicht versteckt und unbewusst, aber trotzdem eine minderwertige Agonie, verstärkt durch Ängste und unerfüllte Wünsche. Die menschlichen Umstände sind durch Angst beherrscht. Wir befürchten eingebildete Verluste und Schwierigkeiten, denen wir vielleicht nie begegnen. Ein namenloser Unterstrom von Angst läuft durch viele unserer Beziehungen. Einer mag die Kinder seines Nachbars fürchten; Arbeitgeber mögen sich vor ihren Angestellten fürchten; die Mitarbeiter haben vielleicht Angst vor ihrem Vorgesetzten, und der Vorgesetzte hat vielleicht Angst vor einem Anwalt, der selbst seinen Sohn fürchtet.

Umgeben von unserem materiellen Komfort und eingelullt von unserer vermeintlichen Unabhängigkeit, wird es uns kaum gelingen zu bemerken, inwieweit uns die Angst beherrscht. Und doch tragen wir unbewusst unsinnige und eingebildete Ängste in uns, die nicht nur unsere Freude verbrauchen, sondern auch das Einfliessen von Geist verhindern. Je mehr unser Sinn von Identität und Wohlergehen von unseren Besitztümern abhängt, oder was andere Leute über uns denken, um so weniger sind wir unseres eigenen Wertes bewusst, und folglich sind wir um so mehr der Furcht vor Verlust hörig.

Die Transformation der Angst kann als Modell dazu dienen, wie jedes negative Gefühl verändert werden kann. Gegenwärtigkeit kann unseren unterbewussten Widerstand heilen, und uns zu unserem essentiellen Wohlergehen aufwecken. Gegenwärtigkeit ist *Sehen*, sie unterstützt eine bewusste Beziehung zu unserem Zustand. Und doch sind wir die meiste Zeit so stark mit unserem Zustand identifiziert, dass wir meinen, das dies alles sei, was wir seien. Die erste Notwendigkeit ist die Stärkung unseres Wunsches wach zu sein, ein objektiver Beobachter aller unserer Zustände zu werden. Durch bewusstes Atmen, durch Erdung in unserem Körper, durch Meditation und durch bewusste Bewegung können wir den Zustand der Gegenwärtigkeit fördern. Mit Gegenwärtigkeit können wir beginnen zu bemerken, wie wir uns benehmen, können wir uns für unsere Gefühle öffnen, über unsere Beweggründe nachdenken und unser inneres Leben beobachten. Wir können unser Verständnis darüber verbessern, wie stark Angst unser Leben bestimmt.

Gegenwärtigkeit liefert Raum, eine räumliche Dimension um unsere Erfahrungen, sowohl innere wie äussere. Auf eine gewisse Art und Weise ist diese Weite das, was wir wirklich sind, sogar noch mehr als das, was den Raum füllt. In dieser Weite können wir zulassen, dass die Transformation geschieht. Wir können zulassen, dass wir die Angst sehen, und vielleicht dass sie durch dieses Sehen aufgelöst wird.

Befreiung von Angst

Wir können anfangen, indem wir die kleinen Ängste bemerken, die uns beherrschen. Wir fürchten uns davor, kritisiert oder abgelehnt zu werden, oder allein und getrennt zu sein. Diese unbewussten und an uns nagenden Ängste machen uns leer, weil wir sie nicht bewusst wahrnehmen. Sie haben umso mehr Macht, je mehr wir ihre Existenz ablehnen. Einmal erkannt und untersucht, verlieren sie viel von ihrer Macht über uns.

Wenn wir besondere Ängste identifiziert haben, die stur und hartnäckig sind, können wir anfangen, mit dem tieferen Verstand nachzudenken, und uns davon überzeugen, dass die meisten Ängste weder vernünftig, noch nützlich oder gesund sind. Unser Unterbewusstsein wurde durch unbewusste Assoziationen, durch falsche Erziehung und durch zufällige Programmierung durch unser Umfeld gestaltet. Indem wir den Verstand benutzen, jener Teil des Geistes, den wir bewusst lenken und kontrollieren können, können wir den unterbewussten Geist neu programmieren. Wir können ihn in die Ecke treiben, mit ihm sprechen und mit ihm diskutieren.

Eine Möglichkeit, diese uns lähmenden Ängste zu überwinden, ist, entschlossen und herausfordernd zu sein. Zu oft sind wir kindisch und verschliessen unsere Augen und Ohren, wenn wir statt dessen unseren Ängsten entschieden gegenüber treten sollten. Zum Beispiel könnten wir dem Unterbewusstsein sagen: „Du hast Angst, nicht geliebt zu werden, und so versteckst du dein wirkliches Selbst. Du spielst eine Rolle und fürchtest dich davor, dich so zu zeigen wie du bist. Aber unterdessen erleidest du in deiner Vorstellung diese Verlassenheit tausend Male. Wäre es nicht besser, nur einmal verlassen zu werden, als tausend Male? Und wäre es nicht besser, wenn du nicht so tun müsstest als ob? Ist nicht dein wirkliches Selbst liebenswürdiger als dein rollenspielendes Selbst? Wie hast du dich je in diese Lebenslüge hineingeredet? Warum siehst du der Möglichkeit eines Verlustes nicht für ein und alle Mal ins Auge? Was gibt es da zu verlieren?"

Dieser Prozess des bewussten Argumentierens unterscheidet sich von unserem normalen inneren Gerede. Wenn wir mit uns selbst bewusst argumentieren, sind wir durch unser höchstes

Lebende Präsenz

Verständnis motiviert. In der Weitläufigkeit der Gegenwärtigkeit wenden wir die Fähigkeit des Willens an, der bewussten Entscheidung, um die Situation in einen neuen Rahmen zu stellen, der Transformation zulässt. Das Unterbewusstsein wurde auf irgendeine Art und Weise davon überzeugt, dass Angst notwendig sei. Jetzt können wir es überzeugen, dass dem nicht so ist. Wir haben ein Recht darauf, frei von unnötigen Ängsten zu sein.

Vielleicht kämpfen wir auch mit Ängsten, die als berechtigt erachtet sein könnten. Wir haben Ängste vor Verlust, vor Schmerz, vor Behinderung und Tod. Diese Ängste können nur von Menschen verwandelt werden, die erfahren haben, was „Stirb bevor du stirbst" bedeutet. In der Disziplin der Transformation bedeutet dieser Ausdruck, dass wir unser spirituelles Heim, unser ewiges Selbst kennen lernen. Es ist kein bildhafter Ausdruck, sondern eine genaue Beschreibung einer psycho-spirituellen Wahrheit.

Viele von jenen, die durch die Erfahrung eines klinischen Todes gegangen und ins Leben zurückgekehrt sind, wissen, dass der Tod nicht etwas ist, das zu fürchten ist, und dass das Leben ein unermessliches Geschenk ist. Diese Leute kehren mit weniger Angst in ihr Leben zurück, weil sie ihr wahres metaphysisches Zuhause erfahren haben. Und gleichzeitig haben sie erfahren, dass dieser physische Körper als ein Mittel des Kontaktes zu ihren Mitmenschen wichtig ist. Gegen diesen Hintergrund der Ewigkeit hat dieses vorübergehende Leben eine neue Schönheit erhalten.

Zu sterben vor dem Tod heisst, sich willentlich von unserem physischen Körper, von unserem Denken und von unseren Gefühlen zu lösen. Dies ist das Ziel von bestimmten Formen des spirituellen Trainings. Durch die Kontrolle des Atems, durch Fasten und anhaltendem Bewusstsein wird es möglich, uns von unserem gröberen Körper zu lösen, physisch, gefühlsmässig und mental, und das Pferd von reinem Bewusstsein zu reiten. Wenn das Bewusstsein vom konditionierten Intellekt und Verlangen getrennt ist, tritt es in einen direkten Kontakt zum elektromagnetischen Feld der Liebe. Die Seele erfährt nun eine andere Beziehung zu allen Wesen innerhalb dieses elektromagnetischen Feldes. Wenn

Befreiung von Angst

wir mit dieser Liebe verbunden sind, sind wir frei von Angst und von der Herrschaft des niederen Selbst und den Gedanken, die dieses erzeugt. Wie Rumi sagte: „Denken ist im Ausdruck der Liebe machtlos". Liebe ist rücksichtslos und kümmert sich nicht um die Kosten, Liebe drückt sich durch Mut und Selbstopferung aus. Oft ist unsere Furcht ein Mangel an Liebe. Um frei von Angst zu sein, müssen wir sehr viel lieben.

Gemäss dem Werk von 'Attar *Remembrance of the Saints*, wurde eine Gruppe von führenden Sufis beim Kalifen von Bagdad als gotteslästernde Häretiker angeprangert. Der Kalif befahl, dass sie ihm vorgeführt würden. Ohne Prozess befahl er, dass diese fünf frommen Männer, Abu Hamza, Raqqam, Shebli, Nuri und Junaid, sofort hingerichtet würden. Der Henker war bereit Raqqam umzubringen, als Nuri sich furchtlos an die Stelle von Raqqam warf. Lachend vor Freude schrie er: „Töte mich zuerst!"

„Du bist noch nicht an der Reihe", sagte der Henker, „und ein Schwert sollte nicht zu hastig geschwungen werden."

„Ich wünsche als Erster zu sterben. Ich gebe meinen Freunden den Vorzug vor mir selbst. Das Leben ist die wertvollste Sache in dieser Welt, und ich möchte die letzten Minuten meines Lebens meinen Brüdern geben. Ich tue dies, obwohl ein Augenblick in dieser Welt für mich wertvoller ist, als tausend Jahre in der nächsten Welt. Weil diese Welt der Ort des Dienstes ist, während die andere Welt der Ort der Vertrautheit mit Gott ist. Aber Innigkeit heisst für mich hier im Dienst zu sein."

Nuris Worte wurden dem Kalifen überbracht, der von Ehrfurcht erfasst wurde und sagte: „Wenn diese Männer Ungläubige sind, erkläre ich, dass es auf dieser Erde keinen einzigen wahren Gläubigen gibt". Der Kalif befahl die Männer zu sich und fragte: „Gibt es irgend etwas, dass ihr von mir wünscht?"

„Ja", sagten sie, „Vergiss uns. Wir wollen weder deine Ehre noch deine Verstossung."

Der Kalif weinte bitterlich und entliess sie alle in Ehre.

Der Zustand der Emanzipation, zu dem wir auf der Reise sind, kann als Freiheit vor der Angst vor Verlust beschrieben werden.

Lebende Präsenz

Es wird so verstanden, dass das Leben aus einer unerschöpflichen Quelle der Gnade zu uns fliesst, die ihr Schenken nie kleiner werden lässt, solange wir für das Empfangen offen sind. Die Leute und die Dinge, die uns so wertvoll sind, sind Verkörperungen von Eigenschaften, und diese Qualitäten sind aus dieser segensreichen Quelle hervorgegangen. Was wir so sehr fürchten zu verlieren, sind die Qualitäten, die wir in die besonderen Formen investiert haben, an denen wir so sehr haften. Wir haben diese Qualitäten mit den *Formen* durcheinander gebracht, in denen wir diese Eigenschaften gefunden haben. Ihre Schönheit ist wie die Schönheit von Sonnenlicht, die auf eine Ziegelmauer fällt:

Der Sonnenstrahl schien auf die Wand; die Wand erhielt eine geliehene Pracht.
Warum hängst du dein Herz an einen Erdklumpen, o einfältiger Mann?
Suche nach der Quelle, die ewig scheint.

[Rumi, Mathnavi II: 708–09]

Die Mauer mag zerfallen oder abgerissen werden, aber die Sonne wird mit ihrem Schein immer wiederkehren. Spirituell reif zu sein bedeutet, frei zu sein von Verlustängsten, im Wissen, dass wir mit dem Ursprung aller Grosszügigkeit verbunden sind.

Jesus sagte so oft: „Fürchtet euch nicht". Und wie einer meiner Lehrer sagte: „Ein Suchender würde nie seine Angst als Entschuldigung für irgend etwas anbieten. Angst wird von jenem, der eine Frage hat, nicht akzeptiert". Was sollen wir dann mit der Angst vor Gott tun?

Leider haben einige Übersetzer das Wort *Angst* in der Beziehung zu Gott benutzt. Aber muss Gott buchstäblich gefürchtet werden? Im Koran wird das Wort *taqwa* oft als Angst oder Furcht übersetzt, aber es sollte besser mit „Wachsamkeit", „Ehrfurcht" oder „Gott-Bewusstsein" übersetzt werden. Es ist das Bewusstsein des Seins in der Gegenwart des Geliebten, es ist eine tadellose Wachsamkeit, die uns der Folgen unserer Handlungen bewusst bleiben lässt. In der Gegenwart des Geliebten soll unsere Aufmerksamkeit beim Geliebten vertieft sein. Ein Liebender, der immer wieder zerstreut, unruhig und nervös in der Gegenwart seines oder ihres Geliebten ist, ist überhaupt kein Liebhaber. Der wahre Liebende hat nur eine Angst, nämlich den Geliebten zu verletzen und zu beleidigen (was das Schädigen von andern Leuten einschliesst). Die Gottesfurcht befreit den Liebenden von allen anderen Ängsten. Dies ist die einzige Art von Furcht, die für jenen geeignet ist, der um die Wahrheit wirbt.

Kapitel Dreiundzwanzig

Leiden: Einbildung und Wirklichkeit

Wenn du willst, dass dein Elend ein Ende hat, strebe danach, auch deine Weisheit zu verlieren,
Die Weisheit, entstanden aus der menschlichen Illusion, jene, der das Licht von Gottes überfliessender Gnade fehlt.
Die Weisheit dieser Welt verstärkt Zweifel; Die Weisheit des Glaubens gibt dich in den Himmel frei.

[Rumi, Mathnavi II: 3201–03]

Zwei Arten von Leiden können in dieser Welt erkannt werden; eines ist eingebildet, und das andere ist wirklich. Die Auflösung des eingebildeten Leidens bereitet uns darauf vor, das wirkliche Leiden zu ertragen. Eingebildetes Leiden stammt aus unseren Illusionen über das Leben und uns selbst. Wenn wir vom falschen Selbst beherrscht werden, werden wir an allen Ablehnungen und fehlgeleiteten Widerständen gegenüber der Wirklichkeit leiden. Dieses eingebildete Leiden, das manchmal unbedeutend, aber manchmal auch heftig sein kann, wir haben es für uns selbst erschaffen.

Echtes Leiden hat mit der Natur der Welt, in der wir leben, zu tun. Einige dieser Leiden kommt aus natürlichen Ursachen, so wie Krankheit, Unfall, Katastrophe und Tod, und viele davon, einschliesslich Armut, Hunger, Verschmutzung, Hass, Grausamkeit, Gewalt und Tyrannei sind das Resultat von unbewussten menschlichen Handlungen. Solange Menschen unbewusst, und von selbstsüchtigen und illusorischen Verlangen beherrscht sind, gibt es keinen Gott, der uns zwingt, uns zu ändern. Aber wie die

Leiden: Einbildung und Wirklichkeit

Geschichte der Offenbarung auf Erden bezeugt, ist Führung zu allen Gemeinschaften und Nationen gekommen. Durch Meister, Heilige und Propheten, durch heilige Texte und mündliche Traditionen, wurde die Menschheit immer wieder erinnert und gewarnt. Die kosmische Intelligenz war fortwährend mit uns in Verbindung. Jetzt liegt die Last der Verantwortung im Herzen eines jeden einzelnen Individuums.

Der Getreue und die Gläubigen sind jene, die sowohl durch Überlegungen wie auch durch das Herzen erkennen, dass es eine Unsichtbare Wohltätigkeit gibt. Ungläubige auf der andern Seite, jene die eine spirituelle Natur der Wirklichkeit ablehnen, folgen nur dem Gott ihrer Egos. Ihr Wille erzeugt Disharmonie und Ungerechtigkeit, ihre Handlungen verbreiten auf der Erde Korruption. Beherrscht von ihren Einbildungen ist es ihr Schicksal, an ihrer Disharmonie zu leiden, und gleichzeitig tragen sie zum tatsächlichen Leiden der Welt bei.

Jene in der Ablehnung leben in einer Welt von selbsterschaffenen Illusionen, sie haben selten die Gelegenheit, einen Blick auf die wirkliche Welt zu werfen, auf die Welt, die das Herz kennt. Jenseits der Verkettung von absurden und bedeutungslosen Tatsachen, welche durch das falsche Selbst erschaffen werden, gibt es eine Welt von überfliessender Grosszügigkeit und Gnade. Jenseits der unbequemen Zone der Versuchung und Prüfung, welche in den Religionen der Angst beschrieben wird, und jenseits jener sentimentalen Version der Wirklichkeit, welche auf Wunschdenken beruht, gibt es eine wirkliche Welt der Gnade und Strenge, in der Seelen erschaffen werden.

Die Sufis haben eine vereinheitlichte Wirklichkeit beschrieben, welche höhere und höhere Stufen von Feinheiten umfassen, welche vom menschlichen Herzen und durch Bewusstheit erfahren werden können. Diese Wirklichkeit hat Eigenschaften, welche in zwei Hauptsorten eingeteilt werden können: Gnade und Strenge. Auf der einen Seite sind Qualitäten wie Wohltätigkeit, Gnade, Vertrautheit und Schönheit; und auf der andern Seite sind die Eigenschaften von Majestät, Macht und Zorn. Die Qualität der Gnade hat jedoch Vorrang vor jenen der Strenge, und die Strenge ist schlussendlich im Dienst der Gnade. In dieser wahrhaftig ganzheitlichen Sicht der Wirklichkeit haben sowohl Zärtlichkeit wie auch Zerstörung ihren Platz. In einem *hadith qudsi*, einem der überlieferten Worte des Propheten Mohammed sagt Gott: „Nimm Zuflucht in Meiner Gnade vor Meinem Zorn. Nimm Zuflucht in Mir vor Mir." Mit andern Worten, während Leiden ein sehr wirklicher Aspekt des Lebens ist, können wir im Göttlichen vor diesem Leiden Zuflucht nehmen.

Das Leiden der Welt treibt uns in die Richtung von der Wirklichkeit des Geistes, und dies ist eine Gnade. Die Wirklichkeit lehrt uns mittels Gegensätzen und Kontrasten. Mit der Zeit verstehen und schätzen wir die Notwendigkeit dieser Ausgewogenheit zwischen diesen beiden Arten von Gnade und Strenge. Der Vorrang von Gnade wird jedoch gezeigt, wenn wir lernen, dass auch die Strenge eine versteckte Form der Gnade ist. Wie Rumi sagt:

Schmerz ist ein Schatz, denn es liegt Barmherzigkeit darin; der Kern wird frisch, wenn man die Schale abkratzt.

[Rumi, Mathnavi II: 2263]

Der Unwissende putzt zuerst die Tafel, dann schreibt er die Buchstaben darauf.
Ebenso verwandelt Er das Herz in Blut und bemitleidenswerte Tränen, dann schreibt Er die Geheimnisse darauf.

[Rumi, Mathnavi II: 1829–30]

Wenn das Leiden und das Drama dieser Welt nicht wirklich wären, hätte die bedingungslose Liebe darin keinen Platz. Die Unvollkommenheit der Welt ist es, die die Wirklichkeit der Liebe entstehen lässt—eine bedingungslose Liebe, die sogar diese Unvollkommenheit liebt. Liebe ist eine Qualität des Unkonditionierten und Unendlichen, die in diese mangelhafte und konditionierte Welt eindringt, und sie bringt mit sich eine Kostprobe von Schönheit und Gnade. Wenn Liebe nur für die Liebenswürdigen wäre, wäre sie nicht kosmisch. Das Rätsel und die Gnade von

Leiden: Einbildung und Wirklichkeit

Liebe ist, dass wir ihre Empfänger sind, trotz unseren Fehlern und Schwächen. Das Wissen davon gestattet uns, sogar unsere Feinde und diese unvollkommene Welt noch mehr zu lieben.

Eine der häufigsten Übungen bei den Sufis ist, Tätigkeiten mit dem inneren Rezitieren des Satzes zu beginnen: „Im Namen Gottes, des Barmherzigen und Gnädigen." Aus der nichtdualistischen Perspektive der esoterischen Spiritualität bedeutet dies: „Lass mich sein und lass mich Barmherzigkeit und Gnade zeigen, da es keinen anderen Vermittler als den unendlich Barmherzigen Einen gibt."

Dass das Leben in dieser Welt voller Leiden ist, ist unbestritten, aber die Spiritualität ist nicht unsere Isolierung von diesem Leiden. Die Gegenwärtigkeit gestattet uns, uns für die Leiden dieser Welt zu öffnen. Barmherzigkeit heisst, für die Leiden dieser Welt offen zu sein, ohne darin zu ertrinken. Vielleicht ist es im Annehmen unserer Dienerschaft, in der Öffnung für die Leiden der Welt, dass wir selbst weiter transformiert werden, und wir die Eigenschaften der Schöpferischen Kraft erwerben.

Güte ist zur Beute des kühnen Mannes geworden, Medizin sucht auf der Welt nichts als den Schmerz.
Wo immer ein Schmerz ist, geht das Heilmittel hin; wo immer eine Tiefebene ist, läuft das Wasser hin.
Wenn du das Wasser der Barmherzigkeit ersehnst, gehe und erniedrige dich; dann betrinke dich am Wein der Barmherzigkeit.
Barmherzigkeit über Barmherzigkeit steigt in den Kopf; komme du nicht wegen einer einzigen Barmherzigkeit herunter, o Sohn!

[Rumi, Mathnavi II: 1940–43]

Kapitel Vierundzwanzig

Die Selbstzentriertheit überwinden

Hilf diesem starrköpfigen Selbst zu zerfallen;
Damit du darunter die Einheit findest, wie ein vergrabener Schatz.

[Rumi, Mathnavi I: 683]

Ein Sufi kam zu einem abgelegenen Dorf, wo er niemanden kannte. Nachdem er einige Leute getroffen hatte, stellte er fest, dass dieses Dorf einen ungewöhnlichen Hunger für spirituelle Kenntnisse hatte. Sie luden ihn ein, sein Wissen bei einer Zusammenkunft, die sie organisieren würden, zu teilen. Obwohl dieser Sufi noch nicht ganz überzeugt war, dass er spirituelles Wissen vermitteln konnte, nahm er ihre Einladung an. Viele Leute wohnten der Zusammenkunft bei, und der Sufi fand seine Zuhörerschaft als sehr empfänglich für das, was er zu sagen hatte. Und vor allem stellte er fest, dass er fähig war, die Lehren, die er empfangen hatte, mit einer Gewandtheit auszudrücken, die er früher noch nie so erfahren hatte. In dieser Nacht legte er sich mit dem Gefühl grosser Zufriedenheit schlafen.

Am nächsten Tag traf er einen der Älteren des Dorfes. Sie grüssten einander wie Brüder, und der Ältere drückte seine Dankbarkeit für den vorhergehenden Abend aus. Der Sufi begann sich über das zu freuen, was erzielt worden war. Er meinte sogar zu sich selbst, dass er zu diesem Dorf geführt worden war, um die Weisheit, die er in seinen langen Jahren von Übung und Dienst angesammelt hatte, zu vermitteln. Vielleicht, wenn diese Leute aufrichtig wären, könnte er eine Weile bei ihnen bleiben und ihnen wirklich eine umfassende Unterweisung des Weges von Liebe und Gedenken anbieten. Sie waren gewiss eine lobenswerte und aufrichtige Gemeinschaft. In diesem Augenblick lud ihn der Ältere zu einer weiteren Versammlung an diesem Abend ein.

Die Selbstzentriertheit überwinden

Die Dorfbewohner versammelten sich wieder an jenem Abend, aber dieses Mal wurde einer von ihnen durch das Los ausgewählt, um sich an die Versammlung zu wenden. Auch er hielt eine sehr wortgewandte Rede, voller Weisheit und Liebe. Nach der Zusammenkunft traf der Sufi wieder den Älteren. „Wie du siehst", fing der Ältere an, „spricht der Freund in vielen Formen zu uns. Wir sind hier alle geliebt, und wir sind alle für die Wahrheit empfänglich, und so kann sich die Wahrheit leicht selbst ausdrücken. Wisse, dass weder das ‚du', das sich gestern Abend besonders fühlte, noch das ‚du', das sich heute Abend herabgesetzt fühlte, wirklich sind. Verneige dich vor dem inneren Freund, wenn du Weisheit finden und frei von Selbstverurteilung sein willst."

Es gibt eine tief liegende Haltung, die uns verkrüppelt und blendet. Sie kann so durchdringend sein, dass wir sie oft nicht hinterfragen. Diese Haltung ist eine Verzerrung der natürlichen Ordnung, die durch unsere Unsicherheit und das Bedürfnis nach Aufmerksamkeit, durch unser Gefühl von getrennt sein, durch unser Unwissen von der Einheit von allem Leben erschaffen wurde. Das Problem ist auf eine Art sehr einfach: wir denken zu oft über uns nach, und dies auf eine falsche Art. Das Ergebnis ist Selbstbedeutung (oder sein Gegenteil: Selbsthass) und Habgier.

Wann immer wir denken, dass wir besser als andere sind, oder wann immer wir denken „ich will", denken wir über uns selbst auf die falsche Art nach. Wenn wir anders denken können, etwa „meine Familie braucht mich, mein Körper braucht dies oder jenes, meine Arbeit braucht dies, hilf mir, diese Bedürfnisse zu erfüllen, hilf mir, Deine Fülle zu spiegeln", können wir für den Fluss von spiritueller Energie öffnen.

Selbstbedeutung, Unsicherheit und subtile Gier nehmen uns aus der Gegenwärtigkeit heraus und in die Identifikation hinein. Es spielt keine Rolle, ob wir nach Dingen gieren, die für uns schädlich sind, oder nach sogenannten spirituellen Erfahrungen. Keines von beiden ist hilfreich. Selbstbedeutung und Gier können unsere Bemühungen für Erkenntnis und Gegenwärtigkeit verderben.

Wir können anfangen zu bemerken, wann wir zu sehr über uns selbst nachdenken, und dann können wir uns vom Nehmen zum Geben wenden. Wenn wir aufhören, über uns auf eine mechanische oder zwangshafte Art nachzudenken, können wir besser das sein, was wir sind. Wahrer Dienst heisst, von uns selbst zu geben, von dem, was wir natürlicherweise sind. Ein menschliches Wesen zu werden heisst, zu lernen wie man gibt, viel mehr als lernen wie man meditiert oder unseren Willen ausübt. Meditation und die Übung des Willens sind nicht das Ziel; wir üben sie, um uns selbst zu dekonditionieren und unsere Selbstbedeutung und Gier zu untergraben.

Wegen unserer selbstzentrierten und egoistischen Sicht können wir die Dinge nicht sehen wie sie sind. Weil wir mit unserem niederen Selbst identifiziert sind, leiden wir an irgendwelchen Schwierigkeiten, auf die wir treffen. Aber diese Probleme und Leiden sind alle eine versteckte Art von Segen. Durch dieses Leiden können wir lernen, unsere Anhaftung an uns selbst zu verlassen und die Erkenntnis des Selbst zu erreichen.

Indem wir unseren Schmerz betrachten, können wir realisieren, dass wir immer wegen unseren Anhaftungen an uns selbst, an unserer Trennung oder am Unwissen vom Einen leiden. Unser Schmerz ist die Einladung des Freundes zu Seiner Gegenwärtigkeit; Leiden ist die Schwelle zum Einen. Wie Rumi sagt: „Wer immer wacher ist, er hat mehr Schmerz. Suche den Schmerz!"

Und so müssen wir uns nicht über das Leiden ärgern. Wir können es mit dem Wissen annehmen, dass es uns über unsere Identifikation mit dem falschen Selbst und der Trennung von der Wahrheit bewusster macht. Je mehr wir bewusst das Leiden und den Schmerz ertragen, umso mehr treten wir in die Gegenwärtigkeit des Einen ein. Wenn wir leiden, können wir uns daran erinnern, Zuflucht im Einen zu suchen. Wenn wir uns entschieden haben, ins Feuer der Liebe einzutauchen, lernen wir alles anzunehmen, was immer uns gegeben ist, ohne zu klagen.

KAPITEL FÜNFUNDZWANZIG

Stirb bevor du stirbst

Wie sehr liess mich der Geliebte leiden
Bevor dieses Werk sich im Wasser der Augen und im Blut der Leber
niederliess.
Tausende Feuer und Rauch und ihr Name ist Liebe!
Tausende Schmerzen, Bedauern und Beschwerden—und ihr Name ist
Geliebter!
Lass jeden Feind seines eigenen falschen Selbst an die Arbeit gehen!
Willkommen bei der Selbstaufopferung und beim erbärmlichen Tod!

[Rumi, Divan 12063]

*E*s war einmal ein König, der alle Bedürftigen grosszügig beschenkte. An einem Tag gab er den Witwen, an einem andern den Lahmen, an einem dritten den Blinden, und an einem vierten den armen Schülern. Seine einzige Forderung war, dass die Bedürftigen in Stille warten. Da war jedoch ein armer Student, der nicht aufhören konnte zu jammern, wenn sich der König näherte. Natürlich wurde der Student ignoriert. Am nächsten Tag kleidete er sich in Lumpen und setzte sich zu jenen, die an einer Krankheit litten, aber der König erkannte ihn wieder. An einem andern Tag kleidete er sich wie eine alte Witwe, aber auch da erkannte der König ihn wieder. Dies ging so von einem Tag zum nächsten. Schliesslich jedoch kleidete er sich mit einem Totentuch und legte sich neben die Strasse. Als der König vorbeiging, liess er einige Goldstücke für die Beerdigung fallen. Da erschien die Hand und der Kopf des Studenten aus dem Totentuch, um die Goldstücke an sich zu nehmen, bevor sie ein anderer auflas. Als er sah, dass der König dies beobachtete, sagte er: „Hast du gesehen, dass ich schliesslich etwas von deiner Grosszügigkeit bekommen habe?"

Lebende Präsenz

"Ja", sagte der König, "aber nicht bevor du gestorben bist!"

Rumi sagt:

Das Geheimnis von „Stirb, bevor du stirbst" [1] *besteht darin, dass der Lohn nach dem Sterben kommt.*
Außer Sterben nutzt vor Gott keine andere Fertigkeit, o Heimtückischer.
„Eine Seiner Gnaden ist besser als hundert Arten von Anstrengung. Anstrengung riskiert hundert Arten von Schaden." [2]
Und die Göttliche Gnade hängt vom Sterben ab. Die Getreuen haben diesen Weg geprüft.

[Mathnavi VI: 3837–40]

Wir könnten uns über den Geliebten beklagen und fragen: „Warum fügst du jenem, den du liebst, so viel Schmerz zu? Willst du das Blut von Unschuldigen vergiessen?"

Der Geliebte würde antworten: „Ja, Meine Liebe bringt nur Unschuldige um".

In jedem Menschen gibt es eine riesige schöpferische Kraft, einen versteckten Schatz. Aber dieser versteckte Schatz ist nicht etwas, das wir besitzen können. Er ist süss, aber er ist nicht etwas, was wir geniessen können. Wenn wir denken, wir können uns seine Eigenschaften aneignen, schliessen wir das System kurz, der Strom fällt aus. Wenn wir keinen eigenen Anspruch auf solche Eigenschaften erheben, werden wir paradoxerweise diese Qualitäten der schöpferischen Kraft widerspiegeln. Es wird gesagt, dass der Freund nie dein Selbst wegnimmt, ohne dir Sich Selbst zu geben. Du wirst dich nicht darum kümmern, dass dein Leben von allem Leben getrennt ist, dein Leben wird in allem gesehen.

Rumi sagt: „Nur wer ein Feind seiner eigenen Existenz ist, besitzt wirkliche Existenz". Dies ist kein Ratschlag für Unreife. Nicht bis wir auf die Impulse des kleinen, zwanghaften Selbst

---

1. AH 721
2. AH 722

verzichten können, werden wir in der Lage sein, die unendliche Dimension des Geistes anzuzapfen. *Ohne zu sterben kann die Seele nicht ins Leben kommen.*

Was du dachtest, du selbst zu sein, war ein vereinzeltes Bruchstück deines Geistes, das widersprüchliche Wünsche, Konditionierungen und Besessenheit enthält. Mit Bewusstsein und Liebe kann sich dieses falsche Selbst auflösen, wie Eis in der Sonne.

Hingabe ist, wenn das niedere Selbst das wesentliche Selbst anerkennt und gemäss seiner Führung handelt. Sie überwindet den Widerstand, den das niedere Selbst bietet. Es muss das Zögern, Zweifel, Ängste, Unvereinbarkeiten, Rationalisierungen, Groll und Misstrauen fallen lassen, die uns daran hindern, die Qualitäten der Schöpferischen Kraft auszudrücken.

Auf einem höheren Niveau, wenn einmal die Einheit flüchtig erkannt wurde, kann das reine Gefühl der Trennung vom Geliebten ein noch grösserer Schmerz als unser gewöhnliches psychologische Leiden werden. Nur dann können wir unsere bewusste Aufmerksamkeit mit unserem wesentlichen Selbst vereinen, und wir bekommen so Zugang zu unseren feinsten Intuitionen. Die in uns aufsteigenden Impulse werden echt und angemessen sein, jene eines wahren Menschen.

Wenn wir auf jenes Selbst hören und es ausdrücken können, werden wir das finden, was es braucht, um den Anforderungen des Lebens zu genügen. Wenn wir den bewussten Geist in Resonanz mit einem dimensionslosen Punkt in uns gebracht haben, der alle Qualitäten als Möglichkeit enthält, wird ein jeder von uns spontan ein Reflektor der Wahrheit. Wir werden dazu fähig, das Leben zu umarmen, und all jene, die wir lieben sollen. Dieser dimensionslose Punkt in uns ist unser Kontaktpunkt mit den Qualitäten des höheren Geistes. Wenn wir regelmässig den Verstand schweigen lassen und uns dem Kern unseres Seins bewusst sind, werden wir vom Ursprung des Lebens Hilfe erhalten. Gegenwärtigkeit ist das leere Zentrum, das die Qualitäten des höheren Geistes anzieht und manifestiert.

Kapitel Sechsundzwanzig

Freiheit der Seele

Zwei Steine können nicht denselben Raum besetzen,
Aber zwei Düfte können es.

[Kabir Helminski]

Die Freiheit der Seele hängt davon ab, dass wir unserer Existenz als den Schnittpunkt von vielen Welten bewusst werden. Höhere Welten haben weniger Gesetze, und daher grössere Freiheit. Je unbewusster wir sind, umso eingeschränkter sind wir unseren eigenen und fremden Zwängen und zufälligen Ereignissen unterworfen. Es ist unsere Bestimmung, frei zu sein, frei in unseren Seelen, nicht in unseren Egos. Wenn unsere Seelen frei wären, würden wir nicht an den Einschränkungen dieser irdischen Existenz leiden.

Spirituelle Freiheit hängt vom bewussten Sein als Seele ab. Die Seele wird lebendig wenn das Selbst und der Unendliche Geist sich treffen. Im Körper mögen wir Einschränkungen erfahren. Wir mögen in unseren physischen Fähigkeiten eingeschränkt sein, etwa wenn wir krank oder schwach sind. Wir mögen beschränkt sein, wenn wir statt in Katmandu in Boston sein müssen. Im besten Fall können wir genügend finanzielle Unabhängigkeit erwerben, um uns zu erlauben, uns freier zu bewegen, aber diese Unabhängigkeit mag uns Zeit und Anstrengungen kosten. Dies ist die Natur des Gefängnisses von Raum und Zeit. Die erste Freiheit ist die Realisierung, dass die materielle Welt uns nie befriedigen kann, obwohl wir mehr oder weniger daran gebunden sind. Die materielle Welt, die unter vielen Gesetzen und Beschränkungen steht, tut wenig für unser Sein. Auch wenn wir sehr gut lernen, diese materielle Welt zu steuern, bringt uns dies nicht notwendigerweise näher zum eigentlichen Leben. Wie viel wir auch immer in dieser Welt tun, es genügt nicht. Wir müssen uns innerlich entwickeln, eine Verbindung mit einem inneren Sein und Wissen schaffen. Ernüchterung von der materiellen Welt heisst nicht, dass wir ihr unseren Rücken zukehren, sondern dass wir uns daran erinnern, was sie uns nicht aus sich selbst geben kann.

In der Ordnung des Universums gibt es auf höheren Ebenen weniger Gesetze. Um eine physikalische Analogie zu verwenden, können zwei Steine nicht denselben Raum einnehmen, aber zwei Düfte können es. In der Welt der Existenz der Feststoffe hat ein Stein ein Gewicht und eine Masse, die begrenzen, was er tun kann. Ein Duft andererseits, weil er eine molekulare Gestalt hat, hat die Fähigkeit zur Diffusion und Durchdringung, die ihm gestatten, sich augenblicklich mit sagenhafter Geschwindigkeit über grosse Distanzen in alle Richtungen auszudehnen. Ein Stein kann sich jedoch nur bewegen, wenn er durch eine auf ihn wirkende Kraft bewegt wird, und auch dann nur in eine Richtung und mit einer eingeschränkten Geschwindigkeit.

Der Unterschied zwischen fester Materie und Materie im molekularen Zustand ist ähnlich wie der Geist, der vom gewöhnlichen Verstand beschränkt ist, und dem Geist, der spiritualisiert wurde. Der zweite hat bestimmte Eigenschaften, die als wundersam betrachtet werden können: die Fähigkeit, an mehr als einem Ort zur gleichen Zeit zu sein, die Materie zu durchdringen, Barrieren zu überwinden, und im gleichen Raum mit Körpern aus ähnlichem Material zu koexistieren. Verfeinerung führt zu Freiheit. Die Welt der Sinne ist die Welt mit den meisten Einschränkungen.

Zusätzlich dazu, dass wir in einer materiellen Welt, der Welt der Sinneswahrnehmung und des physischen Seins leben, leben wir auch in einer Welt von Gefühlen und Gedanken. Auf dieser Ebene sind wir eingeschränkt, wenn auch ein bisschen weniger stark. Es ist auf der Ebene des Denkens und des Fühlens, dass wir eine zufriedenstellende Beziehung zur materiellen Welt bilden.

Wir mögen materiell arm sein, aber reich an innerer Erfahrung. Dies ist die Ebene, wo Bedeutung und Werte die konkreten Tatsachen des Lebens überlagern. Negative Gedanken und Einstellungen verderben alles, positive Gedanken hingegen können unsere Wahrnehmungen beeinflussen und verwandeln.

Viele Leute haben gefühlsmässige Gewohnheiten, die sie einschränken. Ein Kind, das von seiner Mutter in einem frühen Alter verlassen wird, mag etwas aus diesem Ereignis mitnehmen. Jemand, der zu oft beschämt wurde, mag diese Scham verinnerlicht und ein negatives Selbstbild angenommen haben. Jemand, der aufgehört hat, neue und abenteuerliche Erfahrungen zu machen, kann in ein bestimmtes starres Muster von Gefühlsreaktionen kristallisieren. Wenn wir nicht bewusst gewisse Muster aufbrechen und unsere Flexibilität erhalten, können wir an gefühlsmässigen Einschränkungen leiden. Die Person, deren Essenz nicht von der Persönlichkeit versklavt ist, wird weniger in die Persönlichkeit verstrickt sein, und daher ihr eigenes falsches Selbstbild weniger schützen. Jemand, der gelernt hat, „Nichts" zu werden, wird in der Lage sein, den Geist mit einer grösseren Breite von Qualitäten zu zeigen.

Auf der Ebene der Gedanken können wir auch an Einschränkungen leiden, ein Mangel an Freiheit wegen Konzepten, die allzu stark einschränken. Gewöhnliches gesellschaftliches Leben füllt uns mit solchen Konzepten, so wie „ein Mann weint nie", „eine ehrbare Frau würde nie so etwas tun", „mein Land richtig oder falsch", und so weiter. Auf dem Weg der Transformation ist es notwendig, aus dem Schlaf des gewöhnlichen sozialen Selbst zu erwachen, und alle eigenen Konditionierungen in Frage stellen. Es ist notwendig zu sehen, wie unsere Konzepte und Meinungen unsere Wirklichkeit geformt haben.

Zwanghafte und sich wiederholende Gewohnheiten von Gedanken und Gefühlen lassen uns zu rigideren Persönlichkeiten werden, und wir geraten mehr und mehr unter die Herrschaft der Persönlichkeit. Indem wir daran arbeiten, uns von negativen Gedanken und Gefühlen zu befreien, werden wir frei, mit grösserer Schärfe und Bewusstsein schöpferisch zu denken, und wir lernen, unsere Gefühle für Eindrücke des gegenwärtigen Augenblickes zu öffnen.

Es gibt eine Sorte von Gedanken, die wir Täuschung nennen, die uns weiter weg von der wirklichen Welt in zunehmende Sklaverei führt. Wenn wir unter zu grosser Täuschung leiden, werden wir vielleicht in eine Institution eingeliefert. Wir könnten über die Folgen unserer Handlungen so unbewusst werden, dass wir denken, wir könnten fliegen und aus dem Fenster springen, während wir davon träumen, frei zu sein. Mit dieser Form von Täuschung können wir verletzt oder tot enden. Ein Sufi sagte einmal: „Wir können die Naturgesetze nicht brechen, aber wir können unser Genick im Versuch dazu brechen". Ist es möglich, dass die meisten Menschen an einer bösartigen Täuschung leiden, welche dazu führt, dass wir blind für die Folgen unserer Handlungen sind?

Die meisten Leute sind in ihren Gefängnissen komfortabel, so wie der Sittich, der, wenn wir die Käfigtür öffnen, immer wieder versucht, sie mit seinem Schnabel zu schliessen. Wenn ein Sittich dies tut, mögen wir denken, dass es lustig sei. Aber wenn Leute sich selbst so einschränken, müssen wir dieses Betragen dumm, aber typisch nennen. Nichts wird mit dieser Handlung vollbracht, ausser der Erschaffung einer beruhigenden Täuschung, um unsere selbstauferlegten Beschränkungen zu unterstützen.

Einige Arten von Gedanken können uns dabei helfen, offen, flexibel und bewusst zu bleiben. Spirituelle Gedanken mögen als Mahnung dienen, als Türen zu neuen Wahrnehmungen. Früh in meiner Sufi-Ausbildung sagte man mir: „Der Suchende (Derwisch oder Sufi) steht an der Schwelle zwischen Freiheit und Sklaverei". Ein Sufi wird ein Sohn oder eine Tochter des Augenblicks genannt, weil er oder sie lernt, an der feinen Grenze von Bewusstsein und Bewusstheit zu leben.

Eine grössere Freiheit ist für uns verfügbar, wenn wir uns von der Vorherrschaft der Anforderungen von Körper, Gefühlen und Gedanken befreien können. Es gibt eine Ebene von Bewusstsein, auf der diese Dinge keine Kontrolle haben. Aus grösserem Bewusstsein folgt grössere Auswahl und grössere Anpassungsfähigkeit.

Lebende Präsenz

Wie wir lernen, unser Zuhause in Bewusstsein und Gegenwärtigkeit zu machen, so fühlen wir mehr Freiheit innerhalb unserer Umstände—sogar ohne sie zu verändern. Dies mag die einzige wahre Freiheit sein. Wenn wir auf diese Art bewusst sind, finden wir auch eine entspannte Erdung im Körper. Es ist gut, soviel physische Gesundheit und Flexibilität wie möglich zu haben, so wie es auch gut ist, eine maximale Gesundheit und Flexibilität in den Gedanken und Gefühlen zu haben. Aber keine Freiheit kann mit der Freiheit der Seele verglichen werden, eine Freiheit ohne Bedürfnis, Erwartungen oder Kummer.

Die Freiheit der Seele befreit uns von unserer grössten Versklavung, von den unbegrenzten Anforderungen des Egos. Die grösste Freiheit ist *frei zu sein, die Anforderungen des Egos nicht zu erfüllen*. Innere Freiheit heisst, fähig zu sein, die eigene Haltung wählen und die eigene Aufmerksamkeit lenken zu können.

Es gibt kein Ding wie die absolute Freiheit. Wir sind der materiellen Welt, der Genetik und den Gesetzen der Natur hörig. Einige von uns sind vielleicht auch geknechtet von Geld, Sex oder Macht. Alternativ können wir dem Geist hörig sein, als einzige Macht. Wenn wir ein Diener des Geistes werden, werden wir von vielen Gesetzen befreit, wir sind dann nur einem Ding verantwortlich, und darin liegt die Freiheit. Letztendliche Dienerschaft heisst letztendliche Freiheit. Mohammed sagte: „Mach alle deine Mühen zu einer einzigen Mühe, und Gott wird sich um all deine Mühen kümmern".

Dienerschaft für die spirituelle Welt ist Dienerschaft für die Liebe, die überhaupt keine Bindung hat, weil sie in sich so befriedigend ist. Jesus und Mohammed waren in einem gewissen Sinn nicht frei, weil keiner von beiden irgend eine Wahl hatte, beide waren der Liebe unterworfen.

Wenn wir am Ego leidend sind, entweder im Streit mit jemand anders oder mit uns selbst, dann ist Liebe die Arznei. Mögen wir uns der Liebe unterwerfen.

Wenn wir an unseren Erwartungen oder an unseren Erinnerungen leiden, dann lass uns die Freiheit vom Selbst und das Vertrauen in den Einen üben. Die egozentrische Sicht sagt, dass

Freiheit der Seele

alles im Universum wegen uns selbst geschieht. Ein kleines Kind, dessen Eltern sich scheiden lassen, mag glauben, dass er oder sie auf eine Art für die Scheidung verantwortlich ist. Einige Leute sind so empfindlich, dass sie alles persönlich nehmen, und einige sind so verwöhnt und gewöhnt, dass alles nach ihrem Willen geht, dass sie alles als eine Spiegelung von sich selbst verstehen. In beiden Fällen ist es das Gefühl von „Ich", das einschränkt. Es ist das „Ich-Gefühl", das sich positiv verwandeln kann.

In einer Beziehung zur Schöpferischen Kraft zu stehen kann mit keiner anderen Freiheit verglichen werden. Was ist Freiheit, wenn nicht eine spontane Verbindung zu dieser Kraft? Es ist die Freiheit von den Einschränkungen des Egos, ein Fehlen von Erwartungen durch ein Leben vollständig im Augenblick, die Möglichkeit, eine Einstellung und ein Verhältnis zu den Umständen zu wählen, eine Grosszügigkeit und eine Bereitschaft, ein Risiko ohne Angst vor Verlust einzugehen, und eine Aktivierung von echtem Einfallsreichtum in der Liebe.

Die meisten Leute sind mit ihrer Knechtschaft zufrieden, aber einige finden sich, weil sie eine andere Möglichkeit erkennen. Das Werk sagt uns, dass die Freiheit in der Hingabe, im Vertrauen und in der Freundschaft mit dem Einen zu finden ist. Diese Freiheit wächst, so wir die Qualitäten des Freundes in uns selbst entdecken: Grosszügigkeit, Geduld, Akzeptanz, Wahrhaftigkeit und Mut. Wir können uns vom Ego befreien und können die Unverwundbarkeit des Wesens, das wir sind, kennenlernen. Wir sind dafür gemacht, die Freiheit einer zeitlosen, ewigen Seele kennen zu lernen, die ganz in diesem Leben steht.

Kapitel Siebenundzwanzig

Was wir lieben, das werden wir

Mit wem du dich also verbinden willst, gehe, löse dich im Geliebten auf und nimm seine Gestalt und Eigenschaften an.
Wenn du nach dem Lichte strebst, mache dich bereit, Licht zu empfangen; wenn du fern von Gott sein willst, werde selbstsüchtig und entferne dich von Ihm.
Und wenn du einen Weg aus diesem zerstörten Gefängnis suchst, wende dich nicht vom Geliebten ab, sondern wirf dich nieder und nähere dich Gott.

[Rumi, Mathnavi I: 3605–07]

Ein armer Mann sass unter einem Baum und murmelte vor sich hin: „Oh Gott, Gott, Gott . . . ." Viele Leute müssen vorbeigegangen sein, ohne ihn zu bemerken, oder sich darum zu kümmern, bis einer kam, der sarkastisch meinte: „Ich höre, dass du Gott rufst, aber ich höre keinen Gott, der antwortet". Der arme Mann war bestürzt. Eine Weile ging vorbei und einige Tränen flossen, als dann ein engelhafter Bote erschien und sagte: „Bruder, dein Herr will, dass du weisst, dass die Rufe an Ihn Seine Antwort für dich sind ".

Es liegt in der Natur der Seele, beeinflussbar zu sein, die Qualitäten von allem anzunehmen, womit sie sich identifiziert, was sie wünscht oder liebt. Sie identifiziert sich mit ihrer gesellschaftlichen Prägung, sie wird diese Eigenschaften aufnehmen. Wenn sie mit verschiedensten Wünschen identifiziert ist, wird sie ihre Widersprüchlichkeiten spiegeln. Wenn sie sich vor allem mit den Instinkten identifiziert, nimmt sie tierische Qualitäten an. Wenn sie sich mit dem Geist identifiziert, nimmt sie die Qualitäten des Geistes an.

Was immer die Seele zu lieben auswählt, sie wird dem gleichen. Und daher ist es so wichtig, sorgfältig auszuwählen, was wir lieben: Liebe ist die Kraft hinter jeder Ebene der Existenz. Es gibt in jeder Anziehung etwas Gutes, aber da gibt es einen Prozess zur Verfeinerung der Anziehung und der Auswahl von dem, was wir lieben, sodass wir von einer umfassenderen und reineren Liebe mit Energie versorgt werden.

Zuerst funktioniert die Liebe als Anziehung oder Verlangen, als *eros*, sie wählt aus den vielen Formen, welche die materielle Welt zu bieten hat. Wir streben nach Befriedigung in der Gefühlswelt und dem psychologischen Bereich. Wir sind mit den Formen, die wir uns wünschen, identifiziert, besonders durch unsere Vorlieben und Ablehnungen, unsere Anziehungen und unsere Abneigungen. *Eros* ist die Liebe des wünschenswerten, des liebenswerten, und diese Liebe wird durch Besitzansprüche charakterisiert.

Die Liebe auf einer anderen Ebene heisst, mit andern teilen, oder *philos*. Darin liegt eine Schönheit, einfach mit andern eine gewisse Zeit und einen bestimmten Ort zu teilen. Eine Beziehung erweitert das Selbst und zähmt das Ego. Heirat, Familie und Gemeinschaften erweitern die Kreise eines reichen Lebens. *Philos* heisst Teilen und Mitgefühl.

Aber es gibt eine Liebe noch grösser als Anziehung und Einfühlung. Es wird von ihr gesagt, dass sie die Liebe für den Geist sei—objektive Liebe, oder *agape*. Der Geist in uns kann den höheren Geist in allem lieben. In dieser Liebe lieben wir das, was wir im Wesentlichen sind. Die Zweiteilung zwischen dir und „der andere" löst sich auf, und was übrig bleibt ist ein Bereich von Liebe.

Die Liebe sucht sich selbst. Dieses kosmische elektromagnetische Feld, in dem wir existieren, bietet Möglichkeiten für Verbindungen, Beziehungen und Gemeinschaften. Unsere Offenheit, unsere Verbundenheit und unser Engagement sind das Mass unserer Liebe. Je mehr wir uns von unserer Selbstbezogenheit läutern, desto mehr werden wir den Nutzen dieser Liebe spüren.

Das, was uns am schönsten, inspirierend und magnetisch empfinden, wird uns herausziehen. Es ist der Grad von höherem Geist in allem, was seine Schönheit ist. Manchmal verwechseln wir Glanz, die Nachahmung von Schönheit, mit echter Schönheit. Was ist Schönheit, wenn nicht Reinheit, Leuchten und Tiefe? Die Erfahrung von Liebe wird unsere bewussten und unterbewussten Fähigkeiten in Gang setzen. So wie sich unser menschliches Nervensystem entwickelt, so wird es zu einem besseren Instrument, um Schönheit wahrzunehmen. Seine Liebe und seine Verbundenheit wird wachsen.

Der höhere Geist ist das Leben, das hinter allem steht. Wenn wir diesen Geist lieben können, werden wir ihn mehr und mehr in uns selbst, in andern, und in unserem Umfeld finden, und wir werden seine belebenden Qualitäten übernehmen.

Unterscheidungsvermögen

Im Theater unserer eigenen Erfahrungen lernen wir, die Qualitäten des Geistes von jenen des zwanghaften Egos zu unterscheiden. Das Ego ist vor allem mit seinem eigenen Überleben, mit Komfort und Eitelkeit beschäftigt. Es ist der Ursprung von Neid, Groll, Stolz, Heuchelei, Schuldgefühl und Schande.

Der höhere Geist andererseits ist innerlich unterstützend, geduldig, verzeihend, bedingungslos grosszügig, bescheiden ohne schwach zu sein, er ist auch liebend, und doch unparteiisch. Der individualisierte Geist, den wir Seele nennen, kann lernen, weiter als die unmittelbare Identifikationen in der materiellen und psychologischen Welt zu sehen.

Der Geist besitzt uns, wir besitzen ihn nicht. Wir werden seiner bewusst und vereinen uns mit ihm. Wir verlieben uns in ihn. Mit der Zeit beginnt das Ego, das uns so lange tyrannisiert hat, seine Macht zu verlieren und wird zu einem bereitwilligen Diener.

Wenn wir mit dem Geist vertraut werden, wird die materielle Welt mit all ihrer Vielfalt, mit allem, was gewonnen und verloren ging, zweitrangig. Es ist nicht unwichtig, aber in der Wichtigkeit zweitrangig. Wir werden für unser Wohlbefinden von den Umständen weniger abhängig. Wir fühlen uns mit dem Leben und dem Geist verbunden.

Was zum Beispiel als Verlust in der materiellen Welt erscheinen mag, wird in der Welt des Geistes verschieden gesehen, wo nichts verloren gehen kann. Dies heisst nicht, dass unser Kummer einfach verschwindet, unsere Verluste bleiben. Die Sorgen des Lebens verbittern einige und zerstören andere. Aber dieselben Sorgen können das ganze Leben vor den Hintergrund der Ewigkeit setzen und zu einem Brunnen der Erfrischung werden, eine lebendige Energie, auf die zurückgegriffen werden kann. Der Todeskampf von Jesus, der Schmerz von Maria und die Hingabe von Mohammed sind Mahnungen, dass das Leiden nicht vermieden werden kann—und doch sind wir gesegnet.

Das gleiche Leben, das früher gab, wird weiterhin geben. Wir wissen und sind uns bewusst, dass der Spender des Lebens, der Versorger, der Grosszügige Eine, der Geliebte, jede Gestalt annehmen kann. Leute und Ereignisse verlieren ihre Bedeutung nicht, sie werden zu Zeugen und zum Nachweis des Geistes, transparent für sein Leuchten. Wir beginnen, die Qualitäten des Schöpfers in der Schöpfung zu sehen. Das Herz ist der sich aufzeigende Teil des Geistes, es wird durch die bedingungslose Liebe des Lebens um uns herum aktiviert. Gemeinsam mit andern verstärken wir unser Leben.

Wenn es die Gegenwart des Geistes nicht gäbe, wäre diese Welt wahrhaftig ein Gefängnis. Aber mit dem Geist und den Fähigkeiten der Menschen, die ihn wahrnehmen können, zeigt die Welt eine Unendlichkeit von Eigenschaften des Einen. Der Heilige Geist ist überall.

Aktive Kontemplation

Was wir betrachten, zu dem werden wir. Innerhalb unseres eigenen Wesens entdecken wir das Unendliche Sein. Die Qualitäten, die eine reine Aufmerksamkeit wahrnimmt, sind manchmal Qualitäten, die wir nicht als unsere eigenen gekannt haben. Wir mögen grosse Schönheit in der Kontemplation entdecken, und doch nicht meinen, dass jene Schönheit in uns selbst entstanden ist. Es ist gesagt, dass „Gott Schönheit ist, und dass Er die Schönheit liebt". Die Liebe der Schönheit, besonders der spirituellen Schönheit, verbindet uns mit dem Geist; unsere Liebe des Einen ist eine Liebe von Seiner Schönheit, wie sie in unserer Essenz erkannt wird. Diese unsichtbare Schönheit, die wir in uns selbst gefunden haben, hat eine Entsprechung in der wahrnehmbaren Welt. Die wahrnehmbare Welt wird in dem Mass schön, dass wir dieser unsichtbaren Schönheit in unserem Sein bewusst sind.

Wir werden von einer Sehnsucht erweckt, die uns über die Welt der Erscheinungen hinaus zu neuen Qualitäten führt, die im Herzen enthalten sind. Die Qualitäten innerhalb unseres eigenen Wesens sind Göttliche Eigenschaften. Dies ist, weil die Göttliche Barmherzigkeit existiert, um uns zu zeigen, dass es die Möglichkeit gibt, das Unendliche zu erfahren, indem wir uns selbst kennen und jene besondere Göttliche Eigenschaft erfahren, die wir selbst am besten veranschaulichen.

Warum klammern wir uns an die Anonymität von diesem unserem eigenen Nichtsein, statt zum wirklichen Sein aufzuwachen? Vielleicht verstehen wir den wahren Grund nie vollständig. Der Göttliche Wille scheint von vielen Hindernissen konfrontiert zu sein. Die Göttliche Barmherzigkeit gestattet diesen Hindernissen zu sein, weil der Vollkommene Mensch durch Hingabe, Opfer und Bemühung in die Existenz kommt. Es gibt an dem Ort keine Liebe, wo es keine Polarität gibt, es braucht zwei, um Eines zu machen.

Der Unendliche Eine war ein verborgener Schatz, der sich danach sehnte, erkannt zu werden, und Er erschuf die sichtbare und die unsichtbare Welten, damit dieser Schatz erkannt werde. Wenn wir uns fragen, was dieser Schatz enthält, mögen wir die Göttlichen Namen oder die Eigenschaften des Einen nennen. Wir besitzen eine Fähigkeit, die aktive Vorstellungskraft genannt wird. Wenn wir für die Vollkommenheit des Augenblicks wach sind, können wir anfangen, das, was direkt dahinter liegt, wahrzunehmen, hinter den Erscheinungen und Formen. Für den Augenblick wach zu sein heisst wach zu sein für die Qualitäten, die sich durch den Augenblick zeigen. Wir kennen diese Qualitäten, weil sie in unserem unterbewussten Geist, oder dem Herzen, verborgen sind.

Innerhalb des vollständigen Menschen liegt ein Universum. Indem wir wissen, was ein menschliches Sein *ist*, können wir die Qualität unserer Beziehungen für ein grösseres Universum bestimmen.

Je grösser unsere Gefühle sind, umso grösser ist die Erwiderung aus dem Universum, weil das Universum eine unendliche Erwiderung ist. Je grösser die eigene Intelligenz (das Bewusstsein der Wechselbeziehungen) ist, umso intelligenter erscheint das Universum. Es gibt uns das zurück, was wir geben, nur in viel grösserem Ausmass.

Wir haben spirituellen und intellektuellen Frieden. Jeder Gesichtspunkt ist möglich, jeder hat eine gewisse Gültigkeit und wird auf eine gewisse Art und Weise vom Universum bestätigt, das alle Möglichkeiten umfasst. Für jemanden, der in der Verzweiflung verwurzelt ist, wird das Universum die Verzweiflung bestätigen. Für jene, die lieben, dienen und sich erinnern, wird es entsprechende Werte aufzeigen. Was wir lieben, zum dem werden wir. Jene, die aufrichtig Gott anrufen, werden die lebende Gegenwärtigkeit jenes Gottes in sich selbst finden.

Kapitel Achtundzwanzig

Liebe den Verwandler

Die Vernunft ist berechnend, die Liebe nicht. Die Vernunft sucht das, was ihr Vorteil bringt.
Der Liebende ist tollkühn und glühend; im Leid ist er wie ein Mühlstein.
Er ist ein Draufgänger, der keinen Beschützer hat; er hat den Eigennutz in sich getötet.
Er opfert alles, er strebt nicht nach Belohnung, ebenso wie er alles Reine von Ihm erhält.

[Rumi, Mathnavi VI: 1967–70]

Die schöpferische Kraft

„Betrachte die Liebe nie als das Ziel für irgend etwas", sagte mir einer meiner Lehrer, „Denke davon immer als die Ursache". Auf jeder Ebene der Existenz ist eine einzige kosmische Energie aktiv. Das ganze Universum ist von Intelligenz, Kreativität und fortwährender Transformation belebt. Ein anderer Name für diese kosmische Energie ist der höhere Geist, und wir erfahren diesen Geist, diese kosmische Energie als Liebe. Wir loben den Geist, wo immer wir ihn finden, in allem, was Energie, Leben und Schönheit ausdrückt—in einem grossen Musiker, in einem feurigen Pferd, oder in einer zufälligen gütigen Handlung eines Fremden.

Bei jedem Schritt auf der spirituellen Reise vergrössern wir mittels Dankbarkeit, Wertschätzung, bewusstem Atem und achtsamer Handlung unser Bewusstsein des Geistes.

Weil der Geist sowohl magnetisch wie auch schöpferisch ist, hat er grundsätzliche Ähnlichkeiten mit der sexuellen Energie.

Liebe den Verwandler

Eigentlich können die Energien des inneren Lebens in einem Spektrum von Sexualität bis Spiritualität angeordnet sein, eine fundamentale Energie, die sich in verschiedenen Feinheiten ausdrückt. Die verzauberten Liebesgeschichten der Jugend haben eine spirituelle Qualität. Die Hingabe eines Suchenden in einem Retreat kann auch von dem Eifer eines Menschen bei seinem ersten Rendez-vous erfüllt sein.

Jede schöpferische Handlung ist eine Handlung der Liebe. Der Absolute Schöpfer war der erste, der aus Liebe schuf, sowohl die sichtbare als auch die unsichtbare Welt. Der Künstler, der Wissenschaftler, der Handwerker, der Erfinder, sie sind alle im Ausmass ihrer Verliebtheit in ihre Aufgabe schöpferisch tätig.

Die kosmische Energie, die beseelt und belebt, kann nach Belieben von dem transformativen Instrument, das der Mensch ist, reflektiert werden, und unsere Aufgabe besteht darin, uns zu besseren Reflektoren des Geistes zu machen. Wenn wir die Kunst erlernen können, diese kosmische Energie nach Belieben anzuzapfen, werden wir mehr Leben, Kreativität und Liebe manifestieren.

Die vereinende Kraft

Anziehung funktioniert auf allen Ebenen innerhalb des elektromagnetischen Feldes der Existenz. Elektromagnetische Schwingungskräfte existieren auf der subatomaren Ebene. Energie ist Materie, und Materie ist Energie. Auf der chemischen Ebene werden Elemente wie Kohlenstoff, Sauerstoff, Wasserstoff angezogen und bilden Substanzen, die organisches Leben ermöglichen. Diese Substanzen ordnen sich weiter mittels elektrischer Bindungen. Liebe kann als diese grundsätzliche schöpferische und vereinende Macht gesehen werden, ein alles umfassendes Feld.

Auf der Ebene des menschlichen Lebens gibt es den *eros*, oder die Liebe des Liebenswerten. In der gebräuchlichsten Form ist es das Verlangen, der Wunsch zu besitzen. Wir wollen etwas für uns selbst erschaffen, etwas verzehren wie jene Urvölker, die die Herzen ihrer Feinde essen, um ihre Macht zu erlangen. Wir wollen

Land besitzen, ein Auto, oder ein Geschäft. Wir wollen die Macht unseres eigenen Willens über andere Leute und Dinge ausüben. Dies ist die Ebene, auf der das individuelle Ego funktioniert. Es stellt eine sehr beschränkte und einschränkende Art von „Liebe" dar, aber es ist desto trotz Liebe.

In der Form der sexuelle Liebe produziert *eros* eine Intensität von Gefühl, die dazu führen kann, dass zwei zu einem werden. Die Leidenschaft dieser Vereinigung ist jedoch oft kurzlebig, manchmal endet sie nach der physischen Befriedigung, oder in den meisten Fällen nach einer allmählichen Entzauberung.

Die Liebe ist der Bändiger des Egos, weil sie es ermöglicht, für einen anderen Menschen die gleiche Bedeutung und Wichtigkeit zu geben, die wir anfänglich nur uns selbst zuordneten. Dieser Egoismus, der ursprünglich unser ganzes Leben gestaltete, trifft in der Liebe eine lebende Kraft, welche das Ego aus seiner Isolation errettet und es wieder in die Lage bringt, mit etwas grösserem als sich selbst in Kontakt zu treten.

Die Liebe des Teilens, oder *philos*, ist weniger eingeschränkt und einschränkend als *eros*. Wir können dieses Phänomen sehen, wenn Leute an einer Hochzeit, im Theater, an einem Pferderennen, in einer Kneipe, in einem kulturellen Club und in einer beruflichen Organisation zusammen kommen, eigentlich auf jede Art und Weise, die Leute wählen, um am Leben teilzuhaben. Durch das Teilen von Liebe kann ein Mensch sich selbst als ein unabhängiges und notwendiges Organ des ganzen Lebens erfahren. Im Zusammensein mit andern wird die Bedeutung des einzelnen Individuums noch deutlicher.

Ganzheitliche, bedingungslose Liebe, *agape*, ist die Einheit, in der Dualität verschwindet. Es ist, wie wenn eine bestimmte innere Grenze verschwunden wäre. Mit *agape* ist das, was wir lieben, wir selbst, in der Art, wie eine Mutter ihr Kind wie sich selbst liebt. Dies ist die Bedeutung von „einen andern lieben wie sich selbst", in der Überschreitung unserer Grenzen der Erscheinungen, in der Erfahrung von uns selbst in einem andern, und des anderen in uns, nicht getrennt von uns.

Liebe den Verwandler

Mit der Zeit, wenn die Liebe umfassend ist, vereint sie uns mit allem, und sie gestattet uns zu erkennen, dass wir alles *sind*. Wie können wir daher die Täuschung von diesem abgetrennten und isolierten Selbst unterstützen, das sich bedroht fühlt und sich selbst vor allem schützen will, was ausserhalb ist?

Die Liebe bringt uns zurück zur Einheit, die eigentlich die Wirklichkeit ist. Die Wirklichkeit ist nicht Isolation, Verdacht, Neid, Selbstsucht und Angst vor Verlust, woran wir uns als normal gewöhnt haben. Sie ist das, dass wir alle Teil von einem Leben sind. Derselbe Geist bewegt sich in allen von uns. Wir erfahren dies deutlicher, wenn wir realisieren, dass wir alle dieselbe Art von Gefühlen haben, dieselben Wünsche, erkannt und respektiert zu werden, uns mitzuteilen, und unsere Abwehr fallen zu lassen.

Wir stehen fortwährend vor der Wahl zwischen persönlicher Erfüllung, persönlicher Sicherheit und Bequemlichkeit einerseits und der Arbeit für das Ganze und dem Streben nach Perfektion für alle und alles andererseits. Wir sind mit der Wahl zwischen der Bemühung für uns selbst und dem Beitrag konfrontiert, von ganzem Herzen für ein gemeinsames Wohlergehen zu sorgen. Wir sind mit der Sicht auf unsere Selbstliebe, oder aber mit der Verstärkung unserer Liebe für das Leben beschäftigt.

Wenn jemand zu uns eine liebende Geste macht, wird die Trennung überbrückt. Wenn ein anderer Mensch uns willkommen heisst und uns Liebenswürdigkeit und Beachtung schenkt, fühlen wir uns mit dieser Person eins. Wünschen wir uns nicht, mit so vielen Leuten wie möglich Eins zu sein? Dies war der Traum von jedem wichtigen Propheten, ein Volk zu verschmelzen, und sie in Respekt, Liebe und Hingabe an die Führung durch Wahrheit zu vereinen.

Wenn wir in die Liebe gezogen werden, schmilzt unser eigenes Gefühl eines isolierten und getrennten Selbst. Wenn wir verliebt sind und von Angesicht zu Angesicht mit dem oder der Geliebten sitzen, vergessen wir uns in der Schönheit unseres Geliebten. Weil der Geliebte ein Bezugspunkt zur Schönheit ist, werden wir von dieser Schönheit erfüllt. Jeder Liebende wird durch diese Liebe schöner. Dieser Geliebte, den die meisten Leute nur in den ersten Zeiten der romantischen Liebe kennen, ist tatsächlich in vielen Gesichtern und Aufmachungen gegenwärtig, wenn unsere Fähigkeit zu lieben wächst. Diese Fähigkeit transformiert uns und macht uns lebendiger. Wir sind nie so lebendig wie wenn wir verliebt sind, warum sollten wir da unsere Liebe auf die fast unmöglichen Bedingungen der romantischen Liebe beschränken? Können wir nicht die ganze Zeit Liebende sein?

Die transformierende Kraft

Liebe ist nicht etwas, das nur einfach „geschieht". Liebe kann eine willentliche Handlung sein. Leute können fragen: „Aber was ist, wenn ich sie nicht spüre?" Weil alles in der kosmischen Existenz eine Strasse in beiden Richtungen ist, können wir die Früchte der Liebe üben, und dadurch die Wirklichkeit der Liebe aufrufen. Wenn wir Freundlichkeit, Grosszügigkeit und Geduld zeigen, werden wir mit der Zeit die Wirklichkeit der Liebe in uns selbst entdecken. Falls wir je verwandelte Menschen werden, wird es geschehen, weil wir gelernt haben, willentlich ganz zu lieben. Das Erzeugen einer Schwingung von Liebe kann unsere Wahl in jedem Augenblick sein.

Liebe ist nicht nur eine Anziehung, auch nicht nur eine hohe Schwingung, eine Resonanz. Ihre Bedeutung ist, dass das, was als ein Gefühl beginnt, Handlung in Übereinstimmung mit diesem Gefühl erzeugt. Die Liebe verwandelt Kupfer in Gold. Die Fehler der Liebenden sind besser als die selbstgerechten Handlungen der Lieblosen. Bittere Früchte aus der Hand eines Geliebten schmecken sogar süss.

Liebende sehen, was andere nicht sehen, weil verliebt zu sein unseren Zustand des Bewusstseins verändert, nicht nur, wie wir fühlen und denken, sondern verwandelt auch unsere Sinneswahrnehmungen. Liebe erzeugt Schönheit, und Schönheit ist unser Kontaktpunkt mit Liebe. Grosse Künstler sind immer auf eine

Liebe den Verwandler

Art und Weise grosse Liebende. Liebe verwandelt das Hässliche in das Schöne, sie wird die Schönheit in allem sehen. Mohammed traf einst entlang einer Strasse auf einen räudigen Hund. Als er anhielt, um mit diesem armen Tier zu sein, machten einige seiner Begleiter eine Bemerkung über dessen Hässlichkeit. Mohammed öffnete das Maul des armen Tiers und sagte: „Aber seht ihr nicht dieses schöne Gebiss?"

Die Liebe eines jeden Einzelnen ist unterschiedlich. Wir sind veranlagungsmässig dazu geneigt, Liebe auf verschiedene Arten zu finden und zu zeigen. Jedes einzelne Herz hat diese Liebe in sich, und gleichzeitig wird es hinaus zu einem elektromagnetischen Feld des Lebens zu jenen Dingen, Leuten, Qualitäten oder Situationen gezogen, welche diese Liebe entfachen. Unsere äussere Suche wird uns der Liebe in uns aussetzen, und uns zu dem Punkt führen, in dem wir erkennen können, was wir in uns selbst tragen. Nichts Wertvolles wird ohne Liebe erreicht, weil sie ist die Kraft ist, die das Herz veranlasst, sich auszudehnen und mehr und mehr zu umfassen.

Liebe ist nicht das Ziel von irgendetwas, sie ist die Ursache von allem, einschliesslich unserer eigenen endgültigen Transformation. Die Sehnsucht jedes Menschen, zu wissen und sich auf etwas zu beziehen, ist die Handlung der Liebe selbst, die uns zurück zu unserem eigenen Ursprung führt. Wenn wir treu sind, wird sie uns zu den höchsten Qualitäten des Geistes verwandeln, welches die schöpferischen und lebensspendenden Qualitäten der Liebe selbst sind. Sie ist der Erschaffer von wahrer Individualität, eine Individualität, die ihre eigene grösste Erfüllung in ihrer Gemeinschaft mit dem Geist findet.

Kapitel Neunundzwanzig

Die Religion der Liebe

Gott gibt ihm ohne Grund seine Existenz. Der Edelmütige wiederum gibt sie ohne Grund auf.
Denn Edelmut besteht darin, ohne Grund zu geben. Sich selbst zu opfern steht über jeder Religion.
Weil Religion darin besteht, Gottes Gnade oder Heil zu suchen, sind die Opferbereiten Gottes erwählte Lieblinge.
Weder unterziehen sie Gott einer Prüfung, noch klopfen sie an die Tür von Gewinn oder Verlust.

[Rumi, Mathnavi VI: 1971–74]

Mevlana Jalaluddin Rumi sagte: „Die Religion der Liebe ist wie keine andere." Er verfocht keine neue Religion, weil er mit dem Islam als seine Praxis und Bezugssystem zufrieden war. Vielleicht zeigte er auf eine Erweckung der Göttlichen Liebe, die alle äusseren Formen von Religion ersetzt, weil sie das Wesen der Religion selbst ist. Aber warum ist sie „wie keine andere?" Verfehlen Religionen, wie sie gewöhnlich ausgeübt werden, das Ziel?

Er musste etwas ganz ausserordentliches gemeint haben, als er diese Idee so radikal ausdrückte. Vielleicht fühlte er das Bedürfnis, uns daran zu erinnern, dass Religion und ihre Formen zu etwas ganz anderem neigen, als was ihr ursprünglicher Impuls eigentlich ist, dass die Einsicht eines Propheten sehr verschieden von den Ansichten der priesterlichen Institutionen ist, die Anspruch auf den Besitz der Botschaft des Propheten erheben.

Die Religion der Liebe

Die Religion der Liebe kann keine besondere äussere Form haben, noch ist sie von Gesetzen abhängig, und doch kann sie, unabhängig von der äusseren Form, von jenen erkannt werden, die dafür einen „Geschmacksinn" haben. Es ist nichts anderes als der „neue Bund" von Jesus. Die Religion der Liebe wurde auch von Mohammed gebracht, und wurde von seine engsten Begleiter, Ali und Abu Bakr weitergegeben, um mit der Zeit als Sufismus zu erscheinen. Und im fünfzehnten Jahrhundert drückte Kabir in Indien eine Religion der Liebe sehr unabhängig von allen Orthodoxien so aus:

„Suchst du nach mir?
Ich sitze im nächsten Stuhl.
Meine Schulter lehnt an deine.
Du wirst mich nicht in den Stupas finden,
Weder in indischen Schreinen,
Noch in Synagogen,
Noch in Kathedralen:
Auch nicht in Messen
Oder im Mantrasingen,
Noch in Beinen, um deinen eigenen Kopf gewunden,
Noch wenn du nur Gemüse isst.
Wenn du wirklich nach mir suchst,
Wirst du mich sofort sehen—
Du wirst mich im kleinsten Haus der Zeit finden.
Kabir sagt: Schüler, sag mir, was ist Gott?
Er ist der Atem innerhalb des Atems."

Und in Spanien war natürlich Johannes vom Kreuz, der im Feuer der Göttlichen Liebe brannte: „Im Zwielicht des Lebens wird Gott uns nicht wegen unseren irdischen Besitztümern und menschlichen Erfolgen richten, sondern wie gut wir geliebt haben."

Ein Geist der Emanzipation ist für die Religion der Liebe grundlegend, weil spirituelle Liebe uns von unserer Grobheit und Achtlosigkeit des Egoismus befreit. Jene, die auf diese Art zu lieben lernen, werden den Versuchungen, Übertreibungen und Übergriffen nicht unterworfen sein, vor denen uns das Hohe Gesetz schützen will. Wenn wir lernen, mehr in Liebe zu sein, wird unser Betragen von einem Sinn für Angemessenheit, von einem Sinn für mitfühlende Empfindsamkeit geführt werden, welche aus unserem Bewusstsein der Einheit abgeleitet wird.

Religion soll die Arznei sein, aber manchmal ist sie die Krankheit. Wenn die Religion der Furcht die Religion der Liebe verschleiert, wird der Gott von Gnade und Barmherzigkeit durch die Götzen von Urteil und Strafe ersetzt. Tatsächlich ist das Einzige, was wir fürchten sollten, das hemmungslose Ego, das weiss, wie es uns zum Sklaven machen kann. Aber dies ist verschieden vom Glauben, dass wir Gott gefallen, wenn wir wie besessen äussere Rituale vollziehen, wenn wir in einer Welt von steifen Regeln leben, wenn wir Autoritätspersonen folgen, wie wenn der Gott der Natur, der Schöpferkraft und der Liebe, das Leben als ein militärisches Übungsprogramm erschaffen hätte.

Die Anregung der Furcht im Namen der Religion ist eine Form von Gedankenkontrolle, keine Spiritualität. Angst ist die Manifestation des Reptiliengehirns (Schrecken, Kampf oder Flucht), das sich vor dem Gehirn der Säugetiere (warme und verschwommene Gefühle) und vor dem frontalen Kortex (Absicht, bewusste Wahl) entwickelt hatte. Gott, die höchste Wirklichkeit, wird durch nichts weniger angenähert als durch die höheren Fähigkeiten des Menschen: den feinen Wahrnehmungen des intuitiven Herzens.

In der Religion der Liebe wird das Ego nicht umgebracht, sondern zu einem Diener des Herzens verwandelt. Wir werden nicht „näher bei Gott" sein, nachdem wir alle unsere Wünsche und Verlangen ausgelöscht haben, einschliesslich jenen, die Teil eines gesunden Menschenlebens sind. Es nützt nichts, die Seele zu quälen. Verlangen hat seinen Zweck, solange es in einem annehmbaren Verhältnis bleibt, solange es uns nicht beherrscht, und solange es nicht dazu führt, dass wir andere ausnützen. Das Verlangen eines reinen Herzens kann sogar eine Äusserung von spiritueller Freude sein. Unseren obersten Wunsch zu erkennen,

Die Religion der Liebe

und ihm zu folgen, kann zu einem Leben voller tiefer Absicht und Rechtschaffenheit führen.

Und doch ist die verwandelnde Kraft der Liebe für den Liebenden, der aufrichtig und wahrhaftig ist, unnachgiebig. Die Eigenschaften des Willens und des Bewusstseins, die wir meinten entwickelt zu haben, um bessere Menschen zu werden, werden schliesslich als die Wirkung des Geliebten auf den Liebenden erkannt. Und all das, was wir zu lieben meinten, andere Menschen, die Schönheit der Natur, und all das, was für uns eine Bedeutung hatte, erweisen sich als die Schleier, die der Geliebte trug. Der Liebende wird auf rätselhafte Weise wissend, wie alles ein Geschenk des Seins ist, und mit dieser Erkenntnis wächst die Dankbarkeit. Die Geschenke mögen schön sein, aber der Schenkende ist noch schöner. Die Liebe ersetzt nach und nach jede andere Liebe durch die Liebe für den wahren Geliebten. Und schliesslich „wird alles ausser der Liebe von der Liebe verschlungen", wie Rumi es im Mathnavi V, 2724–26, ausdrückte.

Ich glaube, dass ich von der Liebe am Leben erhalten werde.
Leben von der tierischen Seele und dem tierischen Kopf ist eine Schande für mich.
„Das Schwert der Liebe fegt den Staub von der Seele des Liebenden,
Denn das Schwert löscht die Sünden aus." [1]
Wenn der körperliche Staub verschwunden ist, scheint mein Mond;
Der Mond meines Geistes findet einen klaren Himmel.
Jahrelang, o Angebeteter, habe ich für dich die Trommel der Liebe zu der Melodie
Sieh, mein Leben hängt vom Sterben ab *geschlagen.*
[Rumi, Mathnavi VI, 4059–62]

---

1. AH 727

KAPITEL DREISSIG

Verehrung: Verbindung zum Unendlichen

Das Wasser sagte zum Schmutzigen: "Steige schnell in mich."
Der Schmutzige sagte: "Ich schäme mich vor dem Wasser."
Das Wasser sagte: "Wie kann diese Scham ohne mich verschwinden?
Wie kann dieser Schmutz ohne mich beseitigt werden?"

[Rumi, Mathnavi II: 1366–67]

Die Menschen haben ein angeborenes Bedürfnis, in Kontakt und Verbindung mit einer Dimension von spirituellem Wert oder Schönheit zu sein und sich in liebendem Respekt und Ehrfurcht auszudrücken. Durch die ganze Menschengeschichte haben verschiedene Formen der Verehrung versucht, vom begrenzten menschlichen Bereich zu jenem spirituellen Bereich eine Brücke zu schlagen. Aber heute scheint die Verehrung im eigentlichen spirituellen Sinn am Abnehmen zu sein. Verehrung in der Gestalt von grober Vergötterung ist jedoch sehr lebendig, besonders im Sport und in der Unterhaltung. Eine feinere Vergötterung gibt es in den vielen Formen der Anbetung des Selbst, ermuntert von der kommerziellen Kultur.

Im Zentrum des Sufiweges ist die Aussage, dass es *keinen Gott ausser Gott* gibt. Die wesentliche Bedeutung davon ist, dass wir alle nur den einen Gott verehren, und wir die wohltuende Wirklichkeit hinter den Formen und Ereignissen unserer Leben erkennen sollen. Vergötterung in irgend einer Form ist die grundsätzliche Sünde oder Verzerrung unseres Seins. Es ist die „Vergötterung"

Verehrung: Verbindung zum Unendlichen

des Unwirklichen, die uns vom Wirklichen trennt. Wenn wir aus dem Selbst einen Götzen machen, stärken wir den Eigenwillen, die Selbstgefälligkeit, die Selbstrechtfertigung und die Selbstgerechtigkeit. Unsere allgemeinen Götzen schliessen Ehrgeiz, das Bedürfnis nach Aufmerksamkeit, Gier, fehlgeleitete Sexualität und zwangshafte Bedürfnisse nach Betäubung und Erregung ein.

Was immer unsere Aufmerksamkeit beherrscht, ist unser Meister. Wir sind von Kräften umgeben, die unsere Aufmerksamkeit beherrschen. Was immer unsere Aufmerksamkeit beansprucht, ist das, dem wir unbewusst dienen. Es sind die Idole der Anbetung, die uns von dem trennen, was unsere Aufmerksamkeit wirklich verdient. Alles kann zum Idol werden—irgend etwas, dem wir gedankenlos dienen, und auf eine Art und Weise „verehren", ob bewusst, oder unbewusst.

Wenn für uns irgendetwas mehr Wert als der Geist hat, so ist dies wegen einer Fehleinschätzung, eine Beschränktheit der Sicht. Wenn wir mit unserem kleinen, partiellem Selbst identifiziert sind, werden wir im Netz der Wünsche eingefangen. Wenn wir im falschen Selbst leben, erliegen wir zahllosen Ablenkungen und Reizen. Wenn wir hingegen in unserem wesentlichen Selbst zentriert sind, mit dem Geist ausgerichtet, ist das, was wir wünschen, der Wunsch nach Ganzheit.

„Verehrung" bedeutet ursprünglich „zu schätzen, zu achten und ehren", oder etwas als wertvoll zu betrachten. Das Wort wird vorwiegend mit religiösen Handlungen in Verbindung gebracht, besonders mit jenen, die durch religiöse Autoritäten vollzogen werden, wie etwa von einem Priester. In Wirklichkeit jedoch vollbringt jede Person, die betet, die das Eine Sein oder die Höhere Wirklichkeit anruft, eine Handlung der Verehrung, und sie ist gleichwertig mit einem Priester.

Das Eine Sein ist weder ausserhalb von uns selbst, noch getrennt von irgend jemandem. Das Eine Absolute Wesen gab allem, das existiert, das Sein. Unser Zugangspunkt zu diesem Einen Sein ist als nichtdimensionaler Punkt in uns. Um dies zu verstehen, müssen wir zuerst ein inneres Vakuum erschaffen, frei vom Druck von überlieferten Ansichten, von persönlichen

Zwängen, von Dualität und Trennung. Diese lautere Leere gestattet uns, die Innerlichkeit des Einen zu erfahren.

In der Verehrung gestatten wir es uns, durch etwas von höchstem Wert harmonisiert zu werden. Die regelmässige Übung des Bewusstseins in Handlungen der Verehrung ist ein wesentliches menschliches Bedürfnis, das oft nicht erfüllt wird. Die durch Gedenken und Verehrung erweckte Energie bringt eine vereinende Kraft mit sich, einen inneren Zusammenhang. In der Verehrung ist es wahrscheinlicher, eine Entsprechung zwischen Körper und Seele, zwischen Betragen und Gefühlen, zu erfahren, weil wir eine harmonisierende Macht anrufen.

Von zwei Qualitäten wird gesagt, dass sie für die Verehrung und das Gebet notwendig seien, nämlich Sammlung und Bescheidenheit. Wir beginnen mit der Sammlung von uns selbst und bitten von diesem nichtdimensionalen Punkt in uns, der unsere Verbindung zum Geist ist, um etwas. Wir sammeln unser ganzes Selbst in einer einzigen, aufrichtigen Handlung und rufen diese in uns schlummernde spirituelle Essenz an, damit sie aktiviert werde und uns antworte. Der individuelle Geist kann eine Verbindung zum grösseren, in uns schlafenden Geist erstellen.

Mit Bescheidenheit, welches die Bewusstheit unserer Abhängigkeit vom Einen darstellt, werden wir für einen spirituellen Einfluss geöffnet. Unser eigenes Selbst wird für das Licht, das durch uns und aus uns scheinen soll, durchsichtig. Demut erlaubt die Auslöschung von dem, was von uns weniger wirklich ist, und die Spiegelung von dem, was wirklicher ist. Durch die liebende Einstimmung der Verehrung werden wir zu besseren Reflektoren des Geistes, und wir können lernen, dies mehr und mehr willentlich zu tun.

Wir gelangen so von Angesicht zu Angesicht mit der Liebe, so wie wir uns in Ihrem Namen versammeln. Liebe ist das Umfeld, in dem wir alle existieren. Zusammen können wir unsere Herzen in diesem Feld zusammenbringen. Wir erheben uns zusammen durch die spirituelle Energie, die von Einzelnen angehäuft wurde, wir sammeln uns und gedenken unserer wahren Abhängigkeit vom Einen. Die spirituelle Stütze, die wir benötigen, kann in uns

Verehrung: Verbindung zum Unendlichen

selbst gefunden werden, wenn wir frei vom blockierenden Ego sind. Nur das Ego kann uns vom Einen trennen. Wir können den „Garten", das „Königreich des Himmels" betreten, indem wir zur Einfachheit eines Kindes gelangen. Unsere Egos können zu Dienern verwandelt werden und für uns den Schlüssel für das unendliche Leben beschaffen.

Eine schützende Gnade wird jenen zugänglich, welche diese Verehrung teilen. Mit dieser Gnade verändert sich die Wahrnehmung. Wir entwickeln uns, indem wir uns selbst für jede Manifestation des Lebens öffnen, die uns begegnet. Wenn wir uns öffnen ergiesst sich die Göttliche Umgebung in uns hinein. Mit einer genügend starken Liebe können wir den Lebensweg ohne Angst angehen, und wir werden mit dem in uns vertraut, was unverletzlich ist.

Wenn wir unsere menschlichen Fähigkeiten der Aufmerksamkeit und des Herzens mit Stille und Absicht sammeln, werden wir uns vor dem Angesicht der Liebe finden. Durch Verehrung werden wir mit dem Einen, den wir anbeten, zusammengeführt. Wenn ein Mensch beharrlich seine Aufmerksamkeit, seine Wünsche, seinen Willen, Gedanken und Gefühle in Richtung der Liebe lenkt, so wird die so verwirklichte Liebe eine lebendige Kraft und Fähigkeit. Wenn wir das auf diese Art und Weise tun, bereiten wir uns auch darauf vor, uns an diese Liebe zu andern Zeiten zu erinnern.

Von allen menschlichen Handlungen ist die Verehrung der kürzeste Weg zum Kontakt mit dem Unendlichen, vorausgesetzt, dass es mit Gegenwärtigkeit geschieht. Verehrung in einer Gemeinschaft mit andern ist noch fruchtbarer als Verehrung alleine, vorausgesetzt, dass man eine Gemeinschaft von bewussten Liebenden findet. Verehrung, welche das Ganze in uns einschliesst, ist bei weitem wirksamer als die Verehrung, die nur einen Teil von uns umfasst. Verehrung kann in der Stille von Geist, Herz und Körper beginnen, was zu einer inneren Aktivierung und einer tiefen Rückbesinnung führt, in der wir spontan und gerichtet den höheren Geist anrufen, und Ihn um all die Fähigkeiten und Stärken bitten, die wir benötigen um im Leben zu dienen. Dieses spontane Gebet kann klar und volltönend sein, weil es mit der Stimme möglich ist, die schlafende Essenz in uns und in andern zu erwecken. Verehrung mag bewusstes Atmen, Chanten, Singen und Bewegung einschliessen. Es ist wunderbar, einen Raum ausschliesslich für die Verehrung zu haben, aber wir müssen jederzeit und überall in einem Zustand der Verehrung sein. Zusätzlich zu den traditionellen Formen und Ritualen unserer grossen heiligen Traditionen kann die Verehrung auch Formen annehmen, die völlig neu und schöpferisch sind, weil das, was vom Geist ist, schöpferisch ist.

Kapitel Einunddreissig

Die Psyche verfeinern

Die fünf Sinne sind miteinander verbunden, denn alle fünf erwachsen aus einer Wurzel.
Die Stärke des Einen wird zur Stärke der Anderen; jeder wird zum Weinschenk für die Anderen.
Das Sehen vergrößert die Sprache; die Sprache vergrößert die Klarsichtigkeit.
Klarsichtigkeit wird zum Erwachen jeden Sinnes,
Die spirituelle Wahrnehmung wird allen Sinnen vertraut.

[Rumi, Mathnavi II: 3237–41]

Ein Freund von mir hatte meine Familie auf seinem Segelboot auf das Meer mitgenommen. Er hatte mir ein neues Navigationssystem gezeigt, welches ihm gestattete, innerhalb von wenigen Metern seine genaue Position auf der Erde zu kennen. In den neunzehnachtziger Jahren erschien dies als eine beachtenswerte Innovation. Elektromagnetische Wellen werden zwischen dem Meer und Satelliten im Weltraum hin- und hergeschickt. Was für ein ausserordentliches Zeichen für die Fähigkeiten des menschlichen Geistes! Mir fiel ein, dass der Mensch auch so ein Gerät besitzt, aber dass es durch einen Unfall abgeschaltet war. Es gab eine Zeit, als Seeleute mit feinem Instinkt, mit Gespür für den Standort, für das Wetter und für die Bewegungen arbeiteten. Heute wird diese Arbeit mit Computern erledigt, bis zu dem Punkt, wo grosse Öltanker ein Alarmsystem haben, welches warnen soll, wenn sie einige Kilometer von der Küste entfernt sind. Aber der Alarm funktioniert nicht immer, und manchmal laufen diese Schiffe auf Grund.

Wir haben feine unterbewusste Fähigkeiten, die wir nicht nutzen. Jenseits des beschränkten Verstandes lieg ein weiter Bereich des Geistes, der psychische und aussersinnliche Fähigkeiten wie Intuition, Weisheit, ein Sinn für Einheit, Ästhetik, Sinn für Qualität, schöpferische Begabung, bildgebende und veranschaulichende Begabungen einschliesst. Obwohl diese Fähigkeiten zahlreich sind, geben wir ihnen mit einigem Recht einen einzigen Namen, weil sie dann am besten funktionieren, wenn sie zusammenarbeiten. Sie umfassen eine Intelligenz, die in einer spontanen Verbindung mit der Universellen Intelligenz steht. Diesen ganzheitlichen Geist nennen wir „Herz".

Das Wort Herz hat in unserem spirituellen Glossar eine ganz bestimmte Bedeutung. Das Herz schliesst feine Fähigkeiten ein, die jenseits des Verstandes liegen. Aber solange wir lebend und in physischer Form verkörpert sind, ist der Verstand der Hauptdolmetscher unserer Erfahrungen. Der Intellekt verwandelt die feinen Wahrnehmungen der Psyche in erkennbare und vertraute Bilder und Gedanken. Der Intellekt mag diesen höheren Fähigkeiten den endgültigen Ausdruck geben und als Übersetzer und Analyst wirken. Aber nichts entsteht aus dem Verstand alleine, er ordnet die bekannten Elemente, er kategorisiert und vergleicht. Manchmal erfolgt dies auf elegante und zweckvolle Art, manchmal aber erstellt er falsche Folgerungen, oder er reduziert neue Informationen auf alte Konzepte und funktioniert auf eine gewohnheitsmässige und mechanische Art und Weise. Die Kunst des intuitiven Lebens hängt von der Fähigkeit ab, präzise die feinen Wahrnehmungen zu übersetzen, so wie sie aus dem Unbewussten ins Bewusstsein auftauchen.

Ebenen des Geistes

Das Herz ist wie eine Antenne, welche die Ausstrahlungen von feineren Ebenen der Existenz empfängt. Das Herz des Menschen hat sein eigenes Funktionsfeld jenseits der Grenzen vom ober-

Die Psyche verfeinern

flächlichen und reagierenden Ego-Selbst. Das Erwecken des Herzes ist ein unbegrenzter Vorgang, den Geist empfindlicher, gebündelter, energischer und verfeinert zu machen, um sich mit seinem kosmischen Milieu, der Unendlichkeit der Liebe zu verbinden. Das Herz ist in einem gewissen Sinn der spiritualisierte Geist.

Wir können die Entwicklung des spirituellen Bewusstseins in Begriffen der Stufen des Geistes nachzeichnen. Ein gewöhnlicher Mensch in unserer Zeit und Kultur lebt innerhalb der Grenzen seiner sozialen und familiären Konditionierung. Das meiste, was wir „erleben", ist in unseren Gedanken und Gefühlen. Sie besetzen unseren sogenannten bewussten Geist, jenen schmalen Spalt von Aufmerksamkeit, der so leicht mit besonderen Gedanken und Gefühlen gefüllt wird. Dieser Geist ist nicht wirklich bewusst, das heisst transzendent aufmerksam, aber er ist der Mittelpunkt eines eingeschränkten Bewusstseins. Dieser Geist arbeitet die meiste Zeit auf einer automatischen Ebene, aber gelegentlich funktioniert er auch auf einer sensibleren Ebene, nämlich wenn er sich verändernde Umstände bemerkt und damit umgehen muss.

Es ist ein Geist, der voll von Assoziationen, er wird von unbewussten Ansichten und Meinungen beeinflusst, ist voller Zwänge und Widersprüchen. Aber er kann selten zwischen diesen unbewussten Kräften und den tieferen Aufforderungen des Herzen unterscheiden. Insofern, als dieser teilbewusste Geist ein Sklave der ungeprüften Vorlieben und Abneigungen und von egoistischen Impulsen ist, kann er nicht in seine eigenen Tiefen sehen oder sich damit verbinden. Er sieht alles durch die Verzerrungen seiner Wünsche und als Resultat davon „denkt" er verzerrt. Er erfährt Gefühle gemäss der Erfüllung oder Frustration dieser Wünsche. Mental funktioniert er mittels Assoziationen, Konzepten, Kategorien, Stereotypen, vorgefasste Meinungen und so weiter. Er sieht vor lauter Bäumen den Wald nicht, und die Bäume werden nicht als das gesehen, was sie sind, sondern als Dinge, auf die seine Erwartungen, Konzepte und Bedürfnisse projiziert werden.

Am Anfang der spirituellen Arbeit, und dies für so lange wie nötig, ist es notwendig, durch einen Prozess der Dekonditionierung zu gehen: sorgfältig den Einfluss unserer Konditionierung zu beobachten, und mehr und mehr die Dinge so zu sehen, wie sie sind. Gleichzeitig ist es notwendig, unsere empfindlicheren und bewussten Fähigkeiten zu pflegen. Nun werden Bäume zu Bäumen. Jetzt können wir vielleicht auch den Wald sehen. Jetzt bricht ein „Sosein" oder ein „Istsein" durch, weil wir bewusst aufmerksam sind. Dann haben wir den Geist von Assoziationen und egoistischen Projektionen erlöst, und ihn durch bewusste Aufmerksamkeit umgelenkt, was uns jetzt eine direkte Wahrnehmung und Verbindung erlaubt. Dies ist jedoch nicht das Endstadium, weil, obwohl wir bewusster geworden sind, wir noch nicht mit allen feineren und unterbewussten Fähigkeiten funktionieren.

Nur wenn diese Fähigkeiten dem Geist zu Verfügung stehen, fliessen Bedeutung und Werte in das Bewusstsein. Wir sehen dann nicht nur Bäume, wie sie sind, sondern wir nehmen sie als die Verkörperung von Eigenschaften und Bedeutung wahr. Der Unterschied zwischen der Qualität der Bedeutung, die durch den tieferen, unterbewussten Geist, das heisst das Herz, und der Bedeutung, die projiziert wird, wenn der Geist mit dem tieferen Selbst, dem Ego, identifiziert ist, ist folgende: Herzenswissen ist lebendig und schöpferisch, während das Ego vorhersehbar ist und sich wiederholt.

Nur wenn unterbewusste Fähigkeiten erwacht sind, ist unser wahres Menschenerbe für uns verfügbar, wie es sein könnte. Ein erwachter Mensch fängt an, in Verbindung mit der Schöpferischen Macht zu treten und mit ihr zu arbeiten.

Aktivierung der unterbewussten Fähigkeiten

Wie viel von den latenten Fähigkeiten des Geistes benutzen wir? Wie oft sind wir bewusst, aktiv wahrnehmend, im echten Dienst lebend, oder fragen eine wirkliche Frage? Wie oft hören wir nach innen, und wie oft empfangen wir bewusst die feinen Eindrücke des Herzens? Andererseits, wie viel Zeit verwenden wir, um unsere weltliche Abrechnungen nachzuführen, um uns eine eingebildete Zukunft vorzustellen, um eine beschränkte Ver-

Die Psyche verfeinern

gangenheit nachzuleben, um zu planen, von diesem oder jenem mehr zu bekommen, um diesen oder jenen Verlust zu vermeiden, um zu verurteilen, um Vorwürfe zu machen und um sich Sorgen zu machen? Der unterbewusste Geist wird auf eine Vielzahl von Arten angezapft. Ein schöpferischer Künstler kann durch Disziplin, Handwerk und Hingabe daraus Inspiration ziehen. Jeder Mensch von Wissen, ob Mann oder Frau, kann sich diesen durch geeignete Vorbereitung erschliessen, indem er sich mit dem Wissen seines Gebietes vertraut macht, um dann mit einer geeigneten Frage das zu formulieren, was er wissen möchten. Ein Mensch mit übersinnlichen Fähigkeiten mag ein Ziel auswählen und Eindrücke aus dem Unterbewusstsein sammeln. Jene, die sich echt nach Weisheit sehnen, können in sich hinein hören, damit das Unterbewusste seine Geheimnisse freigibt.

Eine der Möglichkeiten, mit der Wissen für uns verfügbar ist, ist durch unsere unterbewussten Fähigkeiten. Im Spiegel unserer eigenen Aufmerksamkeit erfahren wir jedoch eine Verkettung von Eindrücken, welche unmittelbare Sinneseindrücke, Gefühlsreaktionen, Assoziationen des Verstandes und Erinnerungen einschliessen, aber auch die feinen Wahrnehmungen enthalten können, die gerade über der Schwelle des Bewusstseins schweben.

Unsere feinen, unterbewussten Fähigkeiten arbeiten bis zu einem gewissen Grad, ob wir ihrer bewusst sind, oder nicht. Wir mögen diesen feinen Wahrnehmungen unbewusst folgen oder sie ablehnen, in Abhängigkeit des Grades unserer Zwanghaftigkeit oder des Widerstandes unserer Vernunft. Aber wir können lernen, diese in unser tägliches Leben zu integrieren, wenn wir üben, auf sie zu wirken und von diesen Handlungen Rückmeldungen zu bekommen. Nach und nach lernen wir durch unsere eigenen Erfahrungen, wie wir dieser Ebene des Wissens vertrauen können, welche die beschränkten Möglichkeiten der Vernunft und der Sinne übersteigen.

Das Vermögen, unsere unterbewussten Fähigkeiten zu benutzen, hängt von der Qualität der Gegenwärtigkeit ab, die nicht zu sehr von den oberflächlicheren Ebenen unserer subjektiven Erfahrung gestört wird, und die verschiedenen Ebenen von Eindrücken erkennen kann. Wenn das Bewusstsein von gröberen Eindrücken beherrscht wird—von Gedanken, Wünschen, zufälligen, aus den Umständen entspringende Eindrücke und anderen Formen von geistigem Lärm—kann es diese feinen und flüchtigen Eindrücke des Unterbewussten nicht einfangen.

Mit der Entwicklung der Gegenwärtigkeit kommt auf allen Ebenen der Erfahrungen ein feineres Bewusstsein auf. Zum Beispiel wenn wir wissen, wie wir in der Nähe einer bestimmten Art von Mensch oder eines Ortes denken, fühlen und wahrnehmen, sind wir besser in der Lage, diese feinen Eindrücke zu verstehen, welche sich auf entferntere Leute oder Orte beziehen. Je mehr wir bewusst sind, umso mehr kann unser eigener Spiegel des Bewusstseins das Wissen und die Informationen widerspiegeln, die von Raum und Zeit nicht eingeschränkt sind.

Wir müssen lernen, die Bilder, die voll ausgebildet und detailliert sind, vorsichtig anzunehmen, da sie wahrscheinlich Erzeugnisse des Gedächtnisses und von Assoziationen sind. Wir müssen auch gegenüber Informationen oder Eindrücken wachsam sein, die zu schnell oder zu heftig kommen, weil diese sehr wahrscheinlich Exemplare von mentalem Lärm sind. Im Allgemeinen füllen die Informationen aus unseren feineren Wahrnehmungen das Bild nach und nach. Dies ist verschieden von den Informationen, die vorgefertigt und klar ankommen. Es ist eher so, dass in der echten Funktionsweise unserer feineren Fähigkeiten eine Ganzheit durch die Anhäufung von manchmal flüchtigen und spontanen Eindrücken auftaucht.

Ob wir von psychischen Wahrnehmungen sprechen, so wie artistische Gebilde, oder die Suche nach Weisheit, werden sich bestimmte Ähnlichkeiten aufzeigen, wenn die unterbewussten Fähigkeiten zu wirken beginnen. Ein guter Dichter muss den Unterschied zwischen einem Bild, das ein einfaches Klischee ist, und jenem, das unerwartete Qualitäten von Bestimmung hat, erkennen können. Die Psyche muss den Unterschied zwischen einem Bild erkennen, das aus dem persönlichen Unterbewussten, aus dem Gedächtnis oder aus Assoziationen stammt, und dem Eindruck,

Die Psyche verfeinern

der überraschend ist, und in sich das Gefühl trägt, dass das Ziel angesprochen wird. Wenn dies anfängt zu geschehen, kann ein zartes Spektrum von feinen Eindrücken empfangen werden, das sinnliche, gefühlsmässige und andere Arten von Informationen einschliesst. Oft wird dabei ein Eindruck von gefühlsmässiger Beteiligung mit dem Empfangenen entstehen. Der Künstler wird einen eigenartigen Sinn von „Drauf sein" haben. Der Suchende nach Weisheit mag finden, dass das darin gefundene Wissen die Gefühle zutiefst berührt, und kann sogar von Visionen, himmlischen Klängen oder köstlichen Düften begleitet werden.

Die Eindrücke, die wir aus dem Unterbewussten empfangen, gehen durch eine Art Übersetzung in die bewusste Aufmerksamkeit ein, und vielleicht durch eine weitere Übersetzung in eine konkrete Form. Ob diese Übersetzung optisch, musikalisch, dichterisch oder intellektuell ist, unsere Geschicklichkeit wird in dem Ausmass getestet, mit dem wir das, was wir empfangen, verzerren, verändern oder ausschmücken. Mit Übung und Erfahrung können wir erlernen, uns auf bedeutsame Details zu konzentrieren, und aus dem ganzen Spektrum von Eindrücken auszuwählen, was am besten die Einzigartigkeit des Subjekts vermittelt.

Bis jetzt habe ich über die absichtliche Anwendung von feineren Fähigkeiten gesprochen. Aber der spontane Empfang von Wissen und Führung ist in unserem spirituellen Leben mindestens ebenso wichtig. Wenn wir die Idee, dass das, was unser eigenes Selbst wollen kann und dessen bewusst ist, nur ein kleiner Bruchteil des Ganzen ist, dann müssen wir bescheiden die Führung und die Aufforderungen annehmen, die uns aus höheren Quellen gegeben werden. Diese höheren Quellen können sich uns jedoch nicht mitteilen, wenn alle unsere Empfangskanäle mit derberen Beschäftigungen ausgefüllt sind, und unsere eigenes Bewusstsein nicht in einem empfänglichen Zustand ist. Um spirituelle Führung zu erhalten, die uns zu dienen erlaubt, die uns gestattet, mit den richtigen Mitteln zur richtigen Zeit am richtigen Ort zu sein, benötigen wir Gegenwärtigkeit, Klarheit und Offenheit.

Gleichzeitig mit dieser Gegenwärtigkeit wird eine liebende Haltung gegenüber allen Manifestationen des Lebens helfen, die notwendigen und unsichtbaren Verbindungen herzustellen. Die erstaunlichsten Beispiele von spontaner psychischer Erfahrung sind jene, in denen ein geliebter Mensch irgendwie in Gefahr ist. Die grössten künstlerischen Schöpfungen werden durch jene hergestellt, deren Liebe für die Schönheit sehr tief ist. Die grössten wissenschaftlichen Fortschritte werden von jenen gemacht, die eine grosse Liebe für die Erkenntnisse über das Universums haben. In all diesen Beispielen ist die Liebe das Mittel.

Alle authentischen spirituellen Traditionen lehren uns, dass wir uns nicht um übersinnliche Wahrnehmungen um ihrer selbst willen kümmern sollen, aber das sollte uns nicht davon abhalten, die Prinzipien der subtilen Wahrnehmung zu erkennen und die Tatsache, dass diese Wahrnehmungen unser Geburtsrecht sind.

Sich unter den Schutz der Gnade der Liebe stellen

Wir spiritualisieren den Geist, indem wir ihn von der Vorherrschaft der oberflächlichen und egogebundenen Inanspruchnahme befreien. Wenn der Geist von Gewohnheiten der Wünsche, negativen Gefühlen, Phantasien, Meinungen und Konzepten beherrscht und kontrolliert ist, ist er von der Weisheit des Unterbewusstseins, das die Verbindung zur Universellen Intelligenz ist, abgeschnitten. Die Spiritualisierung des Geistes gestattet der individuellen Psyche, sich in das Umfeld und in die Energie der Liebe einzustimmen, um besser mit der Universellen Intelligenz mitzuschwingen.

Das Herz nimmt den höheren Geist wahr, der sich in allem bewegt, und der die Seelenfülle von jedem Ding begreift. Dies ist so, weil alles Existierende die Äusserung einer einzigen Quelle ist: die Absolute Göttliche Essenz. Dieses Absolute in Bewegung wird höherer Geist genannt, der als Liebe in vielen Feinheiten wahrgenommen wird. Wenn der höhere Geist irgend eine Gestalt angenommen hat, so hat diese Gestalt ihre eigene Seele. Das Herz öffnet sich zum Geist-Inhalt, der sich in allem befindet, und dies bringt das Herz dazu, feiner und allgegenwärtiger zu werden.

Die Psyche verfeinern

Wenn mit der Zeit das Herz verfeinert wird, wenn wir unsere ungenutzten menschlichen Fähigkeiten mehr und mehr entwickeln, gelangen wir mehr und mehr in den Schutz der Gnade der Liebe. Ohne diese Wirkung der Liebe auf den Geist würde die individuelle Psyche als etwas Getrenntes und Selbständiges bleiben. Durch die schöpferische und anziehende Kraft der Liebe wird dem Geist geholfen, sich mehr und mehr mit dem Universum zu verbinden und seine Teilnahme am fortwährenden Wunder der Existenz zu spüren.

Was in der Sprache der Religionen vielleicht als „teuflische" Eigenschaft bezeichnet wird, ist das Ergebnis dieser Isolation und Zusammenziehung aus dem Umfeld der Liebe, die Schrumpfung des egoistischen Seins selbst. Der egoistische Geist kommt in seiner Verfeinerung bestimmt an sein Ende und in eine Sackgasse. Er mag einige seiner schlafenden menschlichen Möglichkeiten erwecken, aber er erreicht die Vollendung nicht, weil sein Mangel an Liebe ihn vom Göttlichen Umfeld, vom Ganzen, abgeschnitten hat. Er erkennt sich eher als abgetrenntes Teil als das Ganze.

Sich für andere Wesen in Liebe zu öffnen heisst, sich selbst unter den Schutz der Liebe zu stellen. Das Ding, vor dem wir geschützt werden, ist die Tyrannei unseres eigenen Egos. In der Gegenwart von Liebe flieht das tyrannische Ego terrorisiert, oder es zerschmilzt in die Dienerschaft.

Die Vorbereitungen für die Verwandlung des Geistes kann Fasten oder andere Formen der Läuterung einschliessen. Besondere Techniken von bewusstem Atmen, Klängen, Rhythmus oder der Visualisierung von Farben können benutzt werden, um die Energie im feineren Nervensystem zu konzentrieren. Diese Läuterung und Stärkung des Nervensystems ist eine Voraussetzung, um mit der Universellen Intelligenz im Einklang zu sein.

Eine andere Voraussetzung ist eine aufrichtige Herzensverbindung mit einer Quelle der Führung in der unsichtbaren Welt. Obwohl es möglich ist, diese Verbindung unwissentlich oder unbeabsichtigt zu haben, ist es der bessere Weg bewusst zu wissen, woher diese Hilfe kommt. In einigen indigenen Kulturen verbinden sich zum Beispiel Schamane mit einem Naturgeist oder einem Krafttier. Ein grösseres Potenzial bietet die Verbindung zu einem erleuchteten Wesen, einem Meister oder einem Propheten. Dieser Kontaktpunkt ist nur deshalb wertvoll, weil sein Inhalt derselbe ist wie der Göttliche Inhalt. Ein Wesen, das die Einheit mit dem Geist verwirklicht hat, ist wie ein Hafen, durch den man sich aufs Meer begibt. Ein Hafen, eine Bucht, oder ein Golf ist aber nichts weiteres als das Meer, sie gewähren einfach einen leichteren Zugang.

Auflösung

Der Verstand kann als etwas verstanden werden, das in verschiedenen Zuständen existiert, so wie Wasser als Eis, Wasser, Dampf, Dunst oder Feuchtigkeit vorhanden sein kann. Als Eis ist Wasser in seiner Festigkeit eingeschränkt, und es muss den physikalischen Gesetzen eines Feststoffes folgen; als Wasser kann es fliessen. Als Feuchtigkeit jedoch liegt es in einem feinen, durchdringenden Zustand vor und nimmt einen viel grösseren Raum ein.

Ich bemerkte und erfuhr diese Ebene des Seins selbst sehr deutlich durch meinen Lehrer. In der Gegenwart von Suleyman Dede spürte ich mich mit ihm eins, und durch ihn eins mit allem. Wir praktizierten dies nicht als eine spezifische Übung, aber das Ergebnis der Verbindung mit einem solchen Menschen war, dass ich aufgelöst wurde. Dasselbe funktionale Ich, das Holz spalten oder ein Manuskript überarbeiten würde, existierte, aber ein Teil von mir hatte sich aufgelöst, und war trotzdem gegenwärtig. Ich konnte von der Farm, wo wir waren, einen Spaziergang Richtung Landschaft oder Richtung Stadt machen, aber beide Erfahrungen waren gleich stark vom Geist durchtränkt. Mir schien es so, als ob dies der Zustand von Zucker ist, der sich im Wasser auflöst. Der Zucker, der ich war, war unsichtbar geworden, und doch war er da, er konnte geschmeckt werden. Als ich zu meinem Lehrer zurückkam, konnte ich nur sagen: „Danke für die Hilfe, mich wie Zucker im Wasser aufzulösen".

Die Psyche verfeinern

Wenn diese Dinge zu geschehen beginnen, fängt die konventionelle Idee des Selbst an, zusammen zu brechen. Die Grenzen des Selbst sind weniger eingeschränkt, und doch wurde die Identität nicht geschwächt. Das Selbst hat sich aufgelöst: es ist da, aber nicht in der alten Form. Eine neue Qualität kommt in unsere Beziehungen—eine tiefere Liebe, wie wenn wir einen Teil von uns selbst lieben würden. In uns selbst sind wir von Gegenwärtigkeiten umgeben: die Heiligen und die Meister sind in uns gegenwärtig, so wie die Gegenwart des höheren Geistes.

Dieser individuelle Geist, den wir spiritualisieren, ist nicht etwas vom Geist des Universums Abgetrenntes, sondern eine Spiegelung dieses Geistes, erfahren durch das Gefäss des Nervensystems und seinen subtilen Zentren. Das Herz ist der individualisierte und offensichtliche Teil der Universellen Intelligenz. Es ist die Reflexion der Eigenschaften dieser Universellen Intelligenz: Liebe, Barmherzigkeit und Mitgefühl, Gnade, Geduld, Grosszügigkeit, Willen, Dienst, Kreativität, Schönheit, Weisheit, Bewusstsein und zahlreiche andere Eigenschaften. Im Ausmass, wie wir die Spiegelung dieser Qualitäten verstärken können, entwickeln wir auch das Herz.

Kapitel Zweiunddreissig

Dienen im Göttlichen Umfeld

Jeden Augenblick erreichen ihn hundert Botschaften von Gott, hundert Boten; von ihm ein „O mein Herr!" und von Gott hundert „Hier bin Ich!".

[Rumi, Mathnavi I: 1578]

Meine Frau, Camille, und ich waren während einigen Wochen mit unserem Freund Don durch die Türkei unterwegs, und wir schlossen unseren Tag häufig mit einem späten Stück Baklava ab. Wir hatten unsere letzte Nacht in der Türkei im Haus unseres Freundes Oruc Güvenç verbracht, wo wir bis in die frühen Morgenstunden Sufi Ilahis sangen und verschiedene Leute Instrumente spielten. Auf dem Heimweg ins Hotel fühlten wir uns leicht und beschwingt und es war, wie wenn wir durch die Nebenstrassen von Istanbul schwebten. Die Stadt war ruhig und niemand war auf den Strassen, ausser gelegentlich ein Soldat mit seinem automatischen Gewehr. Ich trug ein Exemplar von „The Ruins of the Heart", das ich Mehmet, einem Teppichhändler in der Nähe des Bazars von Istanbul, geben wollte, der sein Interesse an diesem Buch ausgedrückt hatte. Wir sollten vor der Öffnung seines Geschäftes zum Flughafen fahren. Noch immer wollte ich ihm dieses Buch geben, aber ich wusste nicht, wie das möglich sein würde.

Wir drei gingen eine breite Strasse hinunter, nicht weit vom Bazar entfernt, als ich eine einsame Gestalt etwa einen Block weiter stehen sah, den Rücken uns zugewandt. Aus der Ferne sah es wie Mehmet aus. Als wir näher kamen, drehte er sich um, und es war Mehmet.

„Salam Alaikum", sagte ich, „Hier ist das Buch, von dem ich möchte, dass du es bekommst."

Dienen im Göttlichen Umfeld

"Ich danke dir, Bruder, es freut mich, es zu haben. Möchtet Ihr mich zum Geschäft meines Onkels begleiten? Der Laden ist geschlossen, aber er ist gerade mit dem Backen von Baklava für Morgen fertig geworden."

Wenn wir der Fülle des Lebens bewusst sind, entfalten sich gleichzeitige Ereignisse im Kontinuum der Zeit; Liebe bringt das zusammen, was zusammen gehören soll. Im Mittleren Osten erfahren meine Begleiter und ich diesen Raum von unmittelbarer Bedeutung und Gnade deutlicher.

Die Verfeinerung der Psyche hin zu einer tieferen und andauernderen Gegenwärtigkeit ergibt in unserem Sein die Möglichkeit, den Erscheinungen des Lebens mit bedingungsloser Liebe zu begegnen. Wir sind dann in der Lage, unsere Trennung zu einem solchen Grad zu überwinden, dass wir uns mit mehr und mehr eins fühlen. Unsere Aufmerksamkeit unserer Verbindung mit dem Leben lässt unsere Empfindlichkeit für unsere Umgebung wachsen und erweckt uns zu immer häufigeren Gelegenheiten zu Dienst, Interaktion und gegenseitiger Anregung zu sein. Wir bemerken auch, dass unsere Bedürfnisse ebenso befriedigt werden, und dass der Kreis sich weiter ausdehnt. In jedem Augenblick zeigt unsere Umgebung Bedürfnisse. Unser Dienst ist das natürliche, fast mechanische Ergebnis unserer Aufmerksamkeit von unserem Umfeld als Ganzes und von unserer Verbindung mit der Schöpferischen Kraft.

Wenn wir meinen, unfähig zu sein, unserem Leben mit bedingungsloser Liebe zu begegnen, so können wir wenigstens anfangen, unser Bewusstsein vom Vertieftsein in uns selbst hin zu einem weiteren Feld des Bewusstseins zu verschieben, einschliesslich den Bedürfnissen der Menschen um uns herum. So wie wir uns an diese Verschiebung gewöhnen, öffnen sich öfters und natürlicherweise Gelegenheiten zum Dienen. Dienen ohne Gegenwärtigkeit ist aber Schlaf, und wenn wir mit dem Dienen identifiziert sind, wenn wir Dank oder eine Belohnung erwarten, so wird daraus eine Forderung.

Es ist gut, das zu tun, was richtig ist und sich dabei gut zu fühlen. Es ist gut, denen zu dienen, die wir lieben. Es ist notwendig, zum allgemeinen Wohl mit grosszügigen und sozialen Handlungen beizutragen. All dies ist für ein anständiges menschliches Leben grundlegend, aber es ist noch nicht auf der Ebene einer spirituellen Praxis.

Das Dienen, das spirituelle Praxis ist, ist jenseits von Anziehung und jenseits des beschränkten Egos. Diese Art von Dienen ist abhängig von einer Verschiebung der Aufmerksamkeit. Dadurch werden wir aus unserem Egoismus herausgehoben, und darin werden wir von der bedingungslosen Liebe des Lebens um uns herum motiviert. Es ist der Geliebte, der durch uns hindurch liebt, und der Grosszügige, der durch uns gibt. Sogar Zorn und Kritik werden willkommen geheissen, wenn sie vom Geliebten kommen, während sogar Hilfe und Lob von denen, die mit Hochmut oder Selbstgerechtigkeit „dienen", für uns wie Gift sind. Das wollen wir nicht, auch wenn wir es benötigen würden.

Das Dienen ist das Resultat unseres Bewusstsein von unserem Umfeld als Ganzes. Wenn wir unser persönliches Vertieftsein hin zu einer ausgeweiteten Aufmerksamkeit verschieben, und wenn wir die inneren Tyranneien der Anziehung und der Vorlieben überwunden haben, können wir wacher für die Gelegenheiten des Dienens werden. Wir können anfangen, am richtigen Ort zur richtigen Zeit zu sein, um einen Mangel zu beheben.

Jede Handlung ohne Gegenwärtigkeit ist mechanisch, und jeder Schritt nach aussen verlangt einen entsprechenden Schritt nach innen. Wenn wir wirklich im Dienst wachsen wollen, müssen wir gleichzeitig in der Gegenwärtigkeit wachsen. Je mehr unsere inneren Fähigkeiten beteiligt sind, umso mehr wird das Dienen natürlich erscheinen.

Wenn sich die Psyche in Liebe für ihr Umfeld öffnet, geschieht eine Hochzeit zwischen dem Herzen und dem elektromagnetischen Umfeld der Liebe, und ein Kind wird geboren: Wille, oder bewusste Handlung. Bis dahin haben wir nur das Ego, ein uneheliches Kind von Intellekt und Verlangen. Die Hochzeit der feineren Fähigkeiten von Geist, oder dem Herz, mit der bedingungslosen Liebe bringt den wahren, bewussten und uneingeschränkten Willen in die Welt. Die Qualität der Handlung auf dieser Stufe des menschlichen Funktionierens ist schöpferisch und ganzheitlich. Die Seele hat die Möglichkeit, aus ihrer eigenen Initiative heraus und im Namen der Liebe zu handeln, nicht einfach aus persönlichem Verlangen und aus Unsicherheit heraus zu reagieren. Da die verfeinerte Psyche sich weit über das sinnesmässig erfahrbare Selbst hinaus ausbreitet, haben ihre Handlungen eine magnetische, ja sogar eine wundertätige Qualität. Ein Beispiel dazu ist der Besuch von Mutter Theresa zur Zeit der Bürgerkriege in Beirut. Sie sagte bevor sie ging, dass am Tag ihres Besuches die Kämpfe aufhören würden. Sie verlangte nicht, dass die Kämpfe aufhörten, aber sie taten es.

Dekonditionierung

Dieses Verschmelzen des Herzens mit dem Umfeld der Liebe bringt uns zur Stufe, die als Dekonditionierung bekannt ist, der höchsten Stufe der Feinheiten von Geist und Herz. Die feinen Fähigkeiten dehnen sich so sehr aus und werden so umfassend, dass wir in allen Dingen unser eigenes Selbst sehen. Das Gefühl der Identität wird so ausgedehnt, dass es seine Vereinigung mit dem Göttlichen Sein spürt. Es ist, wie wenn der Mensch ein Stab wäre, mit der Individualität am einen Ende und dem Göttlichen Sein am andern.

Indem wir zu lieben lernen, gelangen wir zu einer Wahrnehmung der tieferen Dimensionen, die in der wirklichen Welt vorhanden sind. Liebe ist nicht mehr nur eine Form der Anziehung, auch ist sie kein tugendhaftes Gefühl, das den Charakter verbessert. Sie ist die Ursache von allem und das elektromagnetische Feld, in dem wir uns befinden. Wo immer wir Liebe finden, wird sie uns weiter auf dem Weg der Rückkehr zur Quelle der Liebe führen.

Scheich Abdullah Ansari, ein afghanischer Lehrer des 11. Jahrhunderts, gab folgende Antworten auf diese drei fundamentalen Fragen: Was ist Verehrung? Die Wirklichkeit zu verwirklichen. Was ist das Heilige Gesetz? Nichts Böses tun. Was ist die Wirklichkeit? Selbstlosigkeit. Seine Antworten übermitteln eine tiefe und universelle Bedeutung, frei von kultureller Konditionierung, von Gefühlsduselei und von religiösen Dogmen.

Philosophen mögen über die Wirklichkeit nachdenken, und darüber, was sie grundsätzlich sein mag, sie verfeinern ihre Formulierungen um der logischen Vereinbarkeit und des sprachlichen Wohlklangs willen. Während die Philosophen ein mentales System über die Wirklichkeit erstellen, verschmelzen die Praktiker mit der Wirklichkeit, sie entdecken so ihre eigene Identität als Geist.

Alles existiert und geschieht innerhalb einer Matrix des Geistes, die durch spirituelle Gesetze regiert wird, alles ist geordnet und rechtmässig.

Indem wir unser Wissen der spirituellen Gesetze vergrössern, hilft uns dies, unsere Bestimmung und unsere Möglichkeiten als die Wesen zu erschaffen, die wir sind. Je mehr wir uns mit der leitenden schöpferischen Kraft in Verbindung fühlen, umso mehr werden wir spontan zu Diensten sein.

Die meisten Leute in der heutigen Welt müssen langsamer werden, um jene Verbindung zu erstellen. Einige Menschen brauchen eine Minute, um herunter zu kommen, während andere dazu ein Leben lang brauchen. Viele Leute setzen geschäftlichen Erfolg mit Erfolg im Leben gleich, sie rennen weg vom Ruhepunkt in ihrem eigenen Herzen. Jene Stille ist der Ursprung von wirklichem Dienst, und wenn jemand damit verbunden ist, wird Dienst seine zweite Natur werden.

Warum sollten wir nicht akzeptieren, dass wir gerade mitten drin sind? Wenn wir mitten drin sind, worüber sollten wir uns da sorgen? Ist die Wirklichkeit nicht grundsätzlich barmherzig, mitfühlend und gnädig? Ist das scheinbare Chaos nicht einfach ein dünner Schleier über der Ordnung?

Und doch erlauben wir uns, durch unseren unbewussten Widerstand abgetrennt zu sein. Wir werden in unseren Illusionen und Fantasien absorbiert—unsere kleinlichen Negativitäten, Eifersüchteleien, Unsicherheiten, Widerständen, Verurteilungen, Zweifeln und Eitelkeiten. Können wir unseren Widerstand gegen das Aufwachen überwinden? Können wir das Ausmass der Tyrannei des falschen Selbst, unter der wir leben, erkennen, und gleichzeitig zur Lebenden Gegenwärtigkeit in unserem eigenen Herzen erwachen?

Ein Seufzer des Mitgefühls ist in dieser Welt. Diese Göttliche Essenz ist uns näher als unsere Halsschlagader. Das Göttliche Gesicht kann überall gesehen werden; Seine Eigenschaften umgeben uns. Alles wird aus der Stille des Geistes geatmet. Dies ist der Schlüssel zu den Geheimnissen des Augenblicks, zur Fülle des Lebens. Lass uns geatmet werden, lass uns diese Lebendige Gegenwärtigkeit sein.

KAPITEL DREIUNDDREISSIG

Was ist Sufismus?

Sufismus ist eine Praxis und ein Lebensweg, worin eine tiefere Identität entdeckt und gelebt wird. Diese tiefere Identität, oder das wesentliches Selbst, ist jenseits der oberflächlichen Persönlichkeit, und sie ist in Harmonie mit dem Ursprung des Lebens. Das wesentliche Selbst hat Fähigkeiten von Bewusstsein, Handlung, schöpferischer Tätigkeit und Liebe, die weit jenseits von jenen der oberflächlichen Persönlichkeit sind. Schliesslich wird verstanden, dass diese Fähigkeiten zu einem grösseren Sein gehören, das jeder von uns in unserer eigenen einzigartigen Art und Weise individualisiert und verkörpert, während wir nie von Ihm getrennt sind.

Sufismus, so wie wir es heute kennen, entwickelte sich innerhalb der historischen und kulturellen Matrix des Islams. Die islamische Verkündung stellte sich selbst als der neueste Ausdruck der wesentlichen Botschaft dar, die der Menschheit in allen Zeiten von Propheten gebracht wurde. Der Koran anerkennt die Gültigkeit von zahllosen Propheten, oder Boten, die gekommen sind, um uns von unserem selbstsüchtigen Egoismus aufzuwecken, und uns an unsere spirituelle Dimension zu erinnern. Die islamische Botschaft bestätigt die Gültigkeit früherer Offenbarungen, während sie aussagt, dass die ursprünglichen Botschaften oft im Laufe der Zeit verzerrt wurden.

Der Anspruch des Islams auf Allgemeingültigkeit begründet auf der umfassenden Anerkennung, dass es nur einen Gott gibt, den Gott aller Menschen und aller wahren Religionen. Der Islam versteht sich selbst als die Weisheit, die von den grossen Propheten verwirklicht wurde, klar einschliesslich unter andern erwähnend Jesus, Moses, David, Salomon und Abraham, und unausgesprochen viele andere, ungenannte erleuchtete Wesen aus jeder Kultur.

Was ist Sufismus?

Über vierzehn Jahrhunderte hat die breite Islamische Tradition einen Bestand an spiritueller Literatur hervorgebracht, der auf der Welt seinesgleichen sucht. Die leitenden Prinzipien des Korans, und die heroischen Taten von Mohammad und seinen Begleitern lieferten einen Anstoss, der das Aufblühen eine Spiritualität von Liebe und Bewusstsein gestattete. Jene, die heute dem Weg der Sufis folgen, sind die Erben eines immensen Schatzes an Weisheit und Literatur.

Entstanden zur Zeit von Mohammed, ist der Sufismus organisch wie ein Baum mit vielen Zweigen gewachsen. Diese Zweige sehen einander im Allgemeinen nicht als Gegner. Heute gibt es in der Welt unter dem Namen Sufismus verschiedene Gruppen. Es gibt jene, die den Islam sowohl als Form wie auch in seiner Essenz akzeptieren, während es andere gibt, die in der Essenz Muslime sind, aber nicht in einer strikten orthodoxen Form.

Islam bedeutete ursprünglich Unterwerfung und Hingabe, das heisst die Harmonisierung des individuellen Selbst mit dem Göttlichen. Sufismus ist ein absichtlicher und verstärkter Ausdruck von jenem Zustand der Hingabe. Mehr als eine Doktrin oder ein Glaubenssystem ist Sufismus eine auf Erfahrungen beruhende Annäherung zum Göttlichen. Er ist eine Tradition der Erleuchtung, die die wesentliche Wahrheit über alle Zeiten weiter trägt. Die Tradition muss jedoch in einem lebendigen und dynamischen Sinn wahrgenommen werden. Ihr Ausdruck darf nicht auf religiöse und kulturelle Formen der Vergangenheit begrenzt bleiben. Die Wahrheit des Islams, so wie sie im Koran ausgedrückt wird, und wie sie im Charakter von Mohammed verkörpert war, verlangt zu allen Zeiten Neuformulierungen, neue Ausdrücke und Begriffe.

Diese Tradition ist und wird immer eine Kritik der Weltlichkeit bleiben, von allem, was uns die Göttliche Wirklichkeit vergessen werden lässt. Sie wird nie Kompromisse mit einer hartnäckig materialistischen Gesellschaft schliessen. Sie ist und will ein Weg aus dem Labyrinth der bankrotten materialistischen Kultur sein. Am wichtigsten ist jedoch ist, dass sie eine Einladung für Sinnhaftigkeit und Wohlergehen ist.

Lebende Präsenz

Wenn der Sufismus eine zentrale Wahrheit anerkennt, so ist es die Einheit des Seins, dass das ganze Leben und jedes bewusste Individuum, jeder Ausdruck von Leben, an dieser Einheit teilnimmt. Wir sind nicht getrennt, weil wir an diesem Einssein in einer Dimension jenseits von Zeit und Raum teilnehmen. Jeder Gedanken und jedes Gefühl wird durch ein Medium übermittelt, das nicht der Zeit oder einer Distanz unterliegt. Dies ist eine Wahrheit, für die unsere Zeit in einer ausgezeichneten Lage ist, sie zu schätzen—gefühlsmässig wegen dem Schrumpfen unserer Welt durch moderne Mittel von Kommunikation und Transport, und intellektuell wegen den Entwicklungen in den Wissenschaften. Wir sind Eins: ein Volk, eine Umwelt, ein Universum, ein Sein. Wenn es eine einzige, ihres Namens würdige Wahrheit gibt, so ist es die, dass wir alle ganzheitlich zur Wahrheit gehören, und nicht davon getrennt sind. Die Realisierung dieser Wahrheit hat ihre Auswirkungen auf unseren Sinn darüber, was und wer wir sind, auf unsere Beziehungen zu andern und auf alle Aspekte des Lebens. Das Wesen des Sufismus ist die Realisierung, dass ein Strom von Liebe durch alles Leben fliesst, die Einheit hinter allen Formen.

Wenn Sufismus eine zentrale Methode hat, so ist es die Entwicklung eines Gedenkens an, und einer Liebe für Gott. Gegenwärtigkeit kann beginnen, uns aus unserer Versklavung an die Welt und aus unseren eigenen psychologischen Vorgängen zu wecken. Die kosmische Liebe kann das Göttliche erfassen. Liebe ist die höchste Aktivierung der Intelligenz, weil ohne sie nichts Grossartiges erschaffen würde, weder spirituell, künstlerisch, gesellschaftlich noch wissenschaftlich.

Islam, in der Bedeutung des spirituellen Zustandes der Hingabe, ist die Eigenschaft von jenen, die lieben. Liebende sind Menschen, die durch die Liebe gereinigt wurden, frei von sich selbst und ihren Qualitäten, und voll aufmerksam für den Geliebten. Damit wird gesagt, dass Sufis nicht von irgendwelchen eigenen Qualitäten in Knechtschaft gehalten werden, weil sie alles, was sie sind und haben, als zum Ursprung gehörend verstehen. Ein früher Sufi, Shebli, sagte: „Der Sufi sieht nichts, ausser Gott

Was ist Sufismus?

in beiden Welten." Alles Wertvolle in uns selbst stammt letztendlich aus der Einheit des Seins.

Dieses Buch handelt vom wesentlichen Aspekt des spirituellen Lebens: Gegenwärtigkeit, und wie diese Gegenwärtigkeit sich in Gedenken entwickeln kann, und wie durch Gedenken unsere wesentlichen menschlichen Qualitäten aktiviert werden können.

Abu Muhammad Muta'ish sagt: „Der Sufi ist jemand, dessen Gedanken mit seinen Füssen Schritt halten, das heisst, er ist vollkommen gegenwärtig: seine Seele ist dort, wo sein Körper ist, und sein Fuss ist dort, wo seine Seele ist. Dies ist das Zeichen von Gegenwärtigkeit ohne Abwesenheit. Andere sagen das Gegenteil: „Er ist von sich selbst abwesend, aber gegenwärtig mit Gott". Dem ist nicht so: er ist gegenwärtig in sich selbst und gegenwärtig mit Gott."

Die tonangebende Kultur von heute ist das Ergebnis einer fehlgeleiteten Wahrnehmung. Sie ist materialistisch, entfremdend, neurotisch-individualistisch, narzisstisch, und doch voller Ängste, Scham und Schuldgefühlen. Aus der Sicht des Sufismus leidet die Menschheit heute unter einer raffinierten Tyrannei, der Tyrannei des Egos. Wir verehren unzählige falsche Idole, aber sie alle sind Formen des Egos.

Es gibt für das menschliche Ego verschiedene Wege, sich auch die reinsten spirituellen Werte anzumassen. Der wahre Sufi ist jener, der keine persönlichen Ansprüche auf Tugend oder Wahrheit erhebt, dies im Wissen, dass das Beste in uns aus dem Göttlichen stammt. Unsere Arbeit ist es, die Gegenwärtigkeit und die Dankbarkeit zu pflegen, und uns langsam, aber stetig hin zu einem Zustand von selbstloser Liebe zu entwickeln.

Wichtiger als unsere Ansichten ist, wie wir leben. Wenn gewisse religiöse Glaubenssysteme zu Ausschliesslichkeit, Selbstgerechtigkeit, Überheblichkeit oder Fanatismus führen, so ist es der eitle Egoismus des Gläubigen, des das Problem ist. Wenn ein religiöser Glaube, der eigentlich die Arznei sein sollte, nur die Krankheit verstärkt, dann ist eine noch fundamentalere Medizin nötig.

Es ist ein Fehler zu denken, dass wir, ohne die grundsätzlichen Verzerrungen unseres Egoismus zu betrachten, verbessert werden können, indem wir noch mehr Informationen und Überzeugungen anhäufen. Spirituelle Entwicklung heisst weniger, durch das Hinzufügen von etwas für uns selbst zu wachsen, als vielmehr, mittels des Lichtes einer neuen Qualität von Bewusstsein frei von egoistischen Verzerrungen zu werden. Gegenwärtigkeit und bewusste Liebe, die in einem Zustand von Gegenwärtigkeit möglich sind, sind in unserer Zeit die mächtigste Medizin gegen den vorherrschenden Materialismus, Selbstsucht und Unbewusstheit. In unserer Besessenheit mit unserem falschen Selbst, in unserer Abwendung von der Einheit des Seins, haben wir auch unser wesentliches Selbst verloren, unseren eigenen göttlichen Funken. Indem wir Gott vergessen, haben wir uns selbst vergessen. Das Gedenken an Gott ist der Anfang davon, dass wir uns an uns selbst erinnern.

Menschen, die aus ihrem wesentlichen Selbst heraus leben können, erzeugen natürlicherweise Gemeinschaften mit Charakter, Zuneigung und Schönheit. Die Sufi-Loge, der Ort, an dem die Disziplinen des Sufismus erlernt und geübt werden können, ist eine Umgebung, in der die Umgangsformen verfeinert, das Dienen verbessert und die Freundschaft vertieft werden. Besonders heutzutage, in einer Welt, in der alles geht, ist die Sufi-Loge ein Ort, wo die Möglichkeiten von bewusstem Respekt und enger Freundschaft optimiert werden. Das wahre Ausmass der spirituellen Entwicklung ist das Ausmass, zu dem unsere Fähigkeit für Liebe zunimmt. Eine Gemeinschaft von Leuten, die in der Synergie von Gedenken lebt, erzeugt eine Schwingung der Liebe.

„Unsere Aufgabe ist es, die Zivilisation des Paradieses hier auf Erden zu schaffen", sagte Asad 'Ali, einer der grössten arabischen Dichter, eines Abends in Damaskus zu uns. Und Abdul Aziz Said, ein grosser Menschenrechtsaktivist, fragte mich: „Was ist die ökologische Funktion des Menschen?" Die Frage verblüffte mich.

„Es ist die Liebe", antwortete er.

Angesicht aller Kräfte, die uns zu entmenschlichen bedrohen—der beschleunigte Rhythmus des Lebens, die Entpersonalisierung, die aus der Hauptbeschäftigung mit Technologien folgt, der Ersatz von menschlichen Kontakten durch virtuelle

Was ist Sufismus?

Erfahrungen—da bietet die Spiritualität des Sufismus, welche menschliche Beziehungen mit Göttlicher Energie transformiert, nicht nur Hoffnung auf den Erhalt der menschlichen Natur, sondern auch für das Erreichen des Ziels, für welche die menschliche Natur existiert.

Jene, welche die Verantwortung als Derwisch annehmen, für spirituelle Bruder- und Schwesternschaft, erschaffen ein Umfeld, in dem die menschliche Würde und Charakter aufblühen können. Solch eine Gemeinschaft ist nicht nur die reife Frucht des Prozesses des Sufismus, es ist auch das Mittel, mit dem dieser Prozess anhaltend gefördert wird. Solche Kreise des Gedenkens bieten Hoffnung für die Zukunft der Menschlichkeit auf diesem Planeten.

Glossar

Definition einer Definition: „Eine Definition soll alle verwandten Aspekte von dem, was definiert wird, umfassen, und sollte frei sein von alles Aspekten, die damit nicht übereinstimmen."
—Hasan Tahsin Baba.
„Eine Definition ist eine Aussage, welche alle Freunde des Definierten einschliesst, und all deren Feinde ausschliesst."
—Murat Yagan.

Absicht: Ein Ziel oder ein Wunsch, deutlich in Worten formuliert, womit wir die Energie mobilisieren, um dieses Ziel zu erreichen oder diesen Wunsch zu erfüllen. Eine spirituelle Absicht (*himma*) ist der Beginn von Integrität.

Alter: Ein reifer Träger der Lehren; ein Lichtträger der Tradition.

Angeborene Natur (Fitra): Die natürliche Anordnung, die das Göttliche im Menschen eingeflösst hat.

Angemessenheit: Die Folge von Liebe und Bescheidenheit.

Attribut, Eigenschaft: Die Göttlichen Namen und Qualitäten, die die echten ursächlichen Faktoren der Manifestation der materiellen Existenz sind.

Baraka: Die Fähigkeit, die Göttlichen Eigenschaften des überbewussten Geistes in Taten umzusetzen; Göttlicher Liebreiz.

Bescheidenheit, Demut: Das Bewusstsein unserer Abhängigkeit vom höheren Geist, davon dass wir nicht die Erzeuger von irgend etwas sind, sondern nur die Spiegelung der Eigenschaften des Geistes; das Bewusstsein unserer Bedürfnisses für andere Menschen.

Bewusstsein: Ausmass unserer inneren und äusseren Aufmerksamkeit, auf möglichst vielen Ebenen unserer zugänglichen Erfahrungen. Eine potenziell umfassende Wahrnehmung, die das Denken, das Fühlen und das Spüren umschliesst, ohne durch sie eingeschränkt zu werden.

Bildhaft: Siehe Zwischenwelt.

Dergah: Ein Wort aus dem Persischen für ein Sufi-Übungszentrum. Synonyme sind: Tekke (Türkisch), Zawia (Nordafrika), Khaneqah (Persisch und Indisch).

Derwisch: Jemand, der auf der Schwelle zwischen Sklaverei und Freiheit steht.

Disziplin: Methodisches Vorgehen. Der Zustand von jemandem, der alles für einen Zweck tut.

Dienst, (Service): Leben im Bewusstsein eines Wir-Gefühls. Das funktionelle Ergebnis einer Verbindung zur Kosmischen Energie.

Ego und Egoismus: Das Selbst in seiner zwangshaften Erscheinung und Äusserung. Die Selbstgerechtigkeit des Intellektes, der für sein eigenes Überleben wirkt, zu Lasten des ganzen Selbst. Das uneheliche Kind der Heirat von Intellekt und Wunsch oder Verlangen.

Emanzipation, auch Freiwerdung: Freiheit von der Angst von Verlust.

Enthüllung: Eine Mitteilung des Göttlichen Seins zwecks Führung; Anweisungen zur Verwirklichung unserer wahren menschlichen Natur aus der Quelle unserer menschlichen Natur; die Heiligen Bücher (ausdrücklich: Thora, Psalmen, Evangelium, unausgesprochen: Heilige Bücher aller Traditionen).

Erinnerung, Gedenken (Dhikr, Zhikr, Zekr): Wenn die Stufe der Gegenwärtigkeit in Beziehung mit dem Göttlichen Sein eintritt, sei es in Majestät, sei es in Vertrautheit.

Erlangung, Erreichung: Der Fortschritt beim Gebrauch der menschlichen Fähigkeiten. Etwas ist erlangt oder erreicht, wenn es willentlich hervorgebracht wird.

Fana: Der Zustand der Auflösung im Göttlichen Sein, gefolgt oder in Abwechslung mit **Baqa**, der Zustand der Auferstehung durch das Göttliche Sein.

Glossar

Feinere Fähigkeiten (Latifas): Fähigkeiten des menschlichen Nervensystems, die eine kreative Energie zu spiegeln: zum Beispiel, so wie das Gehirn die Plattform des intellektuellen Geistes als eine der Arten der Spiegelung der Schöpferischen Energie gilt, so gibt es andere, feinere Fähigkeiten, welche die unendlichen Qualitäten des Seins erfassen können.

Freiheit: Über Willen verfügen; frei von Negativität zu sein; zu tun, was man wählt, ohne jemanden zu verletzen.

Geheimnis (Sirr): Das Wissen, das den Menschen hilft, das Wirkliche vom Illusorischen zu unterscheiden. Das innerste Wesen des Menschen.

Gegenwärtigkeit (Gegenwart): Der Zustand, von bewusster Wahrnehmung, in der Ausrichtung unserer tiefsten und höchsten Fähigkeiten. (Anm. d. Übersetzers: Obwohl der Begriff „Gegenwärtigkeit" etwas sperrig ist, wird er in diesem Buch bevorzugt, vor dem einfacheren Gegenwart, weil er den Zustand betont.)

Geist: Der ganze Bereich der Wirklichkeit.

Geist: Die erste oder hauptsächliche Manifestation der Essenz, Gott genannt. Geist (spirituelles Selbst, Essenz, Wesen, *ruh*) als eine Eigenschaft des Menschen, wird im Koran als ein Impuls oder ein Befehl (*amr*) von Gott beschrieben. Der Geist ist die Essenz des Lebens selbst. Er ist wie ein Punkt ohne Dimension, der zum Bereich der Einheit verbunden ist, und der auch Zugang zum Bereich der Göttlichen Eigenschaften, den Namen Gottes hat. (Siehe auch: Selbst, Seele).

Geliebter: Kontaktpunkt des Einzelnen mit dem Wesen; er kann eine individuelle Person, oder auch eine durchdringende Gegenwärtigkeit sein.

Glaube, Vertrauen (faith): Hoffnung, durch Wissen und Erfahrung begründet.

Gnade: Das beständige Überströmen der Göttlichen Essenz, was alles zu Zeugen von Gott werden lässt. Die Gnade, die wir empfangen, hängt nur von unserer Fähigkeit zu Empfangen ab.

Gott: Die absolute Quelle oder Ursprung, der feinste Zustand von Allem.

Heiliges Gesetz (Shari'ah): Im Idealfall ein Lebenskodex, basierend auf dem Koran und dem Beispiel (*sunnah*) von Mohammed, dessen Absicht es war, die Menschlichkeit und die gesellschaftliche Ordnung auferstehen zu lassen und zu wahren, der aber Verzerrungen und Missbrauch seitens des menschlichen Egos ausgesetzt ist.

Heirat: Vereinigung als Resultat oder Bestimmungsort unserer sexuellen Reifung und Gärung.

Herz: Die unterbewusste und überbewusste Fähigkeit des Geistes; alle Eigenschaften des Geistes, die nicht intellektuell sind. Das Zentrum unserer Individualität. Der Mittelpunkt zwischen Selbst und Geist, der die Bildung einer Verbindung zwischen ihnen gestattet.

Auch: Instrument der Erkennung, durch das wir die Existenz qualitativ erkennen können, Werte wahrnehmen, und durch das wir persönliche Beziehungen suchen. Das Herz ist ein Bereich von feinen, überbewussten Fähigkeiten, durch die wir die Existenz qualitativ erkennen, Werte erkennen und persönliche Beziehungen suchen.

Höheres Selbst: Jener Teil in uns, der in Verbindung mit der Schöpferischen Kraft oder dem Göttlichen Sein steht.

Hu: Das Pronomen der Göttlichen Gegenwart, bei den Sufis auch als die innewohnende Gegenwart Gottes.

Intellekt: Gedanken, unterschieden von den Fähigkeiten des unterbewussten und überbewussten Geistes. Der Geist von Wille und Vernunft aktiviert. Die Fähigkeit des Geistes, die am meisten unter unserer unmittelbaren Kontrolle steht.

Kontaktpunkt: Eine Person, durch die wir Zugang zum Höheren Selbst erhalten.

Leben: Eine ewige Eigenschaft Gottes, jenseits von Biologie. Das Leben existiert seit einer Ewigkeit weiter bis in die Ewigkeit, und es bildet das Wesen unserer Existenz.

Leiter: Jemand, der von andern ernannt wird, um zu Diensten zu sein, damit eine besondere Arbeit erledigt wird, dem wir Liebe entgegenbringen, ihn respektieren, und ihm alles Notwendige geben, damit die Arbeit gemacht wird.

Glossar

Liebe: Das elektromagnetische Umfeld, in dem wir alle existieren, das verschiedene Anziehungskräfte ausübt; die grösste transformierende Kraft, unsere Erfahrung des Geistes.

Meditation: In sich hineinhören; eine Funktion des Bewusstseins, nicht des Intellektes.

Mensch: Ein Vehikel für den individualisierten Geist; möglicherweise der vollständigste Zeuge von Geist innerhalb der materiellen Welt.

Mevlana (oder Moulana): Wortwörtlich: unser Meister, ein Ehrentitel, üblicherweise für Moulana Jalaluddin Rumi angewandt.

Mystik: Eine dem Menschen eigene Fähigkeit, die weder dem Intellekt noch den Sinnen offensichtlich ist, aber von der Verfeinerung und Empfindsamkeit der Fähigkeiten innerhalb des überbewussten Geistes abhängt.

Nichts, Leere: Ein wundersamer Zustand des Selbst, der durch allerhöchste Verfeinerung erreicht wird. So wie im Wasser aufgelöster Zucker ist das Selbst nicht wirklich fort.

Ökologie, Umwelt: Eine Reihe von Beziehungen innerhalb einer besonderen Umgebung.

Persönlichkeit: Erworbene Gewohnheiten von Gedanken, Gefühlen und Betragen; das soziale Selbst. Die Persönlichkeit kann entweder unser Wesen aufzeigen, oder es verhüllen.

Prophet: Jemand, der einen Lebenskodex bringt, ein Heiliges Gesetz. Ein Prophet kann auch eine Gruppe von Auserwählten in das Wissen der Wahrheit einweihen.

Rabita: Eine liebevolle Verbindung zwischen einem Derwisch und einem Scheich, in der spirituelle Unterstützung und Schutz gewährt werden.

Rabb (Erhalter, Herr, Erzieher): Ein Synonym für Gott, Allah, der Rabb al-Alameen, Herr aller Welten.

Reife: Geschicklichkeit und Ausübung der göttlichen Eigenschaften innerhalb unseres eigenen Umfelds, die sich aus der Entwicklung und dem Ausgleich von latenten menschlichen Fähigkeiten unter der Göttlichen Gnade und Führung ergibt. Sie führen zur Erfüllung in jedem Lebensbereich.

Ritterlichkeit: Heroische Opferbereitschaft und Grosszügigkeit. Eine Ethik der Sufis, die zurück bis zur Familie des Propheten Mohammed führt.

Salaah: Rituelles Gebet, wird von Muslimen fünf mal täglich verrichtet.

Sanftmut: Geduld, entwickelt aus Leidenshandlungen von Ungerechtigkeit; ein aus den Seligpreisungen von Jesus abgeleiteter Begriff.

Schönheit: Was unser Kontaktpunkt mit der Liebe wird.

Sex: Jeder physische oder feine Austausch zwischen männlich und weiblich.

Seele: Individualisierter Geist. Der Kern der Individualität, der entwickelt und spiritualisiert werden kann, und der eine Verbindung zwischen dem Ego und Gott/Geist bildet. (Siehe auch: Selbst; Geist)

Sehnsucht: Eine der wertvollsten Eigenschaften eines Suchenden, welche die treibende Kraft für die ganze Reise auf der Rückkehr zu Gott wird.

Sein: Eine zeitlose, raumlose Eigenschaft, zufrieden mit dem Selbst, die von der Seele erfahren werden kann. Angewandt auf einen einzelnen Menschen ist es der Grad unserer Identifikation mit dem Geist.

Selbst: Das Gefühl der Identität; das, womit wir immer arbeiten. Auf der niedersten Stufe kann es ein Komplex von psychologischen Erscheinungen sein, die aus dem Körper stammen, und die in Bezug zu seinem Vergnügen und seinem Überleben stehen. Das, was wir fortwährend hin zu feineren und spiritualisierten Zuständen des Seins transformieren und entwickeln. Auf der höchsten Stufe kann das Selbst als eine unendlich veredelbare Substanz erfahren werden. (Siehe auch: Seele; Geist).

Spüren: Körperliche Wahrnehmung. In einer Wahrnehmung des Körpers geerdet sein.

Sufi: Ein Wort, das zuerst benutzt wurde, um jemanden zu beschreiben, der die Essenz jenseits von Formen versteht. Ein Wort, dessen Wurzel „rein und unverfälscht" bedeutet.

Glossar

Sufismus (tasawwuf): Selbstreinigung, die Kultivierung eines göttlichen Charakters.

Sünde: Getrenntsein vom Wesen; das Gegenteil von Hingabe oder Unterwerfung. Das Neinsagen zu Gott.

Tieferes oder niederes Selbst: Das Selbst, das auf dem Ego beruht.

Überbewusstsein: Jene feinen und nicht-intellektuellen Formen des Wissens, die den bewussten Geist informieren und führen können. Es liegt jenseits der gewöhnlichen Erfahrung von „Ich". Es stellt einen Bereich von Intuition, innerem Wissen und feinen Inspirationen dar. Es wird auch gelegentlich „Herz" genannt.

Unterbewusstsein: Feine, nichtintellektuelle Formen des Wissens, welche den bewussten Geist informieren und leiten können.

Unbewusstheit: Kann als Speicher von Erinnerungen, Konditionierung, Komplexen, Antrieben und Besessenheit verstanden werden. Führt oft zu einem mechanischen Verhalten.

Unsichtbare (das): Jene Aspekte der Wirklichkeit, die uns in der Regel verschleiert sind; die Wirklichkeit hinter den Erscheinungen, bestehend aus Qualitäten, Intelligenz und Wille.

Unterscheidungsvermögen (Furqan): Ein Begriff aus dem Koran für die angeborene Fähigkeit eines Menschen, zwischen Gut und Schlecht zu unterscheiden.

Unterwerfung: Das niedere Selbst verneigt sich vor dem Höheren Selbst. Das Zuhören und Befolgen der Anweisungen des Höheren Selbst, wo immer wir sie finden.

Verehrung, Anbetung: Liebender Respekt vor einer höheren spirituellen Kraft; eine Sehnsucht, die in Menschen gefunden wird; jeder Dienst an der Wahrheit.

Verneiner, Verleugner (Kafir): Ein Begriff aus dem Koran für jemanden, der willentlich die Wirklichkeit einer Göttlichen Wohltätigkeit verneint, eine Form von willentlichem Unwissen. Wurde typischerweise auch mit „Ungläubiger" übersetzt.

Verständnis: Das Verstehen, das durch die Mobilisierung unseres überbewussten und unterbewussten Geistes erreicht wird, wie auch durch unsere fünf Sinne.

Vollendung: Eins sein mit dem Ganzen, die Wahrheit des Seins im göttlichen Ursprung realisieren.

Volles Leben: Das Leben vollständig und mit bewusster Aufmerksamkeit; ganz werden in Geist, Körper, Seele und Umwelt.

Vollkommener Mensch: Jemand, dessen eigenes Selbst für das Göttliche durchlässig geworden ist, und daher die Göttlichen Eigenschaften angemessen widerspiegeln kann.

Wahrheit: Für den Menschen das Wissen, dass *Ich bin* nicht getrennt vom Ganzen ist.

Wesen, auch Essenz: 1. Gott; das, aus dem alles entsteht. 2. Die wesentliche Natur von allem; das, was von Natur aus ist und für etwas Gutes brauchbar ist.

Wechselseitige Abhängigkeit: Das anerkannte Bedürfnis von Menschen für einander, um die Vollständigkeit des Lebens auf allen Ebenen zu erreichen, von materiell bis kosmisch.

Weisheit: Das Wissen darüber, was von Innen kommt.

Wille: Die Fähigkeit zu wählen und bewusst zu handeln; die Eigenschaft der bewussten Wahl; ein Merkmal des Menschen.

Wissen: Sieben Ebenen werden erkannt: den Namen von jemandem wissen; Wissen durch die direkte Erfahrung der Sinne; intellektuelles Wissen über etwas; Wissen durch tieferes Verständnis und Begreifen; Wissen durch Tat und Anwendung; Wissen durch überbewusste Fähigkeiten; direktes Wissen einzig durch den Geist.

Wissendes Herz: Liebender Geist, alle Fähigkeiten des Geistes, die den Intellekt übersteigen. Der überbewusste, feine, schöpferische und spirituelle Bereich des Geistes.

Zufriedenheit: Ein Wissen, das man hat; ein Bewusstsein der eigenen gegenwärtigen Fülle, ohne auszuschliessen, mehr zu haben.

Zwischenwelt: *mundus imaginalis,* ein visionäre Zwischenstufe zwischen reiner Bedeutung und materieller Existenz, der Ort von imaginären Erfahrungen.

www.ingramcontent.com/pod-product-compliance
Lightning Source LLC
Chambersburg PA
CBHW030528010526
44110CB00048B/780